El sendero
de la
autotransformación

Serie ESCALA LA MONTAÑA MÁS ALTA

El sendero
de la
autotransformación

Mark L. Prophet · Elizabeth Clare Prophet

SUMMIT UNIVERSITY ⚝ PRESS ESPAÑOL®

Gardiner, Montana

Library of Congress Control Number: 2022938508
(Número de Control de la Biblioteca del Congreso: 2022938508)
ISBN: 978-1-60988-362-1
ISBN: 978-1-60988-378-2 (libro digital)

Imagen de cubierta:: *Pearl of Searching,* pintura de Nicholas Roerich.

*A los hijos y las hijas de Dios
que están regresando a su conciencia edénica*

Índice

Figuras

Nota: Debido a que el lenguaje neutro resulta dificultoso y a veces confuso, hemos utilizado el pronombre *él* para referirnos a Dios o al individuo y *hombre* u *hombres* para referirnos a la gente en general. Hemos utilizado estos términos para hacer más fácil la lectura y dar consistencia al texto. Ello no quiere excluir a la mujer ni al aspecto femenino de la Divinidad; Dios es tanto masculino como femenino. Sin embargo, utilizamos el pronombre *ella* para referirnos al alma porque cada alma, ya sea que esté alojada en un cuerpo masculino o femenino, es el equivalente femenino del Espíritu masculino.

Prefacio del editor

EL SENDERO DE LA AUTOTRANSFORMACIÓN es el florecimiento espiritual del alma. Recorrer este sendero significa emerger de los efectos de las siembras kármicas hacia un mundo siempre nuevo, un mundo de infinitas posibilidades para el crecimiento y la renovación. Este libro es como el punto de partida de una senda espiritual. Leerlo significa empezar un viaje donde el karma se percibe no como algo que simplemente suceda, sino como una oportunidad para el progreso espiritual.

La mayoría de los buscadores ya conocen la ley del karma: recogemos lo que sembramos. En caso extremo, si mato a una persona en una vida, esa persona podría matarme en otra vida. Esto podría dar como resultado una existencia de ajuste de cuentas aparentemente interminable en las rondas de *samsara*, donde las almas están cautivas por su propio odio, avaricia, engaños y otros malsanos impulsos acumulados.

De hecho, las tesituras del karma personal y planetario son complejas. Por ejemplo, la misericordia de la ley kármica podría permitir que un alma honorable sufra una quemadura relativamente pequeña como enmienda por haber causado a otros un gran dolor por el mal uso del fuego. Y, con frecuencia, el karma de grupo une a las personas porque se ven obligadas a enfrentar situaciones muy específicas juntas.

Este libro ofrece una visión profunda sobre la ley del karma. Nos lleva más allá de la mera comprensión de las interacciones kármicas. La meditación en el karma, tal como se representa aquí, puede llevarnos a sentir las corrientes de Dios que crecen en lo profundo de nuestro interior y dirigirnos hacia una resolución. Retomar este libro una y otra vez nos puede transportar hacia reinos de conciencia superior, donde podremos aprender a dominar nuestro karma. Entonces, el sendero espiritual se convertirá verdaderamente en un sendero de autotransformación.

Los Mensajeros no terminaron el trabajo de este volumen. Por ejemplo, el escrito original solo contiene secciones sobre los juicios kármicos emitidos por los Siete Arcángeles desde el primer rayo hasta el tercero. Sin embargo, con el fin de preparar este volumen para su publicación, se añadieron las partes correspondientes a los arcángeles desde el cuarto rayo hasta el séptimo, siguiendo la directiva de la señora Prophet.

Debido a que la impresión contiene partes sin terminar, este libro tiene algunos cabos sueltos, aparentes contradicciones y conceptos desarrollados de forma irregular. No obstante, el libro es algo nuevo, profundo y valioso sin medida.

Toda enseñanza espiritual tiene la finalidad de que el alma entre en consonancia con su Yo Superior. Por tanto, es de sabios atesorar nuestra comunión con los Maestros Ascendidos por encima de cualquier expresión verbal, porque la expresión externa solo puede aproximarse a la Verdad interior.

Con la esperanza de que pueda ser útil para tu comprensión, quisiera compartir contigo una discusión sobre una de las aparentes contradicciones del texto: la enseñanza sobre el compromiso de la Llama Crística por parte de Adán y Eva al hacer caso de la seductora Serpiente.

Este libro insinúa, como lo han enseñado los Maestros Ascendidos, que Adán y Eva no fueron las primeras personas en la Tierra, sino que muchas otras existieron con anterioridad.

Existía mucha maldad en la Tierra en aquel tiempo. El Edén era un lugar apartado, como escuela de misterios proporcionaba el escenario más ventajoso posible para que Adán y Eva demostraran el sendero de la evolución del alma que conduce a la Cristeidad.

Pero este libro también afirma que la caída de Adán y Eva fue *la primera vez* que la humanidad comprometió la llama del Cristo en Terra.

Los Mensajeros han enseñado que el Génesis, aunque se refiere a acontecimientos que ocurrieron en la historia de la Tierra, no es un documento histórico en el sentido moderno de la palabra. En cambio, es un recuento de eventos arquetípicos. Por ello, esas enseñanzas bíblicas deben entenderse en un contexto espiritual, que no esté limitado por el tiempo y el espacio. Estas guardan relación con tu alma y la mía tanto como con las de Adán y Eva.

En otro ámbito, nos es útil comprender que Adán y Eva representan los aspectos masculino y femenino de cada uno de nosotros. Las enseñanzas sobre Adán y Eva están diseñadas como ayuda para que el alma alcance el equilibrio: un equilibrio interior de los polos masculino y femenino del ser, un equilibrio externo de las relaciones kármicas del alma con la vida. En la medida en que falte ese equilibrio, el alma sufrirá y encontrará dificultades para disfrutar del resplandor interno de su fluida conexión con su Fuente y se verá enredada fácilmente en relaciones kármicas.

Somos herederos de los errores de nuestros Adán y Eva interiores. Pero podemos decidir rectificar esos errores con la alegría de nuestra unión con los Maestros Ascendidos, quienes han abierto muchas sendas para que podamos volver al origen. Estoy inmensamente agradecido de que los Maestros Ascendidos y sus Mensajeros nos hayan ofrecido este conocimiento de forma que podamos transformar con rapidez nuestro karma en el karma de Dios.

LLOYD LEIDERMAN

Primer capítulo

Karma: la ley de la integración

Y yo Daniel miré, y he aquí otros dos que
estaban en pie, el uno a este lado del río, y el otro
al otro lado del río.

Y dijo uno al varón vestido de lino, que estaba
sobre las aguas del río: ¿Cuándo será el fin de
estas maravillas?

Y oí al varón vestido de lino, que estaba
sobre las aguas del río, el cual alzó su diestra y
su siniestra al cielo, y juró por el que vive por los
siglos, que será por tiempo, tiempos, y la mitad
de un tiempo. Y cuando se acabe la dispersión del
poder del pueblo santo, todas estas cosas serán
cumplidas.

DANIEL 12:5-7

Karma: la ley de la integración

Que haya más luz: el karma de Dios y el karma del hombre

Karma es energía de Dios en acción. Proveniente de la Mente de Dios, la energía —acción-reacción-interacción— es la Trinidad del Logos. El campo energético creativo de la Mente de Dios es el origen del karma.

La palabra sánscrita *karma* significa "acto" o "acción". Este término ha sido utilizado a lo largo de los siglos, tanto en forma general como específica, para definir los conceptos en constante evolución de *causalidad y Ley Cósmica,* y la relación que el hombre ha tenido con esa Ley.

En lo que respecta a nuestro estudio, primero nos concentraremos en los antiguos orígenes de la palabra como clave energética que gobierna el flujo desde el Espíritu hacia la Materia. *Karma,* de acuerdo con los Maestros Ascendidos, proviene de una raíz lemuriana que significa «*Ca*usa del *Ra*yo en *Ma*nifestación», por consiguiente, tenemos "Ka-Ra-Ma".

"Ka-Ra-Ma" se convierte en un cántico cuyo eco procede de los sacerdotes y sacerdotisas de la Tierra Madre, Mu.[1] Ellos recitaban la palabra con reverencia hacia las energías de *Ka* (la voluntad, el deseo del Espíritu Creador) enviando desde el Gran Sol Central el ímpetu de *Ra* (la Palabra o el Logos) para que se cristalizara como *Ma* (la creación de la Materia).

Si el devoto entonara, incluso en el presente, la clave energética *Ka-Ra-Ma* en el nombre del YO SOY EL QUE YO SOY, se conectaría con el flujo eterno del Padre-Madre que se manifiesta como la conciencia del Hijo en el corazón.

El corazón del hombre es el microcosmos del gran corazón macrocósmico de Dios en el Gran Sol Central. Ambos son la fuente de todo cuanto tiene vida en los sistemas que gobiernan, réplicas de la llama única de Dios.

Energía en movimiento, energía en expansión

En esta sección estudiaremos el intercambio de energía —la energía que es Dios— del hombre hacia Dios y de Dios hacia el hombre; del Espíritu hacia la Materia y de la Materia hacia el Espíritu. Examinaremos el karma que pertenece a Dios, el que pertenece al hombre y la aplicación de la ley del karma como ley de la integración para nuestra evolución actual en este sistema de mundos.

El karma es Dios, Dios como Ley, Dios como principio, Dios como la voluntad, la sabiduría y el amor del Espíritu convirtiéndose en Materia. La ley del karma es la Ley del ser, el ser que siempre está en el estado del devenir, el movimiento del Yo trascendiendo al Yo.

El karma es la ley de los ciclos, el movimiento de entrada y salida a través de las esferas de la conciencia de Dios, el exhalar y el inhalar al SEÑOR.

A lo largo y ancho de las esferas del cosmos del Espíritu-Materia, el karma es la ley de la creación, el *antahkarana* de la creación, es la integración del fluir de la energía entre el Creador y la creación. El karma es causas que se convierten en efectos, efectos que se convierten en causas, las cuales, a su vez, se convierten en efectos. El karma es la gran cadena de jerarquía, eslabón a eslabón, que transfiere las energías de Alfa y Omega, el principio y el fin de los ciclos.

«En el principio creó Dios los cielos y la tierra»[2]; y la cadena de acción-reacción-interacción dio comienzo. Dios, la Primera Causa, creó el primer karma. Por su voluntad de ser, Dios dio existencia tanto al Creador como a la creación, dando lugar al eterno movimiento de su energía: el karma.

El karma de Dios

No hay karma sin deseo, no hay deseo sin el yo, no hay yo sin Dios. Gracias al deseo eterno que Dios tiene de ser Dios, el gran Yo único da permanencia a la ley del karma en los ciclos del cosmos. La creación de Dios es su karma. Los hijos y las hijas de Dios son el karma del Dios vivo, el Altísimo, y el movimiento del taichí, el del Padre que ama a la Madre, así como el de la Madre que ama al Padre, es la eterna rotación del amor, un amor que es la armonía de las esferas, un amor que es el gozo del Creador por motivo de su creación.

Al reflexionar sobre el Padre como la gran causa del rayo en manifestación en la Madre, el Señor Maitreya (el Buda que ha de venir) medita en los ciclos de la Materia para descubrir el misterio de la ley de la energía. A sus chelas, aquellos quienes desean ser iniciados de los ciclos del cosmos del Espíritu-Materia, él dice:

> Cuando pasáis los dedos por los pétalos de la rosa que se despliegan, entráis en contacto con una espiral de la vida, una geometrización de la Llama Divina basada en la Ley interior del diseño original de la vida. Sostened en la mano una concha de abulón o de nautilo, observad la proporción áurea del movimiento de la vida y sabed que en los diseños geométricos de la creación está Dios y donde está Dios YO SOY. He aquí, el YO SOY EL QUE YO SOY está dentro de vosotros como Ley, como geometría, como la ciencia del ser.

Apenas detrás del velo de la Materia y la materialización se encuentra la matriz del infinito que controla todo el movimiento y la simetría en los reinos finitos del tiempo y el espacio. Apenas detrás de los velos de la Materia, que son la realización que la Madre hace de la esencia del Espíritu, se encuentra la niebla de fuego cristalino, la esencia del ser, inmortalmente brillante, el Eterno Ahora que otorga la cualidad de la permanencia a la manifestación pasajera.

El avance de los ciclos en la Materia es como la arena llevada por el viento en el desierto. El paso de las olas de energía cósmica es el movimiento eterno de Dios; la misma energía, el mismo ritmo que controla las mareas en el mar, la rotación de los planetas y su evolución por los caminos elípticos al avanzar una y otra vez alrededor de la esfera de fuego solar, ese punto de conciencia cósmica que sostiene las riendas de los campos energéticos en este sistema de mundos.

La energía es Dios.
¡Qué gloriosamente lo encontramos en todo
    cuanto tiene vida!
Movimiento organizado, sistematizado,
casual, aunque rítmico.
La energía es Dios,
confinado, aunque sin estar confinado a la Materia.
La energía es Dios,
atado a la Materia en el núcleo ígneo de la vida,
pero libre de saltar de átomo en átomo;
libre en el flujo del Espíritu Santo,
santificando el espacio,
coronando el tiempo con la majestuosidad de la Madre.
Cada momento en el tiempo es un cáliz de la
    conciencia de ella,
cada cáliz lleno de Espíritu,
la realización del amor de la Madre.

Ella habita la totalidad del espacio.
Lo penetra todo,
es el vapor de la conciencia etérica,
que penetra como el incienso de los Magos,
la fragancia de violetas y lirios del valle,
y las destilaciones de la voluntad de Dios.
La Madre Cósmica se mueve
en las corrientes de la energía de Dios.
A través de sus benditas manos
fluye la abundancia de la gracia de Dios.
¡Ella es curación! ¡Es alegría!
Es el clímax de la creación.
¡Es el sol, la luna y las estrellas!
Es la luz reflejada en la luz.
Fragmentos cristalinos de su esperanza iluminada por el sol
iluminan la noche oscura del alma
con la risa de un niño pequeño;
ojos chispeantes, danzarines, y el perfume
de la piel de un bebé y su cabello de ángel,
mejillas sonrosadas y ojos marrón oscuro
que se extienden por los siglos del Anciano de Días,
orbes que se abren a los pasos cíclicos del alma en el infinito.[3]

Del núcleo de fuego blanco de energía que Dios es (que es vida, que es Espíritu) surgió la Materia, el efecto supremo de la causa suprema. La Materia se convirtió en el parque de juegos de la Madre. El Dios Padre-Madre es tanto la fuerza como el campo de energía, repulsión y atracción, del Creador y la creación, positivo y negativo, más y menos. Espíritu y Materia: el Uno, la Totalidad, el Todo individualizado para la evolución de los hijos e hijas de Dios.

Espíritu y Materia son uno solo, sin embargo, para comprender las alegorías y los arquetipos de nuestra evolución, debemos entender la vida en términos de dualidad.

«Y dijo Dios, *Sea la luz* y fue la luz. Y vio Dios que la luz era buena; y separó Dios la luz de las tinieblas. Y llamó Dios a la luz

Día, y a las tinieblas llamó *Noche*. Y fue la tarde y la mañana un día.»

Los días de la creación del SEÑOR son los días del karma del SEÑOR, los rituales de sus ciclos en los que el Espíritu se convierte en Materia. Esta es la ley de la integración, la ley de la armonía en una polaridad perpetua de acción-reacción-interacción.

El alma en polaridad con Dios

El karma presupone la existencia de una polaridad, y esta se manifiesta como dualidad. La dualidad presupone no solo la existencia del Espíritu y la Materia, el bien y el mal, la luz y la oscuridad, el día y la noche, lo masculino y lo femenino, sino, por encima de todo, el hecho de que el alma se ha separado del centro del Espíritu con el fin de poder también llegar a ser, mediante su libre albedrío, el Espíritu vivo.

Aquello que puede dividirse en dos, puede dividirse una y otra vez, hasta que la infinitud de Dios se convierte en la infinita manifestación de partículas de identidad, deseando cada una de ellas ser Dios. «Pues, aunque haya algunos que se llamen dioses, sea en el cielo, o en la tierra (como hay muchos dioses y muchos señores), para nosotros, sin embargo, solo hay un Dios, el Padre, del cual proceden todas las cosas, y nosotros somos para él; y un Señor, Jesucristo, por medio del cual son todas las cosas, y nosotros por medio de él.»[5]

La interpretación de estas palabras de Pablo, pronunciadas en el Espíritu, muestra la exactitud de entendimiento que él tenía sobre la manifestación del Espíritu Santo en los átomos de la identidad: Aunque haya una multiplicación del cuerpo, el Espíritu, el alma y la Mente de Dios como potencial infinito del YO SOY EL QUE YO SOY en toda alma viva por todo el cosmos, sabemos que solo hay una Ley, un SEÑOR, un Dios, una energía, un karma, una causa, un efecto, un Creador, una creación. Aunque haya un número incalculable de almas que evolucionan en la dualidad del tiempo y el espacio, aunque toda alma viva pueda invocar el nombre del Señor YO SOY EL QUE YO SOY y apelar en el nombre del Ser Crístico a la Divina Presencia YO SOY individualizada, en el Todo, en el Uno, solo existe un alma; un Señor y Salvador; un Cristo, la encarnación de la Palabra; y un Dios, el Creador, el Conservador y el Destructor de todo cuanto tiene vida.

El concepto que tenía Pablo sobre la dualidad, necesario y real en la relatividad del tiempo y el espacio, no contradecía su concepto sobre la unidad esencial de Dios en lo Absoluto. Como veremos, es el Espíritu Santo quien convierte un Señor y Salvador en muchos Señores y muchos Cristos.

El amor del Todopoderoso manifiesto en el Espíritu Santo (la tercera persona o tercer aspecto de sí mismo) es lo que multiplica el Átomo único (Cristo) por el poder (el factor multiplicador) del gran Yo único. Así, Dios se manifiesta como una infinidad de almas; átomos de conciencia de Sí mismo que se mueven en el tiempo y el espacio, suspendidos en los planos de la Materia.

Y en el consolador amor del Espíritu Santo también vemos la clave que resuelve todas las disputas doctrinales relativas a la naturaleza de Dios y el hombre en Cristo. El Espíritu Santo es quien hace nacer a cada alma viva, quien sopla en las fosas nasales del hombre el aliento de la vida, quien enciende la llama única sobre el altar de todos los corazones y extingue la llama en las rondas del renacimiento. El Espíritu Santo es quien se manifiesta como la Presencia YO SOY y el Ser Crístico de cada alma. El Espíritu Santo es la energía, la creatividad y el libre albedrío que son la base del Ka-Ra-Ma.

Solo Dios y Dios en el hombre tienen libre albedrío

Sin libre albedrío no puede haber karma ni en Dios ni en el hombre. El libre albedrío, por tanto, es una capacidad del Espíritu Santo, la causa del rayo en manifestación. El libre albedrío es el punto crucial de la ley de la integración. Solo Dios y el hombre pueden incurrir en karma, pues solo Dios y Dios en el hombre tienen libre albedrío. Todas las demás criaturas —incluyendo la vida elemental, la evolución dévica y la angélica— son instrumentos de la voluntad de Dios y la del hombre. Por ello son instrumentos del karma de Dios y el hombre.

El libre albedrío de los ángeles es el libre albedrío de Dios. Ellos están obligados a cumplir la voluntad de Dios, pues a diferencia del hombre, no han recibido la libertad de experimentar con la energía de Dios. Aunque los ángeles comenten equivocaciones que producen resultados contrarios a la voluntad de Dios, más tarde pueden rectificar sus errores y volver a alinear la energía en cuestión con la voluntad de Dios.

La rebelión angélica contra la voluntad de Dios es de un orden distinto al ejercicio que hace el hombre del libre albedrío y que produce karma. El libre albedrío es esencial en la expansión de la identidad Divina por parte del hombre dentro del marco de la Gran Ley. El hombre recibe la libertad de experimentar con su libre albedrío, pues es un dios en potencia.

Por otro lado, los ángeles, que tan solo toman parte del libre albedrío de Dios, abandonan su altísimo estado si se rebelan contra la voluntad de Dios, cuya realización les han encargado. Así, si un ángel decide actuar contra la voluntad de Dios, debe ser expulsado del reino angélico y enviado al reino de escabel para que encarne en el reino del hombre.

El hombre, hecho un poco menor que los ángeles, ya está confinado a las esferas inferiores de la relatividad. Por tanto, cuando genera karma negativo, simplemente permanece en su nivel mientras lo salda. Pero un ángel que se rebela contra la voluntad de Dios es retirado de su elevado estado en el que tiene una identificación completa con Dios, y es relegado a las esferas inferiores de la morada del hombre para que equilibre la energía de Dios que ha cualificado mal.

El karma del alma: su libre albedrío para unirse al Cristo

Del mismo modo en que Cristo es la unidad de la Palabra hecha carne, el Espíritu Santo es la pluralidad del Espíritu manifestado en las mónadas de conciencia suspendida en la Materia. A estas las llamamos almas, corrientes de vida o células de conciencia.

El Cristo es permanente; el alma no es permanente. Por libre albedrío, el alma, imitando la voluntad del Espíritu, puede elegir llegar a ser el Ka-Ra-Ma del Cristo. Por libre albedrío, aquello que es un aspecto no permanente de Dios puede elegir llegar a ser un aspecto permanente de Dios.

La elección de ser o no ser en Dios es el karma del alma. El karma negativo (las espirales de energía negativa) del alma que elige no ser en Dios se anula con la segunda muerte, de acuerdo con los ciclos de los manvantaras del Espíritu y la Materia, mediante la gran espiral positiva del Cuerpo Causal del SEÑOR. Esta es la ley de la integración, mediante la cual Dios puede rescindir el libre albedrío de un alma, saldar su karma y, en ese proceso, anular su individualidad.

El karma es la ley que gobierna toda manifestación en el Espíritu y en la Materia. Presenta al Creador como la tesis del ser, a la creación como la antítesis y a la cristalización de la autopercepción de Dios como la síntesis del Creador y la creación. ¿El hijo o la hija de Dios es el Creador? No. ¿Es la creación? No. Ni uno ni lo otro, sino las dos cosas. Es el Creador en la creación, la creación en el Creador.

El karma es una ley que, aunque se observa en la dualidad, no pertenece a la dualidad. El karma es la ley de la Trinidad. Es la ley del Padre como tesis que se convierte en Madre como antítesis del Yo. Y la síntesis, el Cristo y el Espíritu Santo, es al mismo tiempo el fin del principio y el principio del fin, como el antiguo símbolo de la serpiente que se muerde la cola.

El Cristo, como Yo Real de todo hombre y mujer que se autoidentifique en la dualidad del tiempo y el espacio, es el fin de la vida que es el principio, que es Espíritu. Y es el principio de la vida que es el fin: la Materia. El Espíritu Santo es quien energiza al alma a medida que esta hace evolucionar su karma: ser o no ser en Dios.

Dios multiplica la identidad

La Palabra, la síntesis de Creador y creación, está con Dios en el principio de todos los ciclos. «Sin él [el Verbo, la Palabra] nada de lo que ha sido hecho, fue hecho.»[6] En la alegoría del Creador y la creación que encontramos en el primer libro del Génesis, el Dios Único se polariza y se manifiesta como una dualidad con el fin de crear un marco para la expansión de su propia conciencia de Sí mismo.

El alma que salió del centro para volver a convertirse en el centro se contempla a sí misma en relación con la totalidad, y la posición relativa del alma con respecto a la totalidad proporciona la definición de la individualidad.

Así, Dios, con su deseo de llegar a ser más Dios, creó el karma de la dualidad. Del Uno, los cielos y la tierra; de la luz, el día y la noche. Y la expansión de los cielos que separa las aguas del Espíritu de las de la Materia; y de las aguas de la Materia, la tierra y los mares; y de la tierra, la vida vegetal y el reino mineral. Y luces en los cielos para los ciclos del día y la noche, como las señales para las estaciones, para días y años. Y lumbreras en los cielos como espirales de conciencia, espirales que gobiernen el día y la noche, el sol, la luna y las estrellas. Y todo ser viviente cuya vida fue creada a imagen de la luz menor, y el hombre hecho a imagen de la luz mayor, para que señoreara sobre todas las criaturas que se mueven sobre la tierra.

Así, varón y hembra fueron creados, representando al Uno, como aspectos duales de la conciencia única: para que fructificaran, se multiplicaran y llenaran la tierra[7] mediante la ley del karma. El hombre y la mujer son el microcosmos del karma de Dios suspendido en el Macrocosmos de Su karma. En el yo contienen todo el cosmos del karma de Dios en manifestación. Todo esto, el Creador y la creación de Dios, era y es el karma de Dios.

El karma de Dios: el karma de la perfección

El karma de Dios es el karma de la perfección, siendo la perfección el fluir de la armonía del Espíritu a la Materia y de la

Materia al Espíritu. En un sentido relativo, este karma no es ni bueno ni malo. Es el karma de la realidad absoluta que no tiene medida.

El karma de Dios, cumpliendo la ley de su energía en movimiento, se puede entender como el movimiento de su voluntad en una interminable sucesión de fuerzas primarias, las cuales producen fuerzas secundarias y terciarias, y así sucesivamente, hasta el infinito, desde el centro de su ser hasta la circunferencia y desde la circunferencia hasta el centro.

Dejemos caer una piedra en el centro de un estanque. Esto es un acto de voluntad que crea una fuerza activa que se mueve en anillos concéntricos hasta que alcanza los límites del estanque. La resistencia pasiva de los límites del estanque es la fuerza secundaria que devuelve los anillos de la primera fuerza hacia el centro de donde vinieron.

Los anillos de vuelta hacia el centro se encontrarán con algunos de los anillos de la primera fuerza y el impacto iniciará una nueva fuerza, la síntesis de la tesis y la antítesis del ritual original de causa y efecto en la eterna cadena de los ciclos kármicos. El karma de Dios es la sincronización de esas fuerzas cósmicas interactuando a través de campos energéticos cósmicos, extendiéndose hasta los límites de su morada en el Espíritu y la Materia.

Para poder comprender el karma del hombre, debemos comprender el karma de Dios. Aquello que Dios siembra, eso mismo recoge. El SEÑOR ha afirmado el principio de su karma con esta frase: «Así será mi palabra que sale de mi boca; no volverá a mí vacía, sino que hará lo que yo quiero, y será prosperada en aquello para que la envié»[8].

¿No es esta la misma Palabra sin la cual nada fue hecho de lo que fue hecho? La ciencia de la Palabra como ciencia del Cristo (y como emisión de las energías de la Palabra a través de la Palabra hablada de Dios y el hombre) es la clave del Ka-Ra-Ma, por consiguiente, la clave de la creación en el Espíritu y la Materia.

Si el hombre quiere hacer que su karma sea el karma de Dios y, por tanto, elige habitar para siempre en el espíritu de la conciencia de Dios, ha de llegar a ser un imitador de la Palabra encarnada y utilizar la ciencia de la Palabra hablada como ciencia del ser.[9]

Centros de autopercepción

La ciencia del karma de Dios se emite a través de siete vibraciones clave de su conciencia. Estas vibraciones clave, enviadas a través de los Siete Elohim, se afianzan en el hombre y la mujer como siete centros de flujo, centros de autopercepción, llamados chakras.

A través de estos centros, la inhalación y la exhalación de Dios actúan, reaccionan e interactúan continua y simultáneamente para producir la trama del Creador y la creación. Esto es la ley de la integración; esto es la ley de la armonía; esto es la ley del karma.

Para comprender a Dios en manifestación, el reino del alma en evolución, trazaremos los niveles de la percepción que tenemos de la Llama Divina individualizada. Ello nos ayudará a entender la ciencia del flujo de energía, ilustrando la ley de la integración en el Macrocosmos y el microcosmos, y el flujo que conecta los dos mundos, el de Dios y el del hombre. Además, también mostrará cómo los chakras integran las energías de la Palabra en el hombre y la mujer, espiritual y materialmente.

Para empezar, tomemos la esfera como plenitud del ser, como núcleo de fuego blanco de donde provenimos y a donde regresaremos (fig. 1). Todo lo que aparece en la serie Escala la montaña más alta es un intento de ayudar al alma a establecer un contacto consciente, en el tiempo y el espacio, con la realidad absoluta, la Fuente, el origen detrás del principio y el fin de los ciclos: el Alfa y Omega de su evolución como se simboliza con el círculo de la unidad.

Cuando se entienda la relatividad como algo ilusorio y las fuerzas y campos energéticos del karma independiente del alma hayan alcanzado un equilibrio con la plenitud de Dios, entonces y solo entonces se disolverá la relatividad. Tesis y antítesis se habrán disuelto en una síntesis, y lo que salió del Uno regresará al Uno. Entonces, el instructor y la enseñanza ya no serán necesarios, pues estos son aplicables solo a la posición relativa del alma en un mundo relativo.

Karma como movimiento

Si tomamos un corte transversal de la esfera de la vida, veremos que las dos mitades de la totalidad de la conciencia cósmica representan al Padre y la Madre en el núcleo de fuego blanco del ser. Los factores más y menos de la polaridad crean el movimiento interno de Dios, que es karma por obediencia a la ley de la armonía, la ley de la integración.

La ley de la armonía gobierna la salida del alma del núcleo de fuego blanco de su ser y la entrada a su interior. Solo en armonía puede el alma reunir las energías del Espíritu y crecer en la gracia de Dios. Y mediante ese crecimiento, ella sintetiza continuamente elementos nuevos y más expansivos de la conciencia de Dios.

FIGURA 1: El círculo de la unidad.
El principio y el fin de la evolución del alma.

Se integra a unas esferas del Uno cada vez más grandes. Así, la ley de la integración es consecuencia de la ley de la armonía.

De Dios surge la polaridad; de la polaridad, el movimiento; del movimiento, los ciclos de Creador-creación. La energía de Dios en movimiento es la acción-reacción-interacción del Padre-Madre como uno solo en el centro de la vida (fig. 2).

La esfera de Dios comienza a envolverse a sí misma con un movimiento horario y antihorario (fig. 3). Esto es Dios deseando ser Dios, Dios buscando a Dios, Dios como Yo único, polarizado en una autopercepción expansiva que es tanto Creador como creación dentro de la totalidad.

Sin embargo, Dios es más que Creador y creación, pues la Palabra, la energía, el movimiento, es el factor integrador del flujo Padre-Madre. Aunque el movimiento giratorio dentro del núcleo de fuego blanco del ser crea la polaridad más-menos de Padre y Madre, dentro de cada mitad del todo la unidad vuelve a nacer, porque ninguna de las mitades puede continuar existiendo como tal.

Debido a que la Palabra es inherente al Creador y a la creación, cada mitad del todo asume una nueva polaridad, de modo que cada uno de los factores más y menos se convierte en un más y un menos independiente. El ojo en el centro de cada una de las cabezas de la serpiente del taichí se convierte en el centro de un nuevo círculo de infinitud (fig. 4).

Y, he aquí, ha nacido un Dios. A partir de la autopercepción que Dios tiene del Uno, la multiplicación del Uno se vuelve a ver, una y otra vez, por toda la eternidad. Las dos esferas dentro de la totalidad interactúan continuamente como la acción-reacción del Dios Padre-Madre. Espíritu y Materia son uno solo e inseparables dentro de la Totalidad Cósmica (fig. 5). A medida que continúa la multiplicación dentro de cada esfera, un incalculable número de finitudes intenta alcanzar lo infinito, pero jamás logra la meta del ser ilimitado en Dios hasta el momento del regreso al Uno.

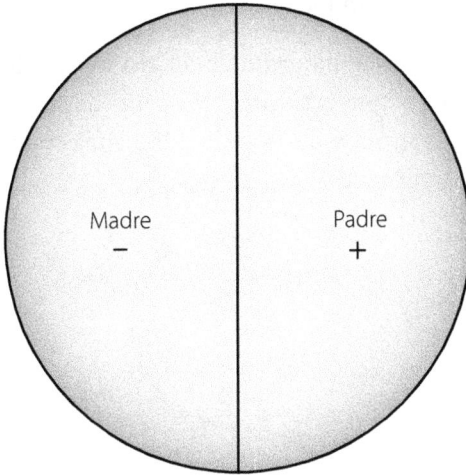

FIGURA 2: La polaridad Padre-Madre del núcleo de fuego blanco del ser.
Los factores más y menos de la polaridad crean el movimiento interno de Dios,
lo cual es karma.

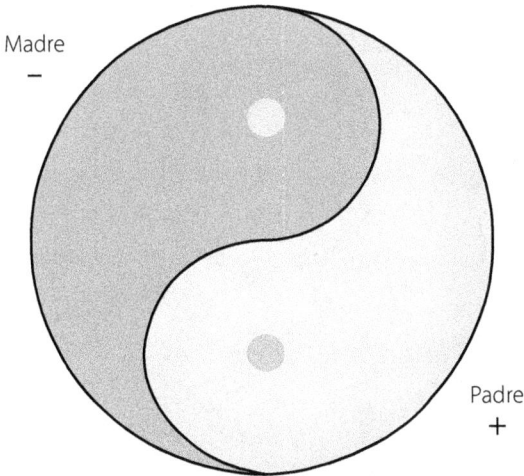

FIGURA 3: El taichí.
Dios, el Yo único, polarizado en una autopercepción expansiva.

Las personalidades de Dios

Ahora, volvamos al diagrama del Uno y consideremos las dos mitades que se han convertido en dos totalidades. Saint Germain las describe en términos de la polaridad más-menos que asume cada una de las mitades.

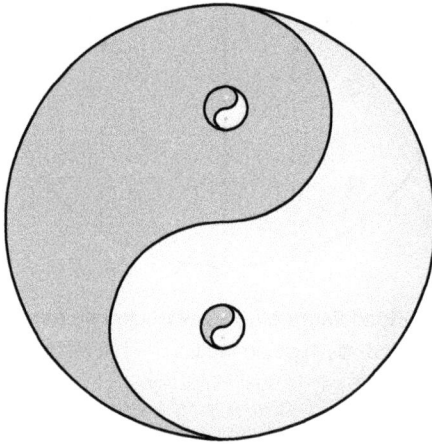

FIGURA 4: La individualización de la totalidad.
Un número incalculable de finitudes intentan alcanzar lo infinito.

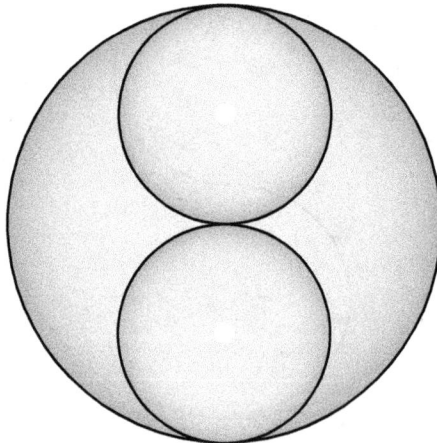

FIGURA 5: Espíritu y Materia,
uno solo e inseparables dentro de la totalidad cósmica.

La polaridad positiva de la mitad positiva la denomina *Impersonalidad Impersonal*. Esta fuerza y este campo energético está representado al norte de la esfera. Está designado por dos signos positivos: uno significa que es la polaridad positiva de la primera totalidad y el otro significa que es la polaridad positiva de la nueva totalidad que se ha formado a partir de la mitad (fig. 7).

La polaridad negativa de la mitad negativa está representada al sur de la esfera. Se llama *Personalidad Personal* y está indicada con dos signos negativos: uno significa que es la polaridad negativa de la primera totalidad, el otro, que es la polaridad negativa de la segunda totalidad.

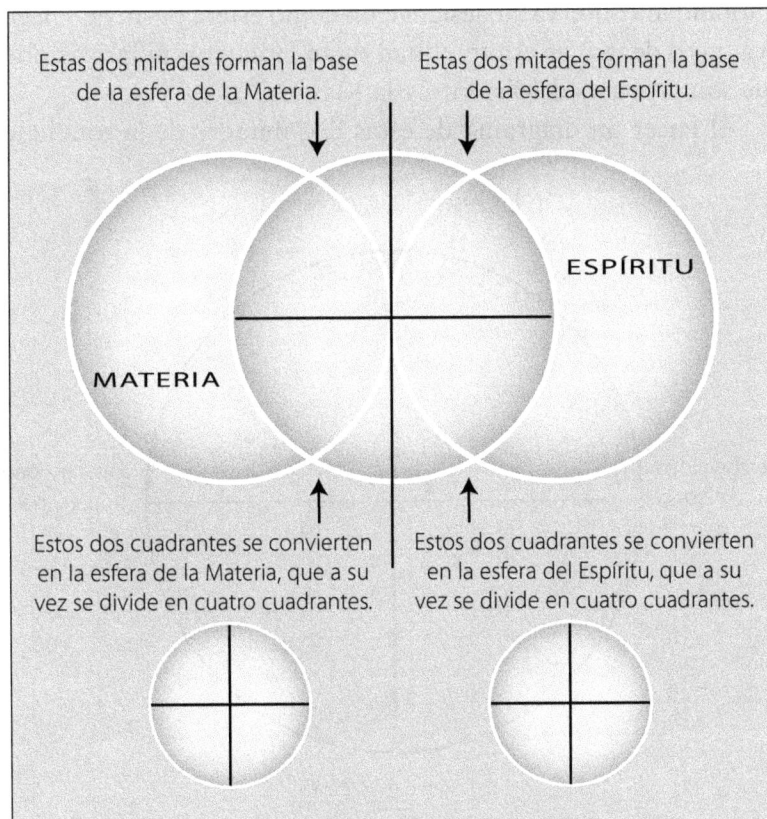

Estas dos mitades forman la base de la esfera de la Materia.

Estas dos mitades forman la base de la esfera del Espíritu.

ESPÍRITU

MATERIA

Estos dos cuadrantes se convierten en la esfera de la Materia, que a su vez se divide en cuatro cuadrantes.

Estos dos cuadrantes se convierten en la esfera del Espíritu, que a su vez se divide en cuatro cuadrantes.

FIGURA 6: La creación de las esferas del Espíritu y la Materia a partir de la esfera del Uno.

Al este de la esfera, Saint Germain designa la nueva polaridad como la *Personalidad Impersonal*. El más-menos es la polaridad negativa de la primera mitad, que es la polaridad positiva. Al oeste de la esfera, el Maestro designa la nueva polaridad como la Impersonalidad Personal. Esta es la mitad positiva de la primera mitad, que es la polaridad negativa de la totalidad, consiguientemente es menos-más.

Ahora vamos a trazar un diagrama que representa la polarización de las fuerzas y campos energéticos dentro de Dios como una esfera (fig. 8). Aquí mostramos cómo la esfera de Dios, por la polarización del Padre y la Madre, dividida en dos, produce los cuatro cuadrantes en cada mitad de la esfera. Cada mitad de la totalidad conserva su designación como esfera positiva o negativa, pero dentro de esa totalidad están las cuatro polarizaciones que son las bases del Espíritu y la Materia.

Al hacer un diagrama de estas dos mitades de la totalidad,

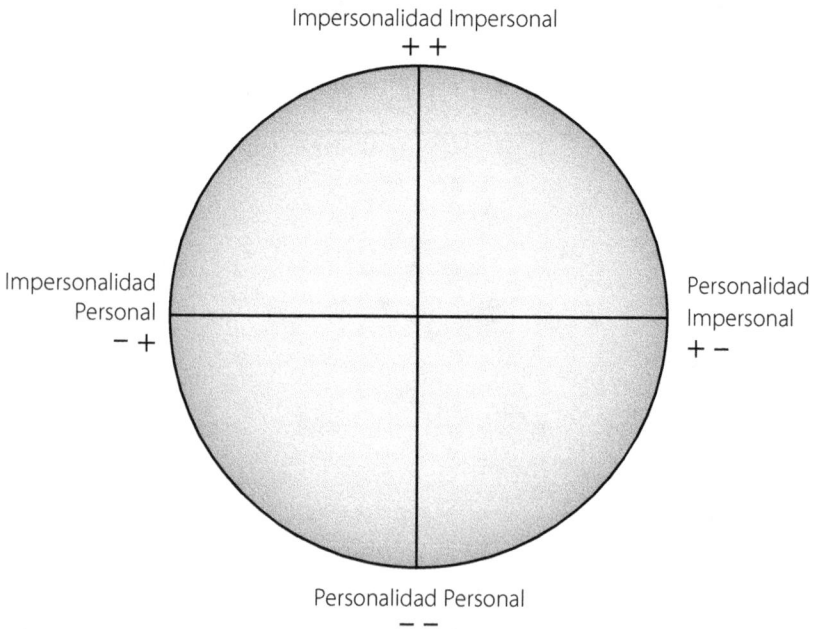

FIGURA 7: Las personalidades de Dios.

vemos que el fluir de la energía entre las dos se produce en forma de ocho (fig. 9).

Estas dos esferas y el intercambio de energía que se produce, «como arriba, así abajo», ilustran el karma de Dios en el Espíritu y en la Materia. Cuando el hombre quiere unirse a Dios haciendo que su karma sea el karma de Dios, se mueve con Dios como la energía de Dios en movimiento, al fluir por las espirales en forma de ocho que existen en todas partes de la creación, al gobernar el flujo de la energía, la luz, el amor, la sabiduría y el poder, desde el Creador hacia la creación, desde el núcleo ígneo del Espíritu hacia su densificación en la Materia.

Los siete pasos de la precipitación

Al examinar más de cerca cada esfera del Dios Padre-Madre, observamos la interacción de las fuerzas cósmicas que se repite

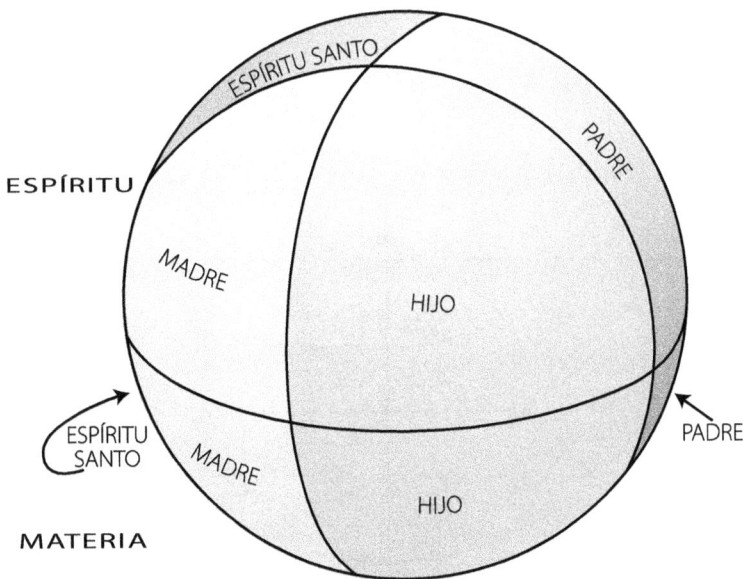

FIGURA 8: Las personalidades del Dios Padre-Madre, como arriba, así abajo.

una y otra vez a lo largo y ancho del Creador y la creación. Tal como se aprecia con la fuerza energética en la piedra que es arrojada en el centro del estanque, vemos la acción-reacción-interacción repetida en los siete pasos de la precipitación (fig. 10).

1. La fuerza de Dios es el impulso desde el centro de la esfera hacia el lado norte. Aquí se manifiesta la primera tesis de Dios como la conciencia del Padre. (En el caso del alma, esta sale del núcleo de fuego blanco del ser y se realiza en y como la conciencia del Padre, la Impersonalidad Impersonal).

2. Al encontrarse con el límite del norte, el primer impulso manifiesta el más-más que crea la antítesis, el antiimpulso que envía la energía hacia el límite sur de la esfera, donde se manifiesta como el menos-menos. Ahí, el Padre, la tesis, manifiesta su antítesis, la

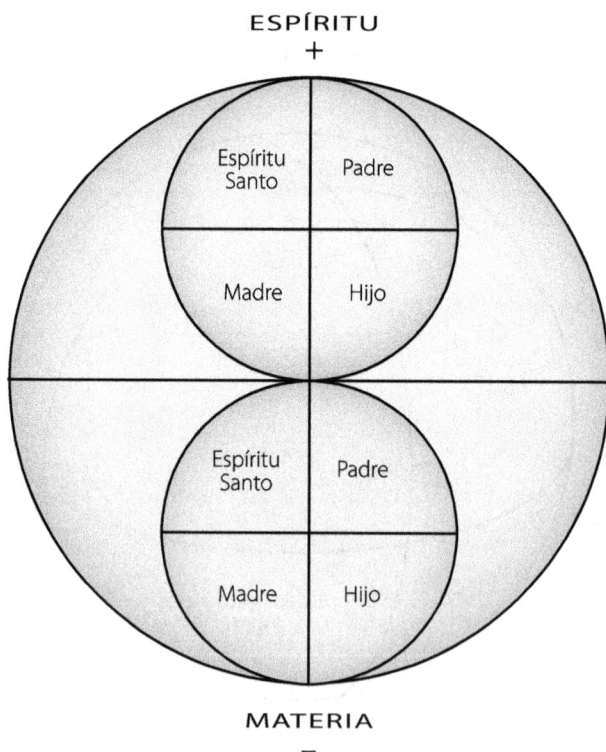

FIGURA 9: Las personalidades de Dios en el flujo en forma de ocho a través de Espíritu y Materia.

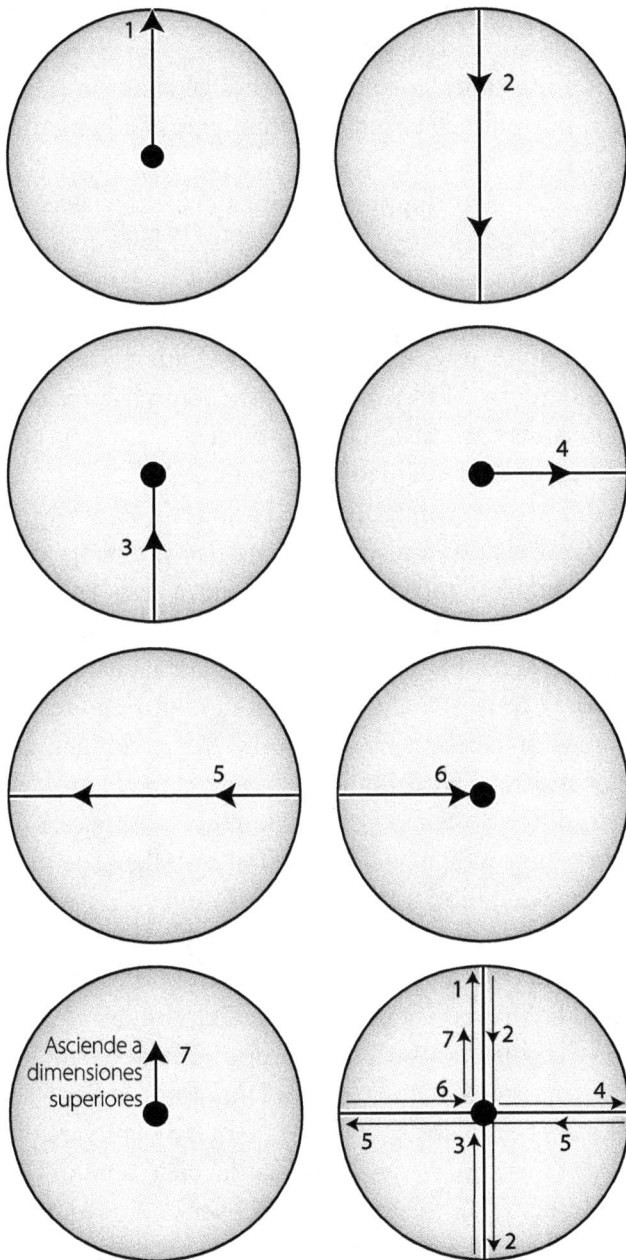

FIGURA 10: Los siete pasos de la precipitación.

Madre. (Ahí el alma se realiza en y como la conciencia de la Madre, la Personalidad Personal).

3. El impulso de norte a sur produce el antiimpulso, que regresa al norte desde el sur. (El alma regresa a la plenitud del núcleo de fuego blanco).

4. Cuando el antiimpulso alcanza el centro, se encuentra con el impulso del norte; y la interacción de la primera acción-reacción, girando hacia sí misma en ángulos rectos, se convierte en un nuevo impulso desde el centro hacia el lado del este. Al llegar al límite este, la extremidad del nuevo impulso de la síntesis de Padre y Madre se manifiesta como la conciencia del Hijo, el más-menos. (El alma se sintetiza en y como la conciencia del Hijo, la Personalidad Impersonal).

5. Ahí, el nuevo impulso de la síntesis Padre-Madre se convierte en su propia tesis en el impulso que viaja de este a oeste. Al llegar al lado del oeste, la nueva tesis encuentra su propia antítesis en el Espíritu Santo, el menos-más. (El alma se ve dotada de la geometría y la gracia de la conciencia del Espíritu Santo, la Impersonalidad Personal, como un átomo de la autopercepción en el tiempo [gracia] y el espacio [geometría]).

6. La resistencia del límite de la esfera en el lado del oeste crea el antiimpulso como síntesis de Hijo y Espíritu Santo, lo cual, en término de iniciación, es el átomo lleno de gracia, el hijo o la hija ungidos. Esta energía (un nuevo impulso) viaja de vuelta al este, recibe su antiimpulso y se dirige al centro para la realización de su síntesis. (El alma infunde el yo, que es el hijo o la hija, con la unción de la Palabra, por lo cual «en la carne» [en los planos de la Materia] ella ve y sintetiza los cuatro aspectos de Dios y conoce a Dios como el Ser Crístico).

7. La energía regresa al núcleo de fuego blanco realizando el ritual de la ascensión de la energía del ciclo actual. (El alma regresa al núcleo de fuego blanco del ser como un átomo de Dios que se ha realizado a Sí mismo mediante el ritual Alfa-a-Omega de la ascensión de la energía empleada en ese ciclo de precipitación).

Así, a través de los siete pasos de la precipitación, Dios produce por voluntad propia la expansión de su propia autopercepción. El hombre se convierte por voluntad propia en el instrumento de la autopercepción expansiva de Dios. La salida y entrada de la espiral de energía que resulta en el ser autoconsciente siempre da como resultado una ganancia neta, un aumento en la dimensión y la masa del núcleo de fuego blanco (su fuerza impulsora) y un aumento correspondiente en la dimensión de la esfera (el campo energético).

A medida que el alma ejerce su libre albedrío para cualificar esta energía como Dios pretende, el alma expande su conciencia y Dios es glorificado en la tierra. Cuando ella cualifica mal la energía de Dios, esa energía no regresa al Espíritu, y retrasa la victoria de ese ciclo hasta que su energía sea cualificada de nuevo para realizar el propósito de Dios.

Saint Germain explica que esta ley no solo gobierna las actividades del electrón, sino que es la causa detrás del efecto que observamos como el universo en expansión. El movimiento interior de las energías dentro de la esfera de la vida crea perpetuamente las infinitas individualizaciones de los cuatro aspectos de la totalidad en todas las jerarquías del cosmos.

El síndrome del fracaso

El alma sigue los siete pasos de la precipitación a lo largo de muchas encarnaciones en su evolución hacia el exterior, desde Dios, y hacia el interior, hacia Dios. Una y otra vez el alma atraviesa los siete rituales. Los ciclos no esperan al hombre, sin embargo, este debe respetar la ley de los ciclos.

Cada uno de los siete pasos de la precipitación marca una única encarnación, en la cual el alma elije ser o no ser en Dios. Con sus decisiones día a día, hora tras hora, el ama crea espirales de karma positivo y negativo. Las espirales de energía positiva ascienden al Cuerpo Causal, forjando su identidad permanente en Dios; las espirales de energía negativa descienden al cinturón electrónico, forjando patrones pertenecientes al yo irreal, el yo sintético.

Cada espiral positiva es un refuerzo para la victoria de cada paso sucesivo en la precipitación de la Llama Divina. Cada espiral negativa es un elemento disuasorio, una prueba afrontada y fallada, que ha de volver a afrontarse antes de que el alma pueda continuar hacia nuevos niveles de conciencia cósmica.

Cuando el alma ha creado más espirales negativas que positivas, como en el caso de tanta gente, cada encarnación sucesiva se convierte en una carga cada vez mayor. La tarea de deshacer las espirales negativas y volver a crear las positivas se convierte en algo tan abrumador que el alma se hunde en un sentimiento de futilidad (el síndrome del fracaso), y dice: «No puedo».

El alma se rebela contra las leyes que gobiernan los ciclos del karma de Dios y del hombre. Desarrolla su propia religión, su propia filosofía sobre la existencia, que es una filosofía de muerte (no de vida). Se resigna al olvido. Se deleita en los vicios y la programación de los medios de comunicación masiva que llevan a una vida de placer del yo irreal, esperando el día de la liberación a través de la segunda muerte, cuando toda su desgracia será anulada, no mediante el propio esfuerzo para crear espirales positivas, sino a través de la gran espiral positiva del karma de Dios.

En tal disposición, el alma acepta una religión basada en la expiación indirecta, la de un salvador que llega en forma de maestro, un sistema político o económico, las ciencias, el humanismo, el estado benefactor; tantos sistemas, tantos «ismos» que asumen el papel de salvador de la humanidad, cuando el Salvador eterno es el Señor, la Ley, el Uno que existe por sí mismo, el Yo Real en el núcleo de fuego blanco del ser propio.

Los Maestros Ascendidos han venido en este cambio de ciclo de Piscis a Acuario, en este momento del Kali Yuga, para enseñarle a la humanidad (cimentada en el hormigón de las espirales negativas de su propio karma) el camino para salir del estúpido dilema de la degeneración.

Debido al uso erróneo de la ley de la integración, la humanidad ha seguido los siete pasos con un ritual de creaciones equivocadas. Dentro de las espirales negativas de su conciencia, la creación falsa (el hombre mecánico con sus propias miasmas de materia) ha tomado la trinidad de acción-reacción-interacción del flujo de la energía de Dios para dar perpetuidad a su existencia irreal fuera del reino de Dios. Su existencia, al estar en la espiral de energía negativa y descendente que ha tomado prestada del SEÑOR, conduce a la degeneración y la muerte desde su comienzo.

Si se niega a aceptar la regeneración del Espíritu del SEÑOR en estos últimos días, un día la humanidad se encontrará en lo más bajo de la montaña rusa, con todo el ímpetu del impulso Alfa derrochado a través de la perversión total del regreso Omega. Aquellos que van a estrellarse de ese modo con su propio karma no ven el fin desde el principio. No saben de dónde han venido ni a dónde van. Es más, no tienen ningún punto de perspectiva del yo con relación al Yo Superior.

Están en una espiral de muerte, pero no lo saben. Su rumbo es el de la autoaniquilación. A menos que hagan caso de la palabra y la profecía de los Gurús de esta era —los Maestros Ascendidos— no despertarán hacia la identidad real dentro de la asignación de espacio-tiempo que Dios tiene permitido para la evolución del alma desde el átomo no permanente del ser, desde el átomo no permanente de autopercepción, hacia el átomo permanente de la autopercepción de Dios.

La creación de la esfera del Espíritu

En este capítulo examinaremos el karma de la humanidad a la luz de los abusos de los siete aspectos del Cristo, a medida que estos se desarrollan en los primeros siete capítulos del libro del Génesis y de acuerdo con las advertencias de los Siete Arcángeles y sus Arcangelinas (sus complementos femeninos). Cada capítulo presenta la elección de cualificar bien o mal la energía de Dios en uno de los siete rayos.

La Palabra de Dios, que en el principio salió del núcleo de fuego blanco como fíat de la creación, fue transmitida por los Siete Elohim a través de la acción-reacción-interacción de los siete rayos. La historia de los siete ciclos (siete días) de la creación se narra en los primeros treinta y seis versículos de la Biblia (Génesis 1:1-31; 2:1-5). Cada impulso, antiimpulso y nuevo impulso establece las líneas de dualidad —energías duales— de las fuerzas positivas y negativas.

En estas treinta y seis claves, las cuales abren fases sucesivas de la conciencia de Dios, se emiten las energías de los Elohim a través de las doce jerarquías del sol mediante el poder de la Trinidad, tres veces el ciclo de doce. Pero ahí la Trinidad aún es dos mitades de la totalidad. La Palabra aún está «con Dios», sin exteriorizarse en la esfera de la Materia.

La creación del Espíritu se puede estudiar como la acción del cuatro por nueve, preparándose para la precipitación de la esfera de la Materia. Los acontecimientos que constan en cada grupo de nueve versículos marcan el patrón original espiritual que está grabado en los cuatro cuadrantes de la esfera del Espíritu (figs. 11 y 12).

El punto medio de la creación, el cuarto día (Génesis 1:19), cae precisamente en el lado sur de la esfera. Todo lo que antecede a ese punto es la matriz etéricomental; todo lo que le sigue es la matriz físicoemocional. El versículo treinta y tres (Génesis 2:2) marca el término de la obra de Dios al séptimo día. En esto se cumple el ritual de la alquimia del séptimo rayo a través de los treinta y tres pasos de iniciación, que marcan el logro del Cristo y del Buda en la casa de la realidad del SEÑOR.

Así, esos treinta y tres versículos marcan el impulso y antiimpulso Alfa-a-Omega, las dos mitades de la primera totalidad: el Espíritu. Estos definen las iniciaciones del Padre y la Madre en la esfera del Espíritu. Ahí, el primer cielo y la primera tierra están completos. «Estos son los orígenes de [los ciclos] de los cielos y de la tierra cuando fueron creados, el día que el SEÑOR Dios hizo la tierra [– –] y los cielos [+ +]» (Génesis 2:4).

En el versículo treinta y seis (Génesis 2:5) encontramos la clave de la esfera del Espíritu: la creación de las plantas del campo y las hierbas del campo antes de que naciesen (antes de que estuvieran en los cuadrantes de la Materia) y antes de que crecieran (antes de que la esfera de la Materia se separara de la del Espíritu). En el mismo versículo está escrito que Dios aún «no había hecho llover sobre la tierra», queriendo decir que el elemento agua aún no se había formado en la Materia. Dios ya había creado al hombre en el Espíritu, a su imagen —«varón y hembra los creó» (Génesis 1:27)—, pero «ni había hombre que labrase la tierra». El hombre había sido creado (el alma viva suspendida en la funda etérica, provista de conciencia mental), pero no existía en la Materia.

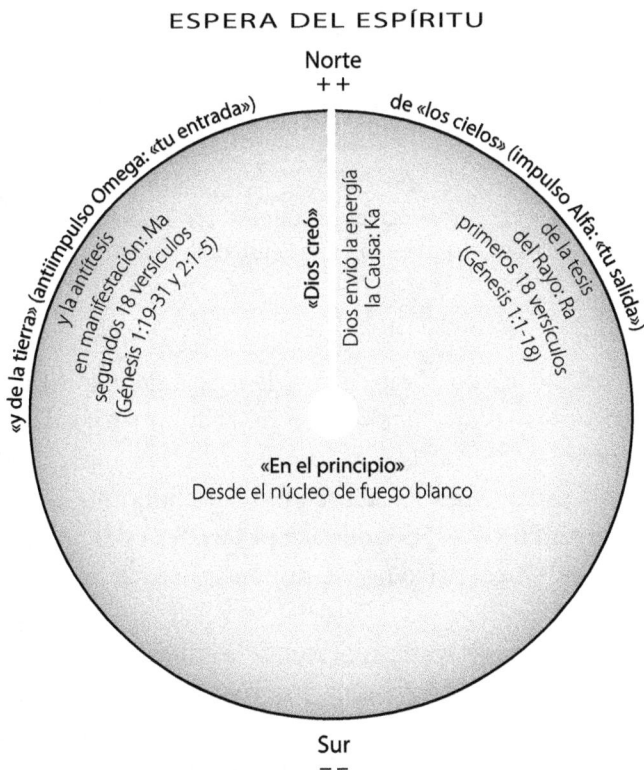

FIGURA 11: Ka-Ra-Ma en la esfera del Espíritu.

ESFERA DEL ESPÍRITU

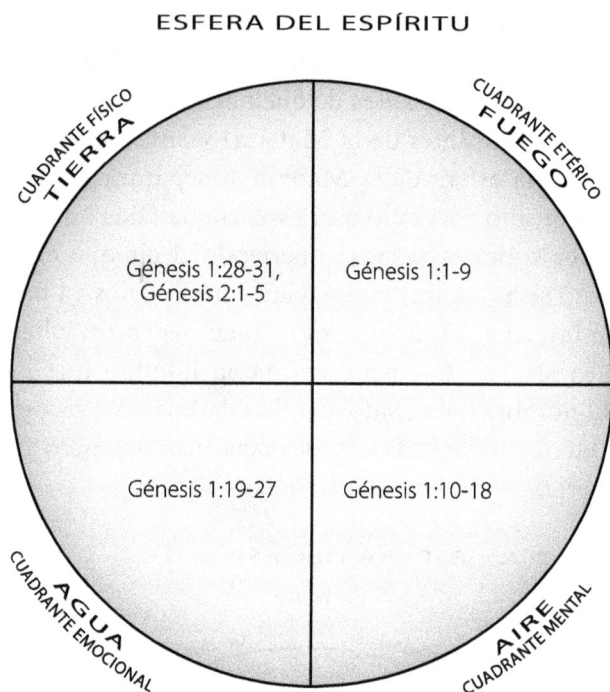

CUADRANTE FÍSICO
TIERRA

CUADRANTE ETÉRICO
FUEGO

Génesis 1:28-31,
Génesis 2:1-5

Génesis 1:1-9

Génesis 1:19-27

Génesis 1:10-18

AGUA
CUADRANTE EMOCIONAL

AIRE
CUADRANTE MENTAL

FIGURA 12: Los versículos del Génesis correspondientes
a los cuatro cuadrantes de la esfera del Espíritu.

La creación de la esfera de la Materia

Una vez mostrado cómo se creó la esfera del Espíritu, vemos que ese proceso se produce dentro de la mitad Alfa de la totalidad Espíritu-Materia. Desde una perspectiva más amplia, la totalidad Espíritu-Materia abarca cuatro cuadrantes: el etérico (+ +) y el mental (+ –), donde se crea la esfera del Espíritu; y el emocional (– –) y el físico (– +), donde se crea la de la esfera de la Materia.

La esfera de la Materia representa la mitad Omega de la totalidad Espíritu-Materia. Su creación y su separación de la esfera del Espíritu, así como la interacción entre ambas esferas dentro de la totalidad del cosmos Espíritu-Materia formando una figura en forma de ocho, comienza en Génesis 2:6. (Véase fig. 13 y 14).

La separación de la esfera de la Materia de la del Espíritu tiene lugar en el lado sur de la totalidad Espíritu-Materia. La precipitación de la Materia es dos veces el ciclo de diez: diez por el impulso Alfa, diez por el antiimpulso Omega.

Tal como el número nueve es el poder del tres por tres de la creatividad en el Espíritu, el número diez es la creatividad de la Madre y la marca de las iniciaciones de sus hijos en la Materia. La prueba del diez es la del sacrificio, la entrega, la abnegación y el servicio, el eclipse del yo inferior con el fin de que el Yo Superior pueda aparecer.

Las pruebas de los siete días de la creación por el poder del *tres por tres* significan la maestría del Padre y el Hijo en la esfera del Espíritu. En la esfera de la Materia, el hombre y la mujer

ESFERA DE LA MATERIA

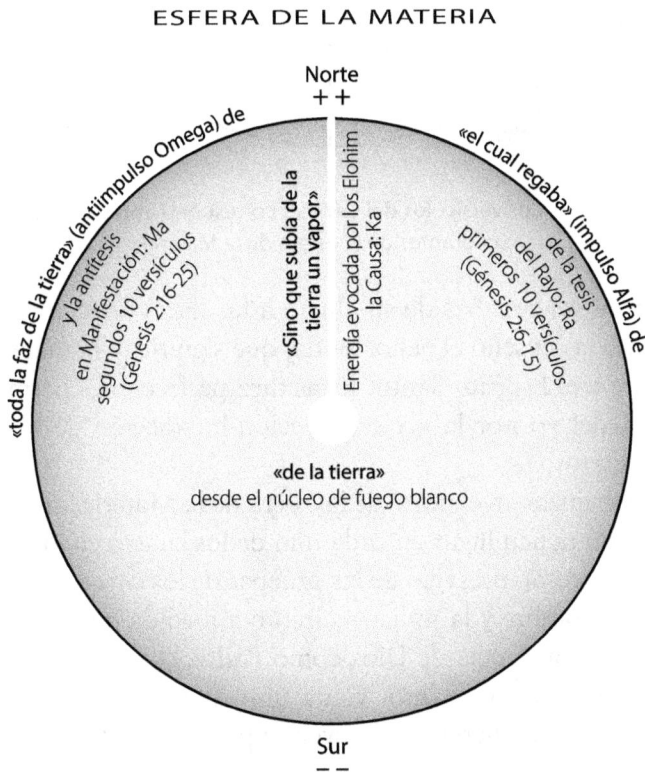

FIGURA 13: Ka-Ra-Ma en la esfera de la Materia.

ESFERA DE LA MATERIA

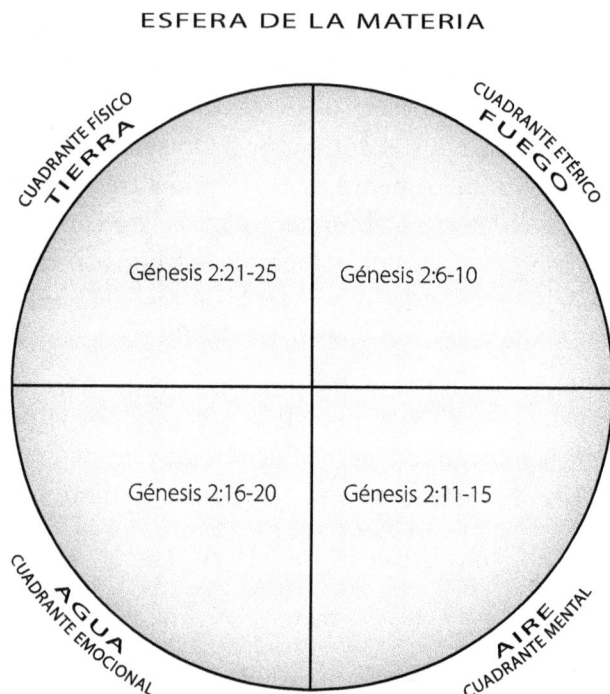

CUADRANTE FÍSICO
TIERRA

CUADRANTE ETÉRICO
FUEGO

Génesis 2:21-25   Génesis 2:6-10

Génesis 2:16-20   Génesis 2:11-15

AGUA
CUADRANTE EMOCIONAL

AIRE
CUADRANTE MENTAL

FIGURA 14: Los versículos del Génesis correspondientes a los cuatro cuadrantes de la esfera de la Materia.

afrontarán las pruebas de su alma en las diez perfecciones de la Ley como las enseñó el Señor Buda, que significan la maestría de la Madre y el Espíritu Santo. Estas diez perfecciones permiten la maestría del yo por la acción-reacción-interacción de los cinco rayos secretos.

Al comenzar en el norte de la esfera de la Materia, cinco actos de creación tienen lugar en cada uno de los cuatro cuadrantes de la Materia, como presagio de las pruebas de los cinco rayos secretos que el hombre y la mujer recibirán a medida que hagan evolucionar la conciencia de Dios como Padre, como Madre, como Hijo, como Espíritu Santo. Cada uno de los siete pasos de la precipitación es inherente a los veinte pasos descritos en Génesis 2:6-25.

En los primeros versículos de la creación de la esfera de la

Materia, hallamos revelado el misterio de la creación de la Llama Divina individualizada.

«Sino que subía de la tierra un vapor, el cual regaba toda la faz de la tierra» (Génesis 2:6). Ese vapor es el impulso de energía evocado del núcleo de fuego blanco por los Elohim. Ahí, en el primer cuadrante de la esfera de la Materia, la Impersonalidad Impersonal de la Divinidad establece el diseño original etérico para la individualización del alma en la Materia. «El SEÑOR Dios formó al hombre del polvo de la tierra [el aspecto Materia del Espíritu], y sopló en su nariz aliento de vida, y fue el hombre [en la Materia] un ser viviente», dentro de su propio Cuerpo Causal individualizado, el huerto plantado al este del Edén (Génesis 2:7-8).

Tres tipos de árboles, tres tipos de iniciación

Y del Gran Cuerpo Causal, el SEÑOR Dios hace nacer «todo árbol», todo aspecto de la Trinidad (Génesis 2:9). La *t** significa la cruz de la vida: el palo vertical de la cruz es Alfa y el horizontal es Omega. La *r* es el rayo, y la doble *e* se refiere al electrón que sostiene la energía del Espíritu en la Materia, mostrando así que los tres tipos de árboles creados en el Espíritu se extienden a la esfera de la Materia. Los tres tipos de árboles representan tres tipos de iniciación en la Trinidad, Padre, Hijo y Espíritu Santo.

El «árbol delicioso a la vista, y bueno para comer» es el árbol que ofrece la prueba de la Ley en el Espíritu Santo, al poner a prueba las percepciones que tiene el hombre de Dios en los cinco sentidos materiales y los cinco espirituales, al proveer al cuerpo, a la mente y al alma de sustento. Existen doce árboles así, dándole al hombre y la mujer sus iniciaciones en las doce virtudes del Espíritu Santo.

El «Árbol de Vida» es la Presencia YO SOY «en medio del huerto» (el Cuerpo Causal). A través de él llegan las pruebas de la voluntad del Padre.

---

*Esta enseñanza sobre el significado de *árbol* se basa en la ortografía de esa palabra en inglés, *tree*.

El «árbol de la ciencia del bien y el mal» es el Ser Crístico, el discernidor del Bien Absoluto y del bien y del mal relativos, que está en el nexo del flujo del intercambio en forma de ocho de las energías del Espíritu y la Materia.

El río que sale del Edén para regar el huerto (Génesis 2:10) es el gran cordón cristalino que desciende del Cuerpo Causal para regar el huerto, que es el equivalente del Cuerpo Causal en los planos de la Materia. En la Materia, el río se separa y se reparte en «cuatro brazos», los cuatro cuadrantes de la Materia. De este modo, se crean los cuatro planos de la Materia, y todo el diseño original de la creación de la esfera de la Materia se puede observar en estos cuatro versículos.

Los cuatro ríos (Génesis 2:11-14) que se describen en el cuadrante mental son los cuatro cuerpos inferiores del hombre.

Y Dios puso al hombre en el huerto «para que lo labrara y lo guardase» (Génesis 2:15). El hombre ha de ser el instrumento del flujo de las energías de Alfa y Omega, de la acción-reacción-interacción.

En los versículos 16 a 20, Dios pone límites al cuerpo de los deseos, el cuadrante emocional, y enseña al hombre el uso correcto del deseo, que debe ser el deseo de Dios de ser Dios dentro de él. Dios le explica al hombre el sendero de iniciación, diciéndole que no puede comer del fruto del árbol de la ciencia del bien y el mal (Génesis 2:17), porque aún no ha pasado por las iniciaciones de los doce árboles, deliciosos a la vista y buenos para comer. Antes debe dominar sus sentidos espirituales y materiales y las energías que fluyen a través de los siete chakras y el octavo (la cámara secreta del corazón) para alimentar al alma y los cuatro cuerpos inferiores.

El Señor Maitreya, la personificación de Dios en el Jardín del Edén, explica al hombre las consecuencias por la desobediencia y por el abuso del cuerpo de los deseos: la muerte de la autopercepción de Dios que tiene el hombre, el fin del sendero de iniciación. Maitreya explica que la decisión de tomar el fruto del árbol de la ciencia del bien y el mal antes de que el Ser Crístico del hombre se lo ofrezca, desataría una acción de la luz de la llama trina que los cuatro cuerpos inferiores del hombre todavía no son capaces de contener.

Esas energías, liberadas prematuramente como el trueno y el relámpago de los dioses, significarían la muerte de la percepción del alma, de los sentidos del alma, de la sensibilidad del hombre hacia el llamamiento interior del alma y de la percepción del alma del Espíritu. (¿Acaso no hemos visto las consecuencias que trae esta desobediencia en el hecho de que hombres y mujeres, al habitar totalmente fuera de la conciencia edénica, no tienen ninguna percepción espiritual ni sensibilidad alguna hacia el Dios interior?)

La creación de la mujer

Habiendo definido el sendero de iniciación como el gozoso camino hacia la Divina autorrealización, Maitreya trata otro aspecto del deseo que Dios tiene de ser más Dios. Al haberse formado la Materia a partir del Espíritu y al haber aparecido la Madre a partir del primer anhelo que tuvo el Padre de ser algo más que el Yo y de tener una autopercepción objetivada, el Gran Iniciador vio que no era bueno que el hombre estuviera solo en la creación de la Materia. El hombre debía tener una ayuda y el patrón original de la creación de varón y hembra a imagen de Dios en la esfera del Espíritu se reproduciría en la esfera de la Materia.

Pero antes de que aparezca la ayuda, todos los aspectos de la conciencia de Adán (las bestias del campo, las aves del cielo y todo animal viviente) reciben cuerpos emocionales/físicos. Por tanto, Adán puso nombre a todos los animales vivientes según las virtudes y cualidades de la Deidad que formaron su autopercepción. Pero la ayuda para Adán aún no se encuentra presente (Génesis 2:20).

La creación de la mujer ocurre en el cuarto cuadrante de la esfera de la Materia (el cuadrante físico). El alma de Adán regresa al núcleo de fuego blanco para la creación del alma, que es la llama gemela equivalente a él mismo, siendo las costillas un símbolo de los gemelos de Géminis, varón y hembra. De la polaridad positiva, el hombre (que contiene la totalidad más-menos del Padre-Madre), aparece la polaridad negativa, la mujer.

Adán ensalza la manifestación física de la esfera de la Materia: «Hueso de mis huesos [el arquetipo espiritual estructural] y carne de mi carne [la sustancia Material de la creación]». El hecho de que llamara a la ayudante «Varona, porque del varón fue tomada» (Génesis 2:23) es la celebración en los cuatro planos de la Materia de la realización de la esfera de la Materia tomada de la del Espíritu.

Y el matrimonio de las llamas gemelas, como en el Espíritu, así en la Materia, se pronuncia: «Por tanto, dejará el hombre a su padre y a su madre, y se unirá a su mujer, y serán una sola carne» (Génesis 2:24). El hombre y la mujer son la totalidad inseparable del Creador-creación.

La última prueba, en el quinto rayo secreto del cuadrante físico, subraya el hecho de que la victoria en la prueba del diez (la prueba de la obediencia mediante el sacrificio, la entrega, la abnegación y el servicio) se manifiesta mediante la inocencia del hombre y su esposa.

El sendero de iniciación

Una vez que Dios ha cumplido los ciclos de sí mismo en el Espíritu y en la Materia, ha terminado la manifestación de su karma en las dos esferas de la totalidad. Ahora, hombre y mujer —vestidos etérica, mental, emocional y físicamente— pueden entrar en las esferas de la conciencia de Dios. Para ellos esto supone la oportunidad, por libre albedrío, de hacer que su karma sea el karma de Dios, y tomarán sus decisiones, una a una, de acuerdo con los primeros ciclos de la creación de Dios.

De la mente divina surgió el diseño original etérico, la matriz mental, la espiral emocional y la precipitación física del Creador-creación, con el fin de que la perfección del karma de Dios se pueda manifestar como Arriba, así abajo.

De la mente carnal surge el creador-creación falso, llamado Serpiente, para ofrecer decisiones anti-Espíritu y anti-Materia que se manifestarán como el falso cosmos espiritual/material.

Al final del capítulo 2 del Génesis se cierra el telón con el ritual matrimonial, divinamente ordenado, del hombre y la mujer. Dios los ha puesto como joyas en el perfecto escenario de su conciencia edénica con todo lo necesario para que puedan entrar en el sendero de iniciación y lograr la conciencia solar (del alma), la conciencia Crística y la conciencia Divina.

Llegados a este peldaño de la escalera del logro, lo único que se requiere es obediencia al gurú Maitreya, al que se le llama Señor Dios, que camina y habla con el hombre y la mujer en el huerto. Si estos manifiestan obediencia tanto a la Ley como al Legislador (los aspectos impersonal y personal de Dios en el Espíritu y la Materia), paso a paso, recibirán las iniciaciones de los misterios sagrados. Estas iniciaciones permiten la maestría de la conciencia del alma, que conduce a la autopercepción Crística a través del fruto del árbol de la ciencia del bien y el mal, y a la autopercepción Divina a través del fruto del Árbol de la Vida.

Tomar estos frutos antes de que el Señor, quien posee el logro de los tres estados de conciencia cósmica, dé la iniciación significa deificar la voluntad, el ego y el intelecto del hombre y de la mujer. Significa dar a esos aspectos del yo no iniciado el poder, la sabiduría y el amor del Yo Real *antes* de que el alma, que se ha separado del Espíritu, haya demostrado ser capaz de ejercer correctamente el don del libre albedrío.

Maitreya dice:

> Si yo pusiera la vara de iniciación sobre la frente de quienes se arrodillan ante el altar del Cristo Cósmico antes de ser iniciados en los ciclos de la vida, no haría más que prestar el impulso acumulado de mi autoridad en la vida como refuerzo de la muerte, la cual es la negación suprema del Yo Real, que es Dios.
>
> La luz que fluye, «corazón, cabeza y mano», desde la conciencia del Cristo Cósmico es la luz que da permanencia

a todo lo que es real, bueno, hermoso y gozoso dentro de vosotros. Es la luz que puede dotar al alma de vida eterna y es la luz que el Señor Dios ha negado a los mortales, hasta que estos estén dispuestos a vestirse de inmortalidad.

Así está escrito, como edicto de la Ley, que «es necesario que esto corruptible se vista de incorrupción, y esto mortal se vista de inmortalidad».[10]

Entonces, ¿cuál es el karma del hombre y la mujer? La elección es estar o no estar dentro del cosmos Espíritu-Materia de Dios, estar dentro o fuera de la matriz de la perfección espiritual-material, en los cuatro cuadrantes de autopercepción en el Espíritu y en la Materia; la elección es estar o no estar dentro de la espiral en forma de ocho del flujo del Padre-Madre de ese karma, que es el movimiento perfecto de la energía de acuerdo con la ley de la armonía y de la integración.

Elige que tu karma sea el karma de Dios

El capítulo 3 del Génesis comienza con la figura del yo irreal que ofrece la opción de dos existencias. Porque la Ley exige que el hombre y la mujer elijan. Este es el requisito para poder disfrutar de la realidad como existencia, conocimiento, dicha.

La prueba requiere una fe suprema en la Ley, en el Gurú y en la acción de la Ley a través del Gurú; una esperanza suprema en la salvación del alma a través de la sabiduría de la Ley y del Gurú; y un amor supremo hacia la Ley y al Gurú como intérprete, integrador e iniciador de la Ley.

Entonces, ¿cuál es la elección del hombre y la mujer? ¿Elegirán hacer que su karma sea el karma de Dios? ¿Elegirán vestirse —línea a línea, precepto a precepto— con las espirales de la conciencia de Dios del Espíritu-Materia?

¿Aceptarán en la persona del Gurú al Mediador de la perfección de su alma en Cristo y en Dios? ¿Tendrán paciencia y serán diligentes, humildes y sufridos, a medida que Dios enseña a su alma el camino para ponerse la vestidura de la conciencia del SEÑOR?

O, de lo contrario, ¿se sentirán tentados por el atajo que ofrece el método del yo irreal, la Serpiente? El hombre y la mujer hacen esta elección en el momento en que su alma nace en el tiempo y espacio, así como en cada encarnación y en cada día sucesivo, en cada ciclo del ser. Esta elección determina el karma del hombre y la mujer, individual y colectivamente.

La caída del hombre y la mujer en el Jardín del Edén

La elección de no ser Dios y no disfrutar de su existencia, su conocimiento y su dicha se produjo por haber abandonado la llama del amor y la lógica del corazón. De tal modo, la caída del hombre y la mujer, a través del egoísmo y el amor propio, fue una componenda de las energías del Espíritu Santo en el tercer rayo. El amor y el fuego del amor como pureza santa son la mismísima vida (el Espíritu, la esencia) de los siete rayos.

A través de la caída del hombre y la mujer que consta en el tercer capítulo del Génesis, el maya se convirtió en la base de la existencia en la Materia. Y ese revestimiento de maya sobre la creación espiritual-material impide que el hombre y la mujer tengan la visión de Dios Padre y de la cuna de su evolución en el Jardín del Edén: Dios Madre.

Expulsados de la Divina realización del Yo como Padre y como Madre, el hombre y la mujer salen del karma de la perfección y se dirigen al karma de la imperfección. Su karma ya no es el de Dios, sus pensamientos ya no son los de Dios,[11] sus sentimientos ya no son los de Dios. Y la matriz y medida de la manifestación, el hombre y la mujer, no son más que el yo ensombrecido, el yo sintético, el yo irreal.

El karma en los siete rayos como se representa en el Génesis

La Arcangelina del séptimo rayo, Santa Amatista, describe así los siete primeros capítulos del libro del Génesis:

Es un resumen poético de los usos y abusos del fuego sagrado en los siete rayos. En el primer capítulo de la creación está el registro del fíat del Señor Dios y su implementación por parte de los Elohim en la creación del cosmos y las primeras razas raíz: el hombre y la mujer, creados a imagen y semejanza de Dios, enviados para ser creadores conjuntos, para señorear en los planos de la Materia.

Entremezclada con este relato está la creación de la vida animal y de todos los animales vivientes, una exposición alegórica de la creación de la vida elemental, manchada por el hecho de que los autores del libro del Génesis hablaban desde un punto de referencia en la relatividad, puesto que el libro se escribió después de la caída del hombre y la mujer, después del descenso de la conciencia desde el plano del Bien Absoluto hasta el del bien y mal relativos. Por tanto, el texto de los abusos del primer rayo en los planos astral y mental también se incluye en el relato. Pero «vio Dios todo lo que había hecho, y he aquí que era bueno en gran manera»[12]. Esto es el diseño original etérico del cosmos, el poder del primer rayo que afianza el todo de la creación.

En el segundo capítulo del Génesis tenemos cómo la creación se sella en la mente de Dios a través del segundo rayo de la acción iluminada. Inmediatamente, el factor anti-Cristo, como el vapor que subía de la tierra, el cual regaba toda la faz de la tierra, comprometió la luz del Logos en el hombre y la mujer. Ahora aparece el equivalente, la creación material del hombre y la mujer formada del polvo de la tierra.

Ahora la evolución ha alcanzado el plano físico, regado por las energías del Espíritu; y de las lenguas hendidas del fuego de la sabiduría, el equivalente del hombre aparece ante él como mujer. Simultáneamente, el árbol del bien y el mal se pone en medio del huerto de forma que el hombre y la mujer puedan ejercer el libre albedrío sobre obedecer o no obedecer, creer o no creer, la Palabra del Señor.

Así, el Divino Nosotros, como llamas gemelas en el núcleo de fuego blanco que fueron creadas en el principio, realizan su unidad en la Materia como una expresión dual. Mientras que permanezcan en la luz del Cristo, su inocencia está protegida. Pero en el tercer capítulo del Génesis se habla de los usos y abusos de la llama del amor; y ahí es donde la mente carnal, personificada en la Serpiente, tipificada en el Caído que tienta a los miembros de la cuarta raza raíz en Lemuria, presenta su lógica carnal. La tentación siempre se presenta como la mentira contraria a la intuición del corazón y su tendencia natural hacia la devoción a Dios.

La Caída del hombre y la mujer se produjo porque abandonaron la llama del amor y la lógica del corazón. Los abusos del fuego sagrado del amor en Lemuria fueron verdaderamente graves, y se extendieron hacia todos los rincones de la Tierra. La mecanización de la creación hizo que el hombre y la mujer perdieran la sagrada comunión del amor compartida en el Espíritu Santo. El juicio a los hombres y las mujeres de la cuarta raza raíz también fue el juicio del amor. Fuera del paraíso de la conciencia de Dios, Adán y Eva deben dominar el cuarto rayo, ya no con la alquimia del fuego sagrado, sino con dolor y vergüenza.[13]

La luz blanca de la Madre en el cuarto rayo es tan intensa, que suscita ira y celos en Caín, que resulta en la profanación de la Madre. A Caín y Abel se les encomendó que guardaran la llama de Alfa y Omega en el chakra blanco, y con ese fin hicieron ofrendas quemadas al Señor. El asesinato del justo Abel por parte de Caín[14] fue el principio de la profanación de la llama de la Madre por parte de los hijos de la Madre. Y así, los fuegos de la

Madre se usaron para la multiplicación de la conciencia de Caín en una humanidad degenerada.

Pero con la llegada de Set, sustituto del SEÑOR para la simiente de Abel, hombres y mujeres volvieron a invocar el nombre del SEÑOR. Mediante la aplicación de la ley de la Verdad en la ciencia del quinto rayo, las generaciones de Adán hasta Set produjeron grandes luminarias en la historia de la Tierra: Enós, Cainán, Mahalaleel, Jared, Enoc, Matusalén, Lamec y Noé.[15] Esos hombres poseían la maestría del quinto rayo y, por tanto, vivieron cientos de años gracias a su aplicación en la ciencia de la Materia.

Pero los hijos de los caídos y las generaciones de Caín produjeron el abuso de la luz del Cristo en el sexto rayo. En vez de servicio a esa luz y la maestría sobre sus emociones, está registrado en el sexto capítulo del Génesis que todo designio de los pensamientos del corazón de ellos era de continuo solamente el mal. Y en la sociedad antediluviana existía una mezcla de luz y oscuridad, y los rebeldes contaminaron toda la Tierra con su conciencia rezagada. Pero las generaciones de Noé eran perfectas ante a los ojos de Dios; y, por tanto, Dios dio a Noé y a sus hijos (Sem, Cam y Jafet) que construyeran el arca y se prepararan para el juicio.[16] El sexto rayo es la maestría del agua, y Noé y su casa mantuvieron esa maestría. Por tanto, para ellos el juicio fue una bendición y una preparación del camino para un orden nuevo.

Y así, el diluvio llegó como una acción del séptimo rayo, la llama violeta de la transmutación, el ritual por el que se deshacen los rituales pervertidos del hombre y la mujer caídos. Y en ese período de purificación, de catorce días, los cuatro planos de la Materia se lavaron con las aguas de la Palabra viva, igual que Jesús representó el período de purificación durante los cuarenta días de ayuno en el desierto.[17] Mientras que los caídos vivieron el juicio y la prueba de fuego como la gran purificación hasta la muerte de sus cuatro cuerpos inferiores, Noé y su familia entraron en el ritual del arca, en el que las energías del Espíritu y la Materia forman un arco y se produce esa comunión perfecta y ese flujo perfecto entre el corazón de Dios y el del hijo y la hija encarnados como la Palabra viva.

Karma yoga: el regreso a Dios

Santa Amatista nos aconseja que «meditemos en estos siete capítulos en la presencia del Espíritu Santo» para que podamos comprender «que, en todos los tiempos, la humanidad ha tomado los siete rayos del Logos y los han cualificado de acuerdo con su grado de logro en la conciencia Crística».

Es necesario que cada persona que se encuentra en el sendero de iniciación se considere dentro de la esfera de su propio karma, es decir, que considere cómo ha cualificado, bien o mal, los siete rayos y los siete pasos de la precipitación. Santa Amatista dice:

> Aquellos que quieran guardar la llama de la vida en el día del juicio que se avecina, quienes deseen regresar al centro de la conciencia Divina y deseen que se les permita pasar ante la llameante espada y ante el querubín que guarda el camino hacia el Árbol de la Vida, deben atravesar los ciclos de los usos y abusos de los siete rayos en que han incurrido.
>
> Paso a paso, línea a línea, el karma debe ser equilibrado, a la izquierda y a la derecha. Cada persona que lea mis palabras debe saber que la responsabilidad de equilibrar las energías de la vida es el significado del juicio. Cuando uno decide regresar al Edén, volver a la casa del Dios Padre-Madre, debe estar dispuesto a volver sobre cada paso que haya dado desde el descenso de su alma a los planos de la Materia.
>
> La ruta de regreso tiene dos aspectos: el camino doloroso y el camino glorioso. Todo depende de la perspectiva que se tenga, porque la dicha de la reunión divina se vive

interiormente, incluso en el momento de la agonía, a través de la noche oscura del alma y en la cruz.[18]

El salmo 69 de David contiene tres ciclos de doce. En treinta y seis versículos David desvela las experiencias de quien atravesó la noche oscura del alma para alcanzar la plena realización de la conciencia Crística. Vosotros que habéis decidido atravesar la noche oscura, tanto la del alma como la del espíritu, bien haríais en reflexionar sobre las meditaciones de David y luego aplicaros con diligencia a las invocaciones del fuego sagrado, especialmente a la llama violeta que es la energía concentrada del Espíritu Santo en el perdón del pecado, a la corrección de todo lo equivocado y a poner los cuatro cuerpos inferiores en alineamiento con el diseño original de la creación.[19]

El karma del hombre: la red de las circunstancias

El karma es la energía de Dios en acción en el hombre. Hombre y mujer como creadores con Dios se convierten en la causa del rayo en manifestación. Ellos deciden, por libre albedrío, si las causas que han puesto en movimiento en el tiempo y espacio serán aquellas que el SEÑOR Dios puso en movimiento (el diseño original, la matriz, las espirales de energía, la cristalización), las cuales tienen su origen en el Cuerpo Causal del hombre y la mujer, o si serán las regeneraciones de Adán y Eva, las causas y los efectos que proceden del subconsciente colectivo de la humanidad, así como del cinturón electrónico de la persona.

Por su fracaso en asumir la ley del karma de Dios como ley de su propia vida, el hombre, cuando fue expulsado del Edén, se convirtió en artífice de su propia ley. La ley de su propio karma se convirtió en la ley de secuencias causa-efecto fuera del reino del karma de Dios. Desde el tiempo de Adán y Eva hasta el presente, la mayoría de los hombres, al habitar en los planos del bien y el mal relativos, han vivido según la ley de la mente carnal. Verdaderamente se han condenado por las leyes de la mortalidad, se lo han hecho a sí mismos y se lo han autoimpuesto. Así, sufren la enfermedad, el decaimiento, la degeneración y la muerte. (Véase fig. 15).

Aunque la muerte no es real, el hombre la experimenta porque se ha hecho a sí mismo esclavo de las leyes de la mortalidad. Sin embargo, Pablo exclamó: «¿Dónde está, oh muerte, tu aguijón? ¿Dónde, oh sepulcro, tu victoria?, ya que el aguijón de la muerte es el pecado y el poder del pecado, la ley. Mas gracias sean dadas a Dios, que nos da la victoria por medio de nuestro Señor Jesucristo».[20]

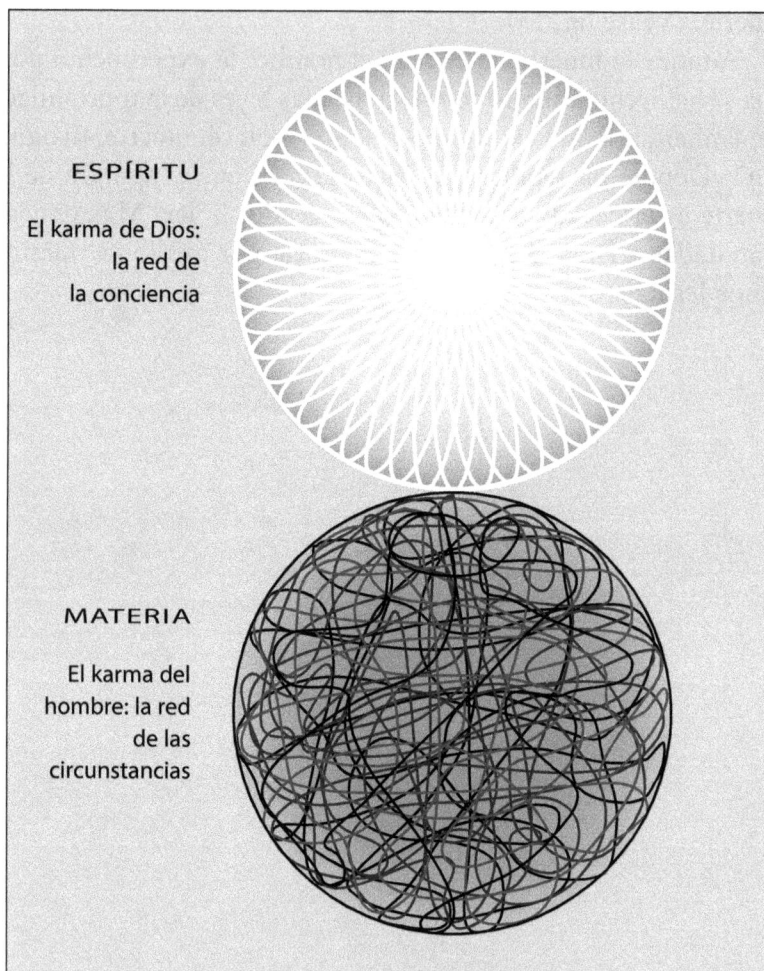

ESPÍRITU

El karma de Dios:
la red de
la conciencia

MATERIA

El karma del
hombre: la red
de las
circunstancias

FIGURA 15: Meditación para Adán y Eva: «YO SOY Alfa y Omega
en el núcleo de fuego blanco del ser».

El flujo de la energía de Dios hacia la creación sale y vuelve al núcleo de
fuego blanco en el centro del ser. La energía que no regresa al centro
alimenta a la mente carnal.

El karma del hombre en los siete rayos

A CONTINUACIÓN, EXAMINAREMOS EL karma de la humanidad bajo la perspectiva de los abusos de los siete aspectos de la conciencia Crística, una vez que los Siete Arcángeles han pronunciado el juicio de ese karma.

En el año 1975 comenzó el último cuarto de siglo, que marca la realización en el hombre y la mujer en las obras del Espíritu Santo. Fue un momento en el que los Siete Arcángeles recibieron el encargo de repartir «las espirales del karma de la humanidad, no solo en este planeta o sistema de mundos, sino en los planetas de un número incalculable de sistemas de mundos donde el hombre y la mujer, a quienes el SEÑOR Dios creo, han tomado del fruto del árbol de la ciencia del bien y el mal».

Vienen del Templo del Tabernáculo del Testimonio, siervos de Dios y del hombre, con doradas copas de las siete plagas llenas de la ira de Dios.[21] Tal como explica el Arcángel Miguel, «la ira de Dios es la ira del hombre que el SEÑOR Dios mismo dirige en contra de la generación idólatra».

Con la autoridad de Alfa para anunciar este juicio, el Arcángel Miguel dice:

Observad ahora cómo los Señores del Karma y los Veinticuatro Ancianos[22] se retiran bajando la cabeza mientras el SEÑOR Dios de los ejércitos dirige contra los hombres las siete plagas del abuso que estos han hecho del fuego sagrado, por la Ley que es infalible e irrevocable.

[Esta es] la misma Ley que gobierna los ciclos del cosmos y la inhalación y exhalación de los siete Espíritus de los Siete Elohim, la misma Ley que gobierna la armonía de las esferas y los acordes en movimiento de la conciencia cósmica. Esta es la Ley que declara al hombre ascendido y al no ascendido: «Hasta que pasen el cielo y la tierra, ni una jota ni una tilde pasará de la ley, hasta que todo se haya cumplido»[23]...

El juicio es el alineamiento de las energías a la derecha y la izquierda de la llama. El juicio es el Ojo Omnividente que enfoca lo correcto y lo incorrecto en la conciencia de las almas de luz y las de oscuridad. El juicio es la oportunidad de ver cada infracción de la Ley en el interior y exterior. El juicio es calcular la medida del hombre y la mujer con la vara de la Ley y con el cetro de su autoridad...

En esta hora de cambio del Ciclo Oscuro[24], cuando la humanidad cosecha el karma de sus propios abusos cometidos contra el rayo femenino y las energías del núcleo de fuego blanco afianzadas en el chakra de la base de la columna, la Ley exige que los hijos de la luz busquen la transmutación del abuso de esas energías sagradas en los siete rayos que convergen en la llama blanca de la Madre.[25]

La voluntad de Dios activada mediante el diseño original de la creación

E L PRIMER RAYO ES EL RAYO AZUL, EL rayo de la voluntad de Dios. Este rayo es el del poder del Creador con el cual Él infundió la creación. Es el rayo de la acción de los Elohim («y fue la luz»), cuando respondieron al fíat del Señor («Sea luz»).[26] El rayo azul contiene el diseño original de la creación y es la energía de Dios liberada en una alegría perpetua a través de la matriz del diseño.

En el primer capítulo del Génesis consta la creación del diseño original espiritual de un cosmos microscópico Espíritu-Materia de acuerdo con la voluntad de Dios, con todo lo que debía contener: campos energéticos, vida elemental, hombre y mujer creados a imagen y semejanza de los Elohim.

El desafío al plan de Dios

A través del Caído, Lucifer, se produjo la perversión del primer rayo y de la ciencia del fuego sagrado dentro de ese rayo cuando es emitido por el chakra de la garganta de Dios y del hombre en el poder de la Palabra hablada.

Antes de caer de su estado de gracia, Lucifer (el portador de luz, el «hijo de la mañana»[27]) había alcanzado el nivel de Arcángel. Era un gran conocedor de los ciclos de la causa del rayo en manifestación. Los siete pasos de la precipitación habían sido fundamentales cuando hizo sus creaciones junto con el SEÑOR.

Lucifer conocía los ciclos de la tesis, la antítesis y la síntesis, así como las leyes de la integración del caduceo de Alfa y Omega. El SEÑOR no le ocultó ningún secreto a su hijo. Pero ¡ay!, la insensatez del Arcángel caído fue su familiaridad con el SEÑOR. Lucifer no se contentó con lograr ser igual a Dios (una igualdad que Dios comparte con sus hijos e hijas, pues los ha hecho creadores junto con él), sino que se puso por encima del SEÑOR Dios y fanfarroneó antes las huestes del SEÑOR diciendo que él, Lucifer, podía producir una creación mejor que la del SEÑOR, que podía hacer todo aquello que el SEÑOR podía hacer, o eso creía.

El hecho es que Lucifer no lo podía hacer todo, pero podía hacer muchas cosas, suficientes para impresionar a un tercio de los ángeles de esta galaxia, así como a las evoluciones de la humanidad en varios planetas de este y otros sistemas solares. El orgullo que sentía por el poder que recibió del SEÑOR en un principio y su ambición de contestar a la creación del SEÑOR con una creación propia fue algo que aceptaron miles de huestes angélicas y que, finalmente, aceptaron el hombre y la mujer al sentir el mismo orgullo por el poder en el ego, ahora separado del Ego de Dios.

A partir del momento de su caída del estado de gracia, Lucifer fue separado del SEÑOR Dios y de las energías de la Fuente. Fue expulsado del cielo y enviado a la tierra, de la esfera del Espíritu a la de la Materia. Pero a su mando tenía las energías de su propio impulso acumulado debido al logro en Dios, así como las de los ángeles que descendieron con él y que fueron enviados a la tierra, a la esfera de la Materia, donde abortarían los ciclos de la Madre y sus hijos durante miles y miles de años.

Este fue el karma del hombre y la mujer cuando decidieron apartarse del estado de gracia del que disfrutaban en la conciencia edénica. El consentimiento de la mujer de comprometer el árbol de la conciencia Crística y creer la mentira de la Serpiente colocó sobre ellos el fíat del Señor: y creyeron la mentira y su condenación fue justa.[28]

La cizaña sembrada entre el trigo

Por la misma ambición, una exaltación del yo, las obras de Lucifer y de los ángeles caídos que le acompañaron también acabaron siendo la creación falsa de un mundo falso, un mundo poblado de hombres y mujeres mecánicos, la progenie de Lucifer, los hijos del demonio que no tienen ni una llama trina ni un alma viva. El Maestro Ascendido conocido como el Gran Director Divino describe esta creación mecánica:

> Recordaréis que Jesús, en su parábola del trigo y la cizaña, anunció que un enemigo había sembrado cizaña entre el trigo.[29] Esta cizaña es el hombre falso. Jesús dijo que eran hijos del Malvado y que existen aparte de la creación original de Dios. Aun así, por cuanto no se puede crear algo de la nada, aquello que fue creado debió ser creado por alguien que, en algún punto, reunió la suficiente información para hacerlo.
>
> En muchos casos el Nuevo Testamento describe en la vida de Jesús que él se refirió a ciertas personas como una «generación de víboras», como «hipócritas» y como «hijos de Satanás», dirigiéndose a ellas con las siguientes palabras: «Vosotros sois de vuestro padre el diablo, y los deseos de vuestro padre queréis hacer».[30] Es evidente que esta referencia hace una distinción entre todos los hombres y algunos hombres.
>
> Me apresuro a deciros, pues, que en el planeta existen criaturas que no provienen de Dios, que son la falsificación de la manifestación real. Muchas de ellas están confabuladas conscientemente con los insípidos e insidiosos propósitos de los poderes de la oscuridad. Estos quieren

arrancarle al mundo sus bienes con conspiraciones y complots, poner a hermano contra hermano, confundir, molestar y destruir las armonías allá donde estas existan. Operan en el plano físico, al utilizar y dirigir sus energías en un esfuerzo concertado contra la luz. Sin embargo, son peones de «huestes espirituales de maldad en las regiones celestes».[31] Y la alianza de las fuerzas espirituales negativas con estas malvadas personas encarnadas ha dado como resultado la matanza de muchas almas nobles a lo largo de todos los tiempos.

No me interesa tanto identificar y describir a esas personas como sí llamar vuestra atención al hecho de que existen. Juan el Bautista, al predicar la venida del Cristo, predijo el fin de esta raza de hombres mecánicos cuando dijo: «¡Oh generación de víboras! ¿Quién os enseñó a huir de la ira venidera?». De nuevo, refiriéndose a la esterilidad de esta creación falsa, dijo: «Todo árbol que no da buen fruto se corta y se echa en el fuego». Juan profetizó la venida de aquel que bautizaría con el Espíritu Santo y con fuego (con el fuego sagrado y el poder purificador de la llama violeta transmutadora): «Su aventador está en su mano, y limpiará su era, y recogerá el trigo en su granero, y quemará la paja en fuego que nunca se apagará»[32].

No hace falta decir que estos autómatas humanos son la paja, y que su final puede llegar solo mediante un proceso: la transmutación. Porque este es el único método permitido por el cual los malvados serán removidos de la faz de la Tierra.

En la Biblia, a estos seres carentes de alma se los denomina universalmente como «los malvados», porque se las han arreglado para eliminar cualquier descripción más específica de su raza de forma que la humanidad no los descubra y se levante con justa indignación contra sus señores. Y así, la muerte de Juan el Bautista y la de Jesucristo las produjo la falsa raza que, durante miles de años, ha puesto a hermano contra hermano, raza contra raza, y ha hecho que los hijos de Dios se culpen unos a otros por el asesinato de los santos.

Hoy, igual que siempre, ocupan puestos de autoridad y poder financiero. Han logrado el control del destino de los imperios e intentan constantemente frustrar los propósitos puros de Dios. El uso insensato de los impuestos ejercido bajo sus órdenes ha puesto un yugo desmedido al cuello de la humanidad.

El control que ejercen sobre los medios de comunicación y las tendencias de los jóvenes hacia formas disonantes de arte y música discordante han pervertido las nobles actitudes y han engendrado una raza de rebeldes delincuentes, cuyo código, o su carencia, ha carcomido el futuro vital de los Estados Unidos y del pueblo en muchos países. Los modernos medios de comunicación y distribución de la palabra impresa, la palabra hablada y la expresada en dramas de televisión y películas han hecho que las ideas se extiendan por los continentes y el mundo casi a la velocidad de la luz. Como un incendio en una pradera, la hierba seca se consume hasta la raíz de las esperanzas de los hombres, que están marchitos por la abrasadora infamia de la energía y emoción derrochadas.[33]

La vida elemental, destinada a animar las virtudes del hombre como su equivalente en el reino de la naturaleza, fue aprisionada por los archiengañadores de la humanidad en grotescas formas animales. La llama trina, la chispa de conciencia Crística y foco de la Trinidad, fue alterada a través de la voluntad humana, el ego humano y el intelecto humano. Y la creación mecánica, programada con estas tres falsificaciones del Padre, el Hijo y el Espíritu Santo, comenzó a aplicar esa programación entre las generaciones de los hombres, quienes, a su vez, la impartieron a los hijos de Dios. Lo que Lucifer y los ángeles caídos subvirtieron a través de sus creaciones mecánicas es el poder de la Trinidad.

Las generaciones de Caín

El término «especie humana» o «especie de hombre» puede interpretarse como una referencia a los descendientes de Caín (los cainitas), de quienes Jesús dijo: «Vosotros sois de vuestro padre el diablo, y los deseos de vuestro padre queréis hacer. Él ha sido homicida desde el principio, y no ha permanecido en la verdad, porque no hay verdad en él. Cuando habla mentira, de suyo habla; porque es mentiroso, y padre de mentira».[34] Caín, aunque nacido de la semilla de Adán, fue concebido por la unión de la conciencia de Eva con la de la Serpiente, el mentiroso que le dijo que su conciencia del alma en Dios con seguridad no moriría.

Al creerlo, Eva recibió el juicio del SEÑOR, y el karma en que incurrió le regresó a través de su primogénito. En la afirmación «por voluntad del SEÑOR he adquirido varón»,[35] Eva está diciendo que ha adquirido un varón por la ley de su propio karma, la ley de su pecaminoso estado de conciencia. (Véase fig. 16.)

Así, Caín nació sin ninguna capacidad del alma de percibir a Dios ni a Cristo el Mediador. Sanat Kumara nos cuenta la historia de Caín:

> Ahora bien, el primer hijo de Adán y Eva fue una generación de su karma. El alma, llamada Caín, que significa «adquisición», es adquirida fuera del círculo de su relación Gurú/chela con Maitreya. Y si reflexionáis en ello, amados míos, veréis que la ley del karma es la ley de la adquisición: «Lo que el hombre sembrare, eso también segará»[36].
>
> La corriente de vida de Caín (nombre que también significa «raíz hueca») contenía las semillas de su rebelión contra las siete alianzas de los siete rayos que él había manifestado en sus anteriores encarnaciones en el planeta Maldek. Su religión mecanizada era un ritual de voluntad propia como perversión del rayo de la voluntad del SEÑOR. Quiso adquirir el poder total de Dios con el antipoder de su honda y su lanza. Maitreya no respetó

su ofrenda, porque a Caín le motivaba conseguir el favor del SEÑOR para entonces poder someter Su luz a los usos y abusos de sus tretas.

Caín trabajaba duro labrando la tierra, no para gloria de Dios, sino para conseguir el poder de Dios y ejercerlo sobre los demás.[37]

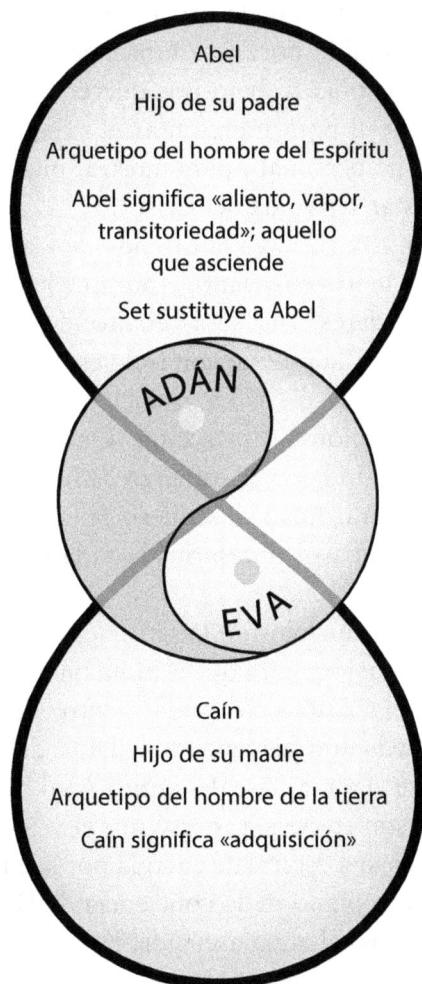

Abel

Hijo de su padre

Arquetipo del hombre del Espíritu

Abel significa «aliento, vapor, transitoriedad»; aquello que asciende

Set sustituye a Abel

ADÁN

EVA

Caín

Hijo de su madre

Arquetipo del hombre de la tierra

Caín significa «adquisición»

FIGURA 16: Caín y Abel
Del núcleo de fuego blanco de Adán y Eva nacen Caín y Abel como arquetipos de las civilizaciones de la Materia y el Espíritu que han de evolucionar en la Tierra.

Por el orgullo y la ambición de la Serpiente que fue el padre de su conciencia, el obstinado Caín quiso complacer a Dios a su manera, no a la manera de Dios. Se irritó con el SEÑOR como instructor, como Iniciador.

Caín no estaba dispuesto a reconocer la autoridad de quien lo puso a prueba. No estaba dispuesto a que lo pusieran a prueba ni a cumplir a las normas de la prueba. El SEÑOR le dijo que su ofrenda era inaceptable porque estaba apegado al fruto de su acción. Caín no hizo su trabajo por querer ser instrumento de la obra del SEÑOR ni para representar el ritual de la Creación. Trabajó por orgullo personal y para mostrar que su personalidad humana podía estar separada del Cristo.

Cuando el SEÑOR rechazó la ofrenda de Caín, este se enojó con él. «¿Por qué te has ensañado, y por qué ha decaído tu semblante? Si bien hicieres, ¿no serás enaltecido? y si no hicieres bien, el pecado está a la puerta; con todo esto, a ti será su deseo, y tú te enseñorearás de él».[38] La ambición de Caín se centraba en el fruto de la acción sin la acción. Quería los frutos de la conciencia Crística sin hacer el esfuerzo de lograr esa conciencia sometiéndose a la jerarquía y al sendero de iniciación (el instructor y la enseñanza), pasos necesarios para la precipitación de la conciencia Crística.

Ya sea en los siete ciclos de la Creación, ya sea en los siete pasos de la precipitación, para que el alma pueda ser uno convertirse en uno con el Cristo y comandar dentro del yo los átomos y las moléculas de la autopercepción de Dios, debe pasar por un proceso. Para que el alma pase del punto A, al punto B y, luego, al punto C, debe someterse al proceso que el SEÑOR Dios prescribe. Este proceso es una espiral de energía por la cual el alma pasa de una frecuencia o plano de la conciencia de Dios al siguiente. El proceso por el cual el alma asciende, paso a paso, por la espiral son las pruebas del alma en el sendero de iniciación.

Pero el padre de Caín, el demonio, era un asesino desde el principio. La Serpiente, en efecto, asesinó por un ciclo de tiempo y espacio la percepción del alma de Eva. Al convencerla de que seguramente no moriría,[39] la convenció de que cometiera un suicidio espiritual. La expulsión de la esfera de la conciencia de Dios (el Jardín del Edén) y del sendero de iniciación fue para Adán y Eva como la muerte misma.

Habían perdido la oportunidad de ser iniciados según el proceso de la precipitación de la conciencia Crística. Desde ese momento, el mundo sería su gurú. El mundo de maya, formado por los vapores de su propio karma, les enseñaría las lecciones que se negaron a aprender directamente de la boca de Dios (ex cátedra, a través de su vicario Maitreya).

Condenados a la ley de su propio pecado, el hombre y la mujer salieron de las espirales del karma de Dios, su morada en la Presencia Electrónica del Altísimo, para habitar en las espirales del karma del hombre, el cinturón electrónico de un mundo realmente subconsciente, un mundo en el que el hombre y la mujer ya no eran conscientes del yo en Dios ni como Dios.

Y el vestido de la velada inocencia, desgarrado por el pecado de Adán y Eva, fue sustituido por el Señor Maitreya, quien hizo «túnicas de pieles, y los vistió»[40] con vehículos de conciencia adaptados al descenso de las densidades de maya.

Orgullo: el abandono del sendero

Las generaciones de la Serpiente a través de Eva (los cainitas) dieron perpetuidad a los deseos de su padre, la Serpiente. En ellos, los deseos de sensualidad y egoísmo (los placeres de los sentidos físicos) sustituyeron a la alegría en la dicha de Dios a través de los sentidos del alma. Tal como el asesinato es el deseo de la ira, todos los pecados de esta generación injusta son los deseos de la voluntad desenfrenada. Se rebelaron contra los mandamientos que el Señor le dio a Moisés, diez reglas en la vida para protegerlos de la conciencia lujuriosa de la Serpiente. La mente serpentina acompañó a Eva cuando concibió a Caín, y la mente serpentina fue la semilla de la mente carnal que hoy queda como elemento de conflicto con el Cristo en toda la humanidad.

Caín fue el primer descendiente de los iniciados del Señor Maitreya en asesinar al representante de la conciencia Crística. Él fue el primero de las generaciones de Adán en responder a las espirales anti-Cristo bajo esa dispensación de la jerarquía. Y así, Caín y sus descendientes recibieron el juicio de convertirse en vagabundos sobre la faz de la Tierra: «Errante y extranjero serás en la tierra».[41]

No solo fue Caín el primer asesino, sino que fue el falso profeta que inició la espiral del sendero que los ángeles caídos adoptan, así como su filosofía de que el fin justifica los medios. Los luciferinos, que se habían rebelado contra Dios y sus leyes, no querían someterse al sendero de iniciación. En cambio, crearon un sendero alternativo, el «camino que parece derecho al hombre, pero su fin es camino de muerte».[42] El camino que parece derecho es el de Caín. Al violar el karma de Dios y el karma del hombre de ser Dios, Caín transmitió a las generaciones de la humanidad la negación del ritual de la Ley, la negación del instructor y la enseñanza, y la negación de la oportunidad de que los átomos de la autopercepción suspendidos en el Espíritu Santo regresen a Cristo y se unan a Dios.

El pecado de Caín, por tanto, fue triple. Fue la negación de la Ley de Dios como Padre, la negación del Hijo en la persona de Abel, y la negación del Espíritu Santo en la acción de Abel y en la de los siete pasos de la precipitación. Por esa negación del Espíritu Santo es que se le negó el servicio obediente de los siervos de Dios en la naturaleza. La vida elemental ya no obedecería su llamada.

Ahora vemos que, imitando los caminos de Caín llenos de orgullo, el hombre ha manipulado a la vida elemental y, por consiguiente, ha amalgamado esa energía mal cualificada como la bestia del Caído. Esta es la bestia que sube del mar, que recibe su poder del dragón y la bestia que sale de la tierra. Esta bestia impone a la humanidad el retorno de su karma, que se manifiesta como la marca de la bestia, y el número de su nombre.[43]

Todo esto es la usurpación de las energías del primer rayo de la voluntad de Dios. Debido a que la humanidad y ciertos niños de Dios e hijos e hijas de Dios siguieron el camino y la veneración del Anticristo, tanto el Anticristo como su creación se han vuelto parte del karma del mundo que ha de ser transmutado en el primer rayo.

El juicio a Lucifer y a los luciferinos

El Arcángel Miguel y su complemento divino, la Arcangelina Fe, nos presentan un esbozo del karma de la humanidad en el primer rayo y nos proporcionan las claves esenciales para saldarlo. A quienes quieran ser firmes, afrontar y conquistar los desequilibrios del karma en los cuatro cuerpos inferiores que son la perversión de la voluntad de Dios en la Madre Divina y sus hijos, el Arcángel Miguel dice:

> Invoquen el fuego sagrado de su Cuerpo Causal de luz, del YO SOY EL QUE YO SOY, quienes marchan con la Madre Divina portando el estandarte de Maitreya, el Cristo Cósmico, para consumir la causa y el núcleo de la desintegración y la muerte, que es el registro del asesinato de la Madre Divina y la matanza de los santos inocentes, que ha sido manifestado una y otra vez en Lemuria, en la Atlántida y en todas las civilizaciones, antiguas y modernas, donde los ángeles caídos se han movido con su oscuridad y su diablura, su degradación de la imagen de la Mujer y su degeneración de las energías de los niños de la luz.

El Arcángel Miguel habla del juicio de los ángeles caídos por sus abusos de la luz de la voluntad de Dios y el evento en el que el Arcángel caído, Lucifer, fue atado el 16 de abril de 1975:

> Las invocaciones de los dos testigos, realizadas simultáneamente Arriba y abajo, en las octavas del Espíritu y la Materia, para atar a Lucifer, fueron cumplidas por los Siete Arcángeles y las huestes del Señor Cristo. Y así,

sobre nosotros recayó el deber y el dharma de atarlo y enviarlo a la Corte del Fuego Sagrado, convocada en la Estrella Divina Sirio, donde los Veinticuatro Ancianos juzgaron y sentenciaron al archiengañador de la humanidad a la segunda muerte. «Ahora ha venido la salvación, el poder, y el reino de nuestro Dios, y la autoridad de su Cristo; porque ha sido lanzado fuera el acusador de nuestros hermanos, el que los acusaba delante de nuestro Dios día y noche».[44]

El Arcángel Miguel explica que «junto con el Caído, muchos que lo siguieron en la Gran Rebelión también fueron juzgados. Y esos juicios continúan mientras, día tras día, el fin del ciclo de oportunidad para el arrepentimiento llega para quienes durante miles de años se han negado a hincar la rodilla e inclinarse ante el Señor Cristo y reconocer la supremacía de la llameante Palabra encarnada en los hijos y las hijas de Dios. Así, mientras los Veinticuatro Ancianos dictan juicio, también lo reciben los que están encarnados en varios planetas donde el fin de los ciclos también ha llegado».

El Arcángel Miguel les explica a los hijos del Uno que, para saldar este karma, que es la creación de los ángeles caídos que queda, incluso después de que estos sean juzgados en la Corte del Fuego Sagrado, «en esta hora de salvación, es vuestro deber y vuestro dharma desafiar a la mente carnal en el nombre del Cristo; y tenéis el privilegio de desafiar, en el nombre del Dios vivo, al Anticristo e invocar a las legiones de Víctory, para que den a la humanidad la llameante conciencia de la victoria sobre la bestia y sobre su imagen y sobre su marca y sobre el número de su nombre. ¡Hágase así en el nombre del Dios vivo, y cúmplase —corazón, cabeza y mano— a través de los hijos de la luz!».

Del Arcángel Miguel aprendemos que el Señor Dios restablecerá el juicio de los ángeles caídos a través de nosotros cuando «demos voz con el poder de la Palabra hablada a los fíats del Señor». Por tanto, advierte: «Tomad los decretos y las invocaciones que os han entregado los dos testigos, y sean vuestras voces el incienso que asciende y que complace al Señor. Y elévense vuestras voces con invocaciones afirmando el juicio las veinticuatro horas del día».[45]

El Señor Dios no nos ha dejado sin consuelo

Sobre el karma de la humanidad que el Arcángel Miguel ha liberado, la Arcangelina Fe dice: «Esta plaga es una energía oscura que cubre el cielo al mediodía como si la mano de Dios hubiera dispersado el polvo de los siglos, al distribuir a los cuatro vientos la intencionada contaminación de los elementos del ser por parte de la humanidad».

No obstante, la Arcangelina Fe nos asegura que, en el momento del juicio, el Señor Dios no nos ha dejado sin consuelo. La espada de Kali, que libera a los hijos de la Madre, es un consuelo para todos los que adoran la Llama de la Madre. Por tanto, Fe nos llama a que entonemos el cántico de Moisés, a que cantemos el nombre de Dios, YO SOY EL QUE YO SOY, y a que cantemos el AUM en la noche y en el día.

La Arcangelina Fe nos dice que cantemos el cántico del Cordero, el mantra que se le dio a Juan de Patmos, de forma que podamos usar la Palabra sagrada para implementar la victoria con la espada del Espíritu. Este es el mantra que contrarrestará los abusos de las energías de la Ley y el Legislador en el primer rayo:

> Grandes y maravillosas son tus obras, Señor Dios Todopoderoso; justos y verdaderos son tus caminos, Rey de los santos. ¿Quién no te temerá, oh, Señor, y glorificará tu nombre? Pues sólo tú eres santo; por lo cual todas las naciones vendrán y te adorarán, porque tus juicios se han manifestado.[46]

Los hijos de Sion lograrán su salvación de todo el karma que se han autoimpuesto cuando se acerquen al sol del YO SOY EL QUE YO SOY y se postren y adoren con el Señor Cristo. Quienes sean uno solo con el Cristo y con el YO SOY EL QUE YO SOY no serán juzgados con los ángeles caídos y con el Anticristo. Las legiones de Fe vendrán y se pondrán ante los niños de Dios:

¡Ahora aparecen mis legiones! Y se ponen delante del altar de la Madre Divina y ante su representante en la tierra. Se ponen delante de los niños de Dios para atar los poderes de la oscuridad, de la duda y el temor, de las espirales de la desintegración y la muerte. Porque ante la llameante presencia de la fe se encuentra la acción transmutadora de la Ley.

Haz frente al enemigo interior y exteriormente

Esta es la hora de recoger las siembras de la duda, el temor y la muerte. Por tanto, vienen los ángeles para llevarse vuestra cosecha de las malas siembras que habéis hecho en la voluntad de Dios. Preparaos, y vengan a separar la cizaña y el trigo de vuestra conciencia, y dejad que reúnan la cizaña para que se pueda quemar en el fuego sagrado de la voluntad de Dios.

La Arcangelina Fe nos aconseja que entremos en la batalla, que nos unamos a las huestes del SEÑOR y nos vistamos con toda la armadura de Dios, «para que podáis estar firmes contra las asechanzas de los lugartenientes de Lucifer. Estos son los demonios que han deificado el mal, que han venerado el becerro de oro y elevado la mente carnal para pervertir las energías serpentinas del caduceo, las cuales Moisés elevó en el desierto como signo de la plenitud curativa de Cristo para los hijos de Israel».[47]

Solo existe una forma de vencer al Anticristo que ha pervertido la voluntad de Dios, dice Fe, y es «hacer frente al enemigo interior y exteriormente, y recibir la amonestación de Alfa», que dice:

«Ahora, sepan todas las evoluciones y oleadas de vida: el desafío del momento es la consumación por el fuego sagrado de la causa, el efecto, el registro y la memoria de todo lo que ha sido impreso sobre el cuerpo de la Madre —cuerpo que es el cosmos entero— por parte de los caídos. Ahora, contemplemos cómo el Caído ha dejado semillas de rebelión hasta en los cuatro cuerpos inferiores de los niños de Dios. Y así, el Malvado vino y sembró la cizaña entre el trigo.

»¡Vayan ahora los hijos de la luz! Vayan a los campos blancos para la siega. Como cosechadores junto con las huestes angélicas, separen la cizaña del trigo. ¡Y cúmplase mediante el fíat de Alfa y Omega! ¡Cúmplase mediante la acción del flujo del fuego sagrado de la Presencia YO SOY de cada cual!

»Más peligro, incluso que el Caído, tienen las semillas de rebelión que quedan por consumirse, pues la semilla contiene el patrón de la totalidad. Y, por tanto, emito la luz del núcleo de fuego del flujo de nuestra unidad para la anulación de la semilla del Caído. Emito esta energía al nivel del plano etérico, el plano de fuego. Más lejos no puede llegar sin el consentimiento de vuestro libre albedrío y vuestra invocación, pues el fuego sagrado quemará y consumirá el trigo con la cizaña a menos que primero sea asimilado en la conciencia de los portadores de luz.

»Séllese, pues, el fuego sagrado en el incremento que cada cual pueda soportar, en el tercer ojo, la coronilla y el corazón como una acción trina que se pueda invocar y emitir en el plano de la mente y en el cinturón mental de un cosmos. Es la Mente de Cristo lo que los caídos han decidido capturar y de lo que quieren abusar. No tienen ningún poder de Alfa y Omega; sin embargo, el núcleo ígneo de la vida en los hijos del sol ha sido utilizado para afirmar ese poder, para acceder a él y reforzarlo.

»Por tanto, retirad, por la autoridad de vuestro libre albedrío, cualquier afirmación, cualquier consentimiento que hayáis dado a los caídos, a su rebelión, a la semilla y a la mente carnal de vuestra propia creación. Solo así se limpiará del cinturón mental del remanente del Caído.

»Ahora, ¡sea desenmascarada también la bestia que ocupa el abismo sin fondo del subconsciente y el cuerpo de los deseos! Y véase que esta creación instigada por los caídos también ha recibido vuestro sello de aprobación. Porque lo que queda sin transmutar, que no habéis desafiado, lo que existe en la conciencia, es por consiguiente la creación del libre albedrío. Y hasta que no queráis sacarlo a la superficie, deshacerlo, devolverlo al núcleo ígneo para que sea transmutado, permanecerá como una desgracia en la totalidad del cosmos.

»Solo cuando desafiáis al morador del umbral de vuestro propio cosmos y vuestra conciencia (el rebelde) es que podéis respirar el aliento de la vida y saber que "¡YO SOY libre!". Por tanto, el juicio que le ha llegado al Caído, dictado por Alfa y Omega, también ha de resonar en la conciencia de toda alma viva. Y el "Alfa a Omega", el átomo de identidad en el núcleo ígneo de vuestro ser, debe liberar la espiral que ejecutará el juicio por el cual el morador del umbral pasará por la segunda muerte y dejará de existir y dejará de tener morada alguna en toda la conciencia de esa vida que decís es vuestra, pero que, estoy aquí para deciros, es mía, pudiéndola dar y quitar. Y podré reclamar ese núcleo ígneo, esa réplica del Gran Sol Central, cuando los ciclos pasen y la Ley del ser devuelva la gota al Océano.

»¡Poseéis todo un cosmos! ¡Tenéis un campo energético que os ha sido asignado! ¡Sean purificados los cuatro cuadrantes de vuestra creación de todo residuo del Caído! Sean purificados por vuestro libre albedrío, alineado con el mío, alineado con los Veinticuatro Ancianos, que ejecutan el juicio en la Estrella Divina. ¡Y sea libre también el cuerpo de la Tierra de las impresiones de la rebelión y el ego que está separado del Ser Divino!»[48]

Ciertamente, el impulso de la voluntad de Dios es para la creación de mundos dentro de otros mundos. Con su libre albedrío, el hombre debe decidir si estos serán mundos de virtud pía o mundos de desintegración impía de las almas de los vivos.

Los ángeles caídos han creado mundos mecánicos; y los hombres han imitado su creación. Ahora la decisión de ser Dios en el primer rayo de su voluntad es la de revertir la creación de los mundos del hombre mecanizado, transmutar los monstruos mecanizados que se ciernen, como los Illuminati y como las bestias de mente carnal, que deambulan por los cañones del plano astral, para eliminar de la vida elemental y de los hijos de Dios los maleficios de los ángeles caídos, los maleficios de la enfermedad, el decaimiento, la desintegración y la muerte.

El impulso de la voluntad de Dios es capaz de invertir las espirales negativas de oscuridad. Y con la alquimia del fuego sagrado, el bautismo del Espíritu Santo, puede recrear al hombre y la mujer a imagen y semejanza de Dios. Puede recrear los cuatro planos de la Materia. Puede recrear la vida elemental y reincorporar al hombre y la mujer al Jardín del Edén, en el sendero de iniciación bajo el Gurú Maitreya.

La sabiduría del Buda y de la Madre

L AS CONDICIONES DE LA ALIANZA DEL
Edén que el SEÑOR Dios puso al hombre y la mujer en el jardín apartado para su iniciación en el Sendero caen bajo la actividad del segundo rayo. Estas iniciaciones se imparten a través del cargo del Cristo Cósmico

El segundo rayo es el de la sabiduría de la Madre y los seres Crísticos que siguen el camino de la acción iluminada. Es el rayo de la elevación de la vara del poder de la sabiduría. Es Madre porque su energía, la energía del chakra de la coronilla, está alineada en polaridad con el núcleo de fuego blanco de la Madre, concentrado en el chakra de la base de la columna.

La energía pura de la Madre se eleva desde este chakra de cuatro pétalos, que es la base de la pirámide del ser humano. Esta energía se eleva con la acción del caduceo, la de enroscarse alrededor de la vara de poder. En la coronilla, la energía se convierte en la sabiduría del Padre que, en la Materia, es la iluminación del Buda. Por eso el segundo rayo es portador de las energías de la interacción entre la Madre y el Padre, en la base y en la consumación de la creación.

La Madre, que en un principio salió del Padre, regresa a Él. Y en su desarrollo, a través del curso de los ciclos en la esfera de la Materia, da a luz a la manifestación de la Trinidad como Padre, Hijo y Espíritu Santo. Con la Madre como integradora, estos tres aspectos del Uno proporcionan la base de la acción-reacción-integración en todas las relaciones humanas.

El segundo rayo es el de la meditación del Buda sobre la Madre y la meditación de la Madre sobre el Buda. El cargo de Buda es el mayor logro espiritual que los hijos e hijas de Dios pueden realizar dentro de la esfera de la Materia. Los logros mayores han de realizarse dentro de la esfera del Espíritu.

En la Materia, la representante más alta del rayo femenino de Dios es quien alcanza el cargo de Madre del Mundo. Y el representante más alto del rayo masculino es quien alcanza el cargo de Señor del Mundo, lo cual presupone el previo logro de la plenitud Búdica en el sendero de iniciación. En la esfera de la Materia, aquellos que ocupan estos dos puestos en la jerarquía gobiernan la integración de las fuerzas y los campos energéticos que llamamos tiempo y espacio.

El karma del tiempo y el espacio no es una limitación

El Señor Gautama Buda nos ha enseñado que el tiempo es Madre y el espacio es Buda. El tiempo y el espacio se le dan al alma para que esta los trascienda. Gautama explica lo siguiente: «Todo lo que ha ocurrido en el tiempo en Verdad no es real, pues el tiempo no está en el punto de la realidad. Por tanto, ¿por qué retrasaros y convertiros en prisioneros del tiempo a través del karma?...

"Cada acto de amor y luz tiene lugar en el reino atemporal; sí, el ciclo continuo del cosmos, pero no en el tiempo. Y, por tanto, el tiempo no es para el santo, ya sea en la tierra o en el cielo...

"Quienes miden el tiempo se encuentran en las esferas que giran en torno al sol. Pero en el centro, ¿dónde está el sentido del tiempo? No existe. Lo que sostiene al sistema solar es la punta de un alfiler, un pequeño alfiler. No hay tiempo ni espacio en el centro del ser.

"Sabed esto en el sentido absoluto; y entonces, comenzad, por el poder de lo Absoluto, a transformar vuestra vida en consecuencia. Por tanto, aquello que os hace prisioneros del tiempo, considerad, ¿cuándo prescindiréis de ello? Porque, si no dispensáis de ello... al final, cuando el tiempo se colapse, vosotros os colapsaréis con él y dejaréis de existir.

"Los que estén unidos al tiempo, morirán con el tiempo.

"Así, tomad un acordeón, sección a sección, midiendo el tiempo, el tiempo por vibración, ritmo y nota. Y, de repente, el acordeón colapsa sobre sí mismo, ocupando un espacio diminuto. No hay delineación ni sonido alguno. Pero en el silencio de la Ley del Uno, el músico se ha convertido en el Todo...

"La percepción del corazón del Buda ofrece a los que están en el punto de mira un medio de escape, a través de la lente del ojo de Dios. Os llevo lejos de los pesares del tiempo y el espacio, pues la perspectiva lo es todo. La distancia entre el ojo y los acontecimientos y eventualidades externos es la perspectiva del rayo láser de la Mente de Dios.

En esta perspectiva
YO SOY el Joven Eterno
en el corazón de cada corriente de vida de la
   Tierra en todas las octavas,
pero no me inquieto ni lamento
ni decaigo con los cuerpos que habito.

YO SOY alegre.
YO SOY callado.

YO SOY lleno de risa.
YO SOY Ser.

> YO SOY en el alfiler del centro de la Tierra,
> inmóvil, perpetuamente en movimiento.
>
> Percibo más allá de todo maya,
> penetro todo el maya.
> YO SOY más allá de los conflictos
> y estoy en su centro.
> No conozco opuestos,
> pues YO SOY la Ley del Uno.
>
> YO SOY real,
> mis aguas discurren por lo irreal.
> Me muevo en las estrellas,
> YO SOY inamovible;
> el Inamovible
> en el corazón de Shamballa. . . .

"Sois inmortales ahora, en el Eterno Ahora. En el intervalo de la cámara secreta del corazón, donde está suspendida la llama trina, el tiempo no existe. Sin embargo, el latido del corazón que resulta de la pulsación de la vida a través de la llama trina es la indicación del tiempo, de los ciclos. . .

"El tiempo es el autor de la mortalidad.

"Los ángeles caídos debieron ser consignados al tiempo. Eso fue la suprema condenación y limitación. Juraron enemistad contra la mujer, hicieron bajar a su progenie en los velos del tiempo y dijeron: «Si hemos de ser prisioneros de la mortalidad, ellos también lo serán». Lo han decretado. Vosotros debéis deshacer ese decreto. Han utilizado su ilícito poder del fóhat para declarar la maldición suprema, que los hijos del sol se vuelvan prisioneros del tiempo.

"Así, han intensificado la tentación kármica, las pruebas; como si estuvierais atrapados en un cordón enmarañado, con los pies atados, y cuando más hacéis por desenredaros, más os enredáis en el interminable y anudado cordón del karma, creando más con cada intento y esfuerzo por liberaros de él. Porque la lucha ata.

"Y así, la liberación es el Eterno Ahora. Habitad en él, como en una cámara hermética, como una esfera de luz suspendida en el centro. Sin peso, estáis en el centro y corazón de la llama trina, en el intervalo de esa cámara secreta del corazón.

"Conoced el significado, pues. Porque os digo que tenéis a vuestro alcance la demostración de esta ley. Y su demostración posee la máxima practicidad y sensibilidad hacia el mundo del tiempo.

"No conocemos ninguna contradicción. Dominamos las polaridades. Las contenemos. Las sometemos. No permitimos la oposición, sino la síntesis, siempre Alfa y Omega. Y la Serpiente que devora su cola es el Bien Absoluto que devora la antítesis, que es el Mal Absoluto. No hay apretones de manos. La Serpiente lo devora todo.

"Porque YO, el Señor tu Dios, SOY un Dios celoso.[49]

"Así, comprended que el Bien Divino os tendrá a todos, os devorará como la ballena devoró a Jonás; pero él salió entero. Fue suspendido ahí, en el vientre de la ballena, en un sentido de atemporalidad en la llama trina. ¿Cómo puede ser? Ese es el símbolo del hombre que entra en el fuego sagrado, entrando en la espiral de Alfa y Omega, sin ser consumido, mas saliendo como un Inmortal.

"Cuando el Bien Absoluto devora las configuraciones y creaciones matemáticas en el tiempo y el espacio de los caídos, cuando todo ese Mal Absoluto es devorado, es asimilado. No conserva ninguna objetividad, subjetividad, identidad propia. Es masticado. Es pulverizado. Y la luz lo asimila. Es desmagnetizado. Y el Bien Divino Absoluto se convierte en el Uno. Y, de nuevo, el tiempo no existe, el espacio no existe, porque es innecesario.

"La llama hace que todo sea como ella misma, solo deja un montón de cenizas sostenidas en la mano del profeta. El profeta ascendido sostiene las cenizas de sus propios fuegos incineradores. Y en su mano, las cenizas son el blanco cristal esparcido a los vientos. Y la luz y la fragancia carga la tierra, carga la tierra, pues, con esa conciencia que ahora está concentrada en lo que llaman restos, pero el núcleo de una conciencia que existió y existe y por siempre penetrará, transmutará la Materia.

"Así serán vuestros restos —cuando, en ascenso al sol, vuestra alma se eleve al vuelo hacia vuestro Dios—, no polvo al polvo, sino la niebla de fuego cristalino al cristal. Y el blanco cristal se convierte en la levadura en la tierra. Nadie puede resistirse a ella.

"Entrad, pues, en el centro, el mismísimo centro del vientre de la ballena. Conservad vuestra individualidad en Dios. Dad el paso. Salid de la llama, de la ballena, del intervalo. Salid como maestros del tiempo y el espacio en el mundo, sin estar sujetos a la ley del pecado, donde pecado significa 'sin'. Sin identidad en Dios, eso es un estado pecaminoso. Así, el pecado que no se ha abandonado, jamás puede ser perdonado. Porque, mientras una persona esté involucrada en él, esa persona no tiene una identidad en Dios que pueda retener el perdón.

"Observad al niño apaciguado, perdonado sin penitencia ni disciplina. El niño repite una y otra vez la ofensa. Así, amados, pecador más grande es el padre o la madre que refuerza el mal comportamiento repetitivo. El niño busca que le refuercen la Ley del Uno y, sin embargo, le refuerzan los repetitivos actos de indiscreción, falta de respeto, la incapacidad de reconocer lo desagradable.

"Esa no es la manera de actuar del verdadero Padre y la verdadera Madre en el cielo y en la tierra. Por tanto, tomad al hijo y la hija errante y dadle a conocer, con todo el fuego del Eterno Ahora, la trampa del tiempo, ya que este es el recipiente de todos los pecados.

"Por tanto, apartaos y sed un pueblo elegido, separado de los ciclos del tiempo. Apartaos, pues la llama del perdón es una llama eterna. Por eso está escrito: «porque para siempre es su misericordia».[50] Es la perpetuidad del Eterno Ahora que autoanula el tiempo y el espacio. La misericordia no habita eternamente en el reino del pecador, sino que eternamente le da la oportunidad de salir de ese reino.

"Como la hierba son los días del hombre que no se separa de la irrealidad. Y el viento atraviesa esa hierba, sobre ella. Y, de pronto, no conoce más el lugar.

"Así, el tiempo produce el proceso de autocancelación, autoanulando diez mil latas de cerveza transportadas sobre la cinta transportadora. Un millón de latas de cerveza no refuerzan la Verdad. Por tanto, ¿por qué quedarse en los recipientes de cerveza y en las cúspides del tiempo? La multiplicación del error es la multiplicación de la anulación de quienes lo comparten.

"Le hablo al núcleo del autoengaño y a la mentira que perpetúa al mentiroso, que es la máscara y el yo sintético y la fuerza anti-Buda en cada uno de vosotros. Intensifico el fuego sagrado. Y os pongo incómodos ante la presencia de ese elemento el cual, cuando es sumergido en el fuego sagrado, siente dolor.

"¡Deshaceos de ello! Echadlo al fuego sagrado. Porque es la única ofrenda aceptable que recibiré esta noche. Estoy listo para recibir al yo carbonizado, el yo del error; la figura convertida en un muñeco de vudú, una imitación barata de vuestro Cristo. Os desafío a que lo arrojéis al fuego...

Naciste libre para amar la vida libre

"Hijos de la noche y del día, pudierais estar a un millón de años luz del corazón de Abram o a una pulgada de su victoria en vosotros mismos. Vosotros sois el factor determinante. ¡Sois Dios, como él lo era! Él tomó su decisión. Se convirtió en el fuego que se envuelve a sí mismo. No esperéis los acontecimientos, ¡haced que acontezcan!

"No esperéis a que llegue un día lejano y la visión de algún Maestro que se os aparezca en los montes. Algunos de vosotros habéis creado, con un drama extraordinario y dándoos mucha importancia, la escena en la que un día conoceréis a Maitreya. En esta ensoñación, al escenario de la vida le falta la mano del Director Divino a través de vosotros.

"¡El tiempo no existe! ¡Maitreya está aquí! Pongámonos a trabajar con el Iniciador.

"Comprended la impecable naturaleza de la mente que se fortalece contra la erosión, la intrusión. Empujados de acá para allá como sobre un mar astral, no compartís nada con las irrealidades astrales. Nacisteis libres para amar, para ser amor; nacisteis libres para amar, nacisteis libres para amar la vida libre.

"YO SOY EL QUE YO SOY. Ahora hablo solo al Yo Real. Si deseáis hablarme, debéis entrar en esa realidad. Ya le he hablado lo suficiente al yo concebido por el tiempo, oculto por el tiempo. Ahora le exijo al alma: déjalo atrás. Sople el viento, y sople fuerte, para que puedas conocer tu mortalidad. ¡Que la necesidad y el peligro de la vida obliguen a hacer el llamado! Yo lo daré todo y haré cualquier cosa para que las circunstancias prevalezcan para liberarte, no para enviarte a que te estrelles contra las rocas y caigas en el precipicio de la vida.

"La elección es una sola: *¡Arriba! ¡Adelante!* Escala las alturas. No te desanimen los sucesos ni la vida elemental ni los objetos de la Muerte y el Infierno. Somételos. Átalos. Eres victorioso sobre la Muerte y el Infierno. Yo lo proclamo.

"YO SOY el Uno. YO SOY el Guardián de la Llama de la Vida para la Tierra. Te compelo con la voluntad de tu propio corazón, fundado sobre la roca de Buda desde el principio. Te exijo que aceptes tu destino de fuego en el Eterno Ahora. Ante esa luz me inclino. Y te tendré tal como eres para mi corazón".[51]

El sendero de iniciación en el Jardín del Edén

Como hemos visto, el segundo capítulo del libro del Génesis representa la creación de la esfera de la Materia y la venida del Señor Maitreya, el Buda, como Iniciador de quienes han de habitar en esa esfera. Este capítulo también representa la creación del hombre y la mujer para que puedan afrontar los desafíos iniciáticos en sus respectivos senderos y convertirse en la vara del poder de la sabiduría en la llama del Buda y de la Madre.

La elevación de ese poder a través de la maestría de los siete planos de percepción Divina era su única razón de ser en el Jardín del Edén. Si hubieran aceptado la alianza que Maitreya había establecido, la elevación de las energías del fuego sagrado habría formado la corona de gloria, que es la corona de la Madre del Mundo y del Buda.

En vez de desnudez y vergüenza, culpa e impiedad, se habrían llenado de la gloria de su Señor, su Gurú. A través de la autorrealización del YO SOY EL QUE YO SOY de ellos, él les habría transferido el halo, que es la corona de la vida, la fuerza vital santificada de quienes han conservado las energías del fuego sagrado mientras recorren el sendero de iniciación.

La vara de autoridad que el Señor Dios dio a Moisés y a Aarón es la misma energía que se eleva como un embudo de fuego en la cavidad de la columna vertebral, la frescura y el calor del aliento del fuego sagrado que asciende y desciende como la fuente de la vida.

Esta es la fuerza vital con la que el divino varón regirá a todas las naciones con la vara de hierro. Es el cincel de hierro con la punta de diamante con la que los dos testigos escribirán el «pecado de Judá»,[52] la ley del karma de los israelitas, karma tanto de su Verdad como de su abandono de la Verdad.

De la llama del Cuerpo Causal del Buda se creó el Jardín del Edén, pues el Buda es el Señor del espacio. De la llama del Cuerpo Causal de la Madre se tejieron los tiempos, las estaciones, los ciclos y las espirales para las iniciaciones del hombre y la mujer.

El hombre y la mujer en el jardín están sujetos a cómo establezcan el espacio y el tiempo el Buda y la Madre. A aquellos corresponde vestirse con ese espacio y tiempo, y convertirse en ellos, de forma que puedan pasar de la medida finita a la medida infinita de la conciencia de Dios. Se les exige que operen dentro de la geometría de la Ley del ser, como Arriba, así abajo.

Ahí, en ese escenario tan especial, protegidos por la matriz de la Madre, sostenidos dentro de las matemáticas del Padre, el hombre y la mujer reciben la enseñanza sobre las bases del Sendero. Reciben el conocimiento del Cuerpo Causal, la Presencia YO SOY y el Ser Crístico. Se les enseña, paso a paso, los ejercicios para la percepción del alma que Maitreya les dará, desde las doce jerarquías del sol hasta los doce árboles, «deliciosos a la vista, y buenos para comer».

El karma de la humanidad vertido sobre el mar de la copa dorada del Arcángel Jofiel es el karma del abuso del segundo rayo: la sabiduría del Padre en la Madre y de la Madre en el Padre. Es la perversión del sendero de iniciación por parte de los falsos instructores, que han usurpado el puesto del Gurú, el Señor Maitreya. La humanidad no solo ha pervertido el espacio reservado para sus iniciaciones, sino que también ha pervertido el tiempo de esas iniciaciones.

El falso sendero del orgullo

Una vez que el hombre y la mujer han rechazado el sendero —al instructor y la enseñanza—, su existencia queda relegada al mundo del espacio-tiempo. Ahí, la naturaleza y la vida elemental en la Materia han estado sujetas a los abusos orgullosos e intencionados del chakra de la coronilla por parte de los ángeles caídos, que siguen al líder que se llama a sí mismo el Iluminado.

Lucifer escogió ese título como suprema perversión de la sabiduría del segundo rayo y la luz del Dios Padre-Madre. Quienes lo siguieron para usurpar las energías de la Madre de la acción iluminada se llaman a sí mismos Ilustrados. Y, a lo largo de los siglos, a las órdenes internas y externas de quienes crearon el sendero falso se les ha conocido como *Illuminati*.

El karma de la humanidad en el segundo rayo es su deseo, a través de su orgullo y ambición, de gobernar a otros antes de haber sido capaces de autogobernarse. Esta es la denominada sabiduría de los falsos instructores, de su filosofía de intelectualismo, de humanismo, de derechos individuales que reemplazan los derechos ordenados por Dios y una independencia aparte de Dios y sus leyes.

Los Ilustrados han enseñado a lo largo de miles de años la filosofía del humanismo científico. Esta es la doctrina que considera al hombre como un ser de inteligencia superior y capaz de lograr sus metas solo con su inteligencia. El humanismo científico busca el dominio sobre la esfera de la Materia; su meta es la exaltación del hombre sobre la naturaleza y sobre el Dios de la naturaleza. El hombre no necesita a un Dios percibido con una existencia fuera de su conciencia, pues él es un dios para sí mismo.

En el curso de la manipulación de la humanidad, los Ilustrados (que ahora ocupan el lugar del gurú) han impuesto sus tiranías de orgullo y arrogancia sobre las tiranías autoimpuestas del hombre y la mujer caídos. Se vuelve oportuno, con el fin de una manipulación continua, que los Ilustrados escriban una declaración de los derechos del hombre,[53] para que la humanidad pueda unirse en apoyo a su estandarte de rebelión contra las verdaderas jerarquías de la luz.

De hecho, una declaración así no es necesaria. El SEÑOR Dios, en la persona del Gurú Maitreya, ha establecido los derechos del hombre y la mujer en el jardín, ha establecido los límites de la libertad y el autocontrol que han de mantenerse en equilibrio en el Sendero.

Los hijos y las hijas de Dios en el sendero de iniciación disfrutan de ciertos derechos de acuerdo con su grado de logro. Cada paso en la escalera de iniciación concede a la persona ciertos derechos y ciertas restricciones, según sea su autodisciplina y la concentración de energía que ella proteja en los siete chakras de su ser. Cuanto mayor sea el logro, mayor será la autodisciplina; cuanto mayor sea la autodisciplina, mayor será la libertad; cuanto mayor sea la libertad, mayor será la responsabilidad; cuanto mayor sea la responsabilidad, mayor será el autocontrol.

En el «estira y afloja» de la acción y reacción que ha caracterizado su conspiración contra los seres Crísticos, los Ilustrados, alternativamente, han dado y quitado al hombre y la mujer esos denominados derechos. A lo largo de los siglos, el péndulo ha oscilado desde la absoluta libertad (las eras de oro de Lemuria y la Atlántida, en las que el abuso de esa libertad condujo a su destrucción final) hasta la absoluta esclavitud (culturas como la

griega, la romana y la estadounidense) o desde una libertad relativa (los Estados Unidos modernos) hasta una esclavitud relativa
(el feudalismo europeo y ruso).

Cuando los hombres creyeron que eran libres, habitualmente
lo eran en un sentido material, pero estaban esclavizados espi-
ritualmente por los Ilustrados. Y cuando creyeron ser esclavos,
muchos lo eran materialmente, pero eran libres en su alma. Por
ejemplo, antes de la Revolución francesa, el pueblo de Francia,
aunque sometido al reinado de una monarquía, era espiritual-
mente libre de resolver su karma y su dharma. Aunque existía
una aparente estructura desigual en la sociedad, esas desigualda-
des se derivaban de los grados kármicos individuales.

Los Ilustrados se apropian del derecho divino a reinar

Los Ilustrados, al trabajar con los satanistas y ciertas órdenes
de lo oculto patrocinadas por la falsa jerarquía, tuvieron éxito
en invadir los círculos de los hijos y las hijas de Dios de mayor
evolución, que ocupaban puestos en las casas reales de Europa
de acuerdo con lo que se ha denominado el derecho divino de
los reyes.[54]

El derecho a reinar de los hijos y las hijas de Dios fue el
orden natural jerárquico desde la época de las eras de oro de
Lemuria y la Atlántida. Pero, al haber conseguido corromper las
casas reales y el linaje real al infiltrarse entre los portadores de
luz, los Ilustrados se convirtieron en libertinos, ángeles caídos
que se aprovecharon al máximo de sus puestos dentro de las
casas reales.

Ya fuera mediante matrimonios o a través de la manipulación del dinero, los Ilustrados destruyeron el linaje real cuya
descendencia provenía, espiritual y materialmente, de la casa de
David y de las doce tribus de Israel.

En Francia, los círculos íntimos de la orden de los Illuminati,
actuando desde el interior, hicieron que la monarquía apareciera
tan negra, que consiguieron dirigir al pueblo contra el rey y la

reina. El consiguiente derramamiento de sangre y el reino de terror de Robespierre dio como resultado el asesinato de los hijos
y las hijas de Dios, que tenían el derecho de gobernar, así como
el asesinato de los peones de los Ilustrados.

A quienes dirigieron la conspiración de la Revolución francesa no les preocupó que miles personas de su propia gente fueran sacrificadas para beneficio de la causa de un humanismo
intelectual. El núcleo más íntimo de los Illuminati considera que
quienes ocupan los círculos sucesivos de su oscuro mandala son
prescindibles y que el fin siempre justifica los medios.

Así, usan a los hijos de la luz y a la humanidad en general
para rebelarse contra el orden establecido de hijos e hijas de Dios
y contra la jerarquía de la luz. Una vez que sus miembros se han
infiltrado por completo en ese orden, a cierto punto, cuando la
rebelión es inminente, los Ilustrados clave abandonan el escenario. Luego, los de igual rango en el sendero de la luz y en el de la
oscuridad son enterrados en una fosa común.

Por tanto, las cabezas que rodaron en la guillotina fueron
tanto de la progenie de Cristo como la del Malvado. Es lo mismo.
En todos los tiempos, la meta de la guillotina es la de ampliar el
círculo de un gobierno impío por parte de la élite intelectual: los
Ilustrados.

Los franceses se liberaron de un yugo tiránico, pero ¡ay!,
pronto se pusieron otro aún mayor: el karma por rebelión contra un orden santo, que es la primera ley del cielo. Cuando el
hombre se convierte en su propia ley, el sendero de la libertad
se invierte y, como les sucedió a los hijos de Israel, el hombre se
condena a sí mismo a un interminable vagar por un desierto carente de gracias celestiales. Entonces, solo un profeta compasivo,
como un Moisés o un Saint Germain, puede liberarlo.

Esto ha estado teniendo lugar siglo tras siglo, y los hijos de
Dios y la mayoría de la humanidad siguen sin percibir la gran
conspiración de la falsa jerarquía. Por consiguiente, se ha cumplido la profecía: «Donde no hay visión, el pueblo se extravía».[55]

La copa dorada del segundo ángel

El karma de la humanidad en el segundo rayo, que debe enfrentar tanto individual como colectivamente, es el karma por rechazar al verdadero instructor y la verdadera enseñanza. Los hombres en vez de estar sobre el sendero de iniciación están sobre una banda de correr de falsos instructores y sus falsas enseñanzas. Jofiel, el Arcángel del segundo rayo, habla sobre este dilema:

> Hijos e hijas de Dios nacidos para gobernar con la vara del entendimiento, ¡que la comprensión del Cristo refute la filosofía y el psiquismo de los caídos! ¡Que la acción iluminada de los portadores de luz muestre la luz de la salvación!
>
> Que la acción de aquellos que hacen las obras de Dios con un entendimiento compasivo sea el gran ejemplo con el que las enseñanzas de la Gran Hermandad Blanca se esclarezcan; claras como el mar de cristal mezclado con fuego.[56]
>
> Y la copa dorada del segundo ángel se derramó sobre el mar; y el cuerpo emocional de los hombres se agita al convertirse el plano astral en la sangre como de muerto, y el alma de los vivos no puede sobrevivir en el mar del plano astral.[57]
>
> Caminamos por el valle de sombra de muerte.[58] Caminamos por los cañones del astral; y nuestra luz, como el resplandor del sol de mediodía, como la luz de los Cuerpos Causales de las huestes celestiales, desenmascara al remanente del Mentiroso y su mentira.
>
> Y retroceden ante la presencia de los Arcángeles. ¿A dónde pueden ir? Nadie puede escapar del SEÑOR Dios en la hora del juicio.
>
> Por tanto, «para juicio he venido»,[59] dice el Señor. Y su retroceso es un retorno de las energías de los caídos. Y se les hace retroceder hacia el núcleo de fuego blanco,

donde el error de su mala elección se ha convertido en la consumición del sol de fuego blanco y fuego amarillo.

Y la consumición de la contaminación de las aguas de la Palabra viva es la consumación de la Madre y el Espíritu Santo. El entendimiento de la Madre es el manantial de la vida para todos aquellos quienes hayan mantenido la Ley del Padre. Sea el manantial de la Madre, elevándose desde el chakra de la base de la columna, el foco de la transmutación de la pureza de todos los malentendidos. Porque los malentendidos son el vapor que subió de la tierra como maya, el velo del mal que regó toda la faz de la tierra.[60]

Ahora se derrama sobre el mar la copa del abuso que la humanidad ha hecho del flujo de la Madre. Y los que habitan en el mar deben forjar, aquí y ahora, esa identidad Divina que es un fuego que se envuelve a sí mismo;[61] esa identidad Divina que es capaz, con la llama que hay sobre el altar del corazón, de consumir todos los abusos que la humanidad ha hecho del fuego sagrado al pervertir la sabiduría de la Madre Divina en el segundo rayo de la acción iluminada.

Sí, soy Jofiel. Yo consagro los lugares de aprendizaje donde las almas anhelan ser libres mediante la maestría de la Mente de Dios. Desgraciadamente, los caídos han usurpado el asiento de autoridad y se sientan en la silla del filósofo, instruyendo a los hijos de la luz sobre los caminos de la oscuridad. Y por ninguna parte se encuentra el discernimiento, excepto en las enseñanzas de la Madre.

Vengo blandiendo la espada del discernimiento para que, con la llama de la sabiduría, podáis uniros a mis grupos, que asestan un golpe que llega hasta el núcleo de la creación luciferina para separar lo real de lo irreal. Revélense los motivos e intenciones del corazón del planeta y su pueblo en esta hora de la décima estación de la cruz,[62] cuando los soldados romanos arrancan las vestiduras a quienes defienden al Señor encarnado.

Y digo: ¡Sométanse también los caídos a las estaciones de la cruz! ¡Arránqueseles su poder temporal y su autoridad en los gobiernos de las naciones!

Aquellos que han guiado a los niños de Dios al cautiverio, vayan ellos también al cautiverio del Espíritu Santo. Y que las lenguas hendidas de fuego les arranquen su carnalidad y su sensualidad que han puesto sobre los niños de Dios como un manto de maldad. Y muera a espada quien mató a espada.[63] Esta es la espada de la Palabra sagrada de sabiduría; esta es la espada que consume todo lo que es irreal.

Por tanto, quienes se identifican con la irrealidad dejarán de existir el día del juicio del Señor. Y pueda la paciencia y la fe de los santos[64] guardar la llama de la vida, la luz y la iluminación, a medida que la oscuridad cubre la tierra y el mar, y la única luz que brilla es la de la Presencia YO SOY.

Hagan sonar los ángeles de la hueste de Jofiel la advertencia de que todos quienes han tomado la Palabra de Dios y las verdaderas enseñanzas de la Ley y han pervertido el credo divino del Espíritu Santo se enfrentarán al juicio del Todopoderoso.

¡Y sean desvestidos los falsos profetas y los lobos con piel de cordero[65] que han usurpado los púlpitos del mundo! Y permanezcan desnudos ante los hijos de Dios, que verán entonces la maldad de sus caminos y las perversas maquinaciones que han puesto sobre esta generación.

¡*Fluya* la claridad de la Mente de Cristo! ¡*Fluyan* ríos dorados de iluminación desde el trono de Dios! ¡Haya ríos de luz que inunden la conciencia y limpien el camino para las verdaderas enseñanzas de la Ley! En esta hora estoy sobre la tierra y sobre el mar, y hago camino para la venida del Señor y la ley de la vida. Y limpio la conciencia de la humanidad para que pueda recibir sabiduría a manos de la Madre.

En esta hora del ajuste de cuentas, viene el ángel de la oportunidad enviado por Porcia, Diosa de la Justicia. Este ángel es la misericordia de la Ley y del karma de las siete plagas. Y la oportunidad es un pergamino que declara la independencia de las almas de Terra, ratificado por los santos, Arriba y abajo. Esta declaración es la puerta abierta para las enseñanzas de la sabiduría.

Un incremento de luz entregado una vez cada diez mil años

Que los Santos Kumaras emitan la luz de los siete rayos en la mente de los hombres. E intensifíquese la aceleración que los Elohim del segundo rayo comenzaron en Shasta,[66] como cuando la oscuridad se intensifica antes del amanecer de la conciencia Crística en la humanidad.

Este es un incremento de luz que los Santos Kumaras entregan una vez cada diez mil años. Es una vara que los Logos Solares implantan en la mente de los hijos de Dios para que se eleve la conciencia de la humanidad y se centre en la coronilla. ¡Intensifíquese! ¡Engrandézcase! Por tanto, ¡resplandezca en su aparición la estrella, y sea polarizada la humanidad con esa estrella de la luz de la sabiduría!

Escuchen el hombre y la mujer sabios que entran en el ciclo de Acuario la palabra del rayo de la sabiduría, y aumenten el aprendizaje, y logren alcanzar los sabios consejos de los Veinticuatro Ancianos. Ahora, reciba la humanidad el temor al Señor; ese temor que es el principio del conocimiento.[67] Pues esta es una era de oportunidad, la era en que el Señor da sabiduría. Y de la boca de sus Mensajeros llega conocimiento y entendimiento. Este es el Señor, que guarda las sendas del juicio y preserva el camino de sus santos.

Invóquense los fuegos de la iluminación para consumir

toda falsa doctrina y falso dogma, todas las declaraciones falsas y malentendidos de la Ley. Cristalice la sabiduría la imagen del Cristo dentro de vosotros.

Sí, he venido con la copa dorada de la segunda de las últimas plagas. Pero también vengo con oportunidad a mi lado. Corran los hijos de la luz hacia la ola de la luz de la sabiduría. Corran hacia la gran ola cósmica de iluminación que rompe contra las orillas de la Materia e inunda la conciencia con refrescantes aguas purificadas por la Madre de la vida, del amor y de la liberación.

Corred a saludar a la ola de luz y ved cómo la gran ola se tragará las contaminaciones del río de la vida.[68] Estoy a favor de la unidad si es la unidad de la Mente Crística. Y quienes se opongan a esa mente en mis siervos los profetas serán desperdigados; pues son los orgullosos, los rebeldes y la generación malvada.

Estoy a la puerta. Invitado por el Señor, entro. Y vengo a echar a los cambistas en el templo de nuestro Dios. Vengo a azotar a la generación malvada. Por tanto, vosotros, los portadores de luz, procurad ser aliados de la luz, para que cuando llegue el juicio ¡no chamusque las alas de un ángel![69]

La apertura de la puerta de la conciencia

La Arcangelina Cristina viene con el consuelo de la Madre para darle a sus hijos la esperanza de que aún pueden volver a conseguir la conciencia Crística en esta era. Ella dice:

Hijos e hijas de Dios que camináis por la Tierra bajo la luz del Logos, inamovibles por la tiranía humana o la condenación de los caídos, vosotros que guardáis la llama de la vida: sabed que estoy con vosotros en la sabiduría de la Presencia YO SOY EL QUE YO SOY y que envío ángeles de Jofiel y Cristina, que vienen en el nombre de la Virgen Cósmica, para proteger la conciencia de todos los que aman al SEÑOR con todo su corazón, alma y mente.[70]

Allá donde haya un atisbo de luz Crística, allá donde haya un titileo en la conciencia y luego un estallido de una faceta de la Mente de Dios, allá son atraídos los ángeles de la iluminación para acentuar esa energía, para iluminar mentes, corazones y almas que ya están unidos en la misión del Señor y Salvador.

Reconocerlo a Él es abrir la puerta de vuestra propia identidad Crística, y negarlo es cerrar esa puerta. Y este es el mensaje del Espíritu del Cristo a las iglesias: «He aquí, yo estoy a la puerta y llamo: si alguno oye mi voz y abre la puerta, entraré a él, y cenaré con él, y él conmigo».[71]

El abrir la puerta de la conciencia es un ritual sagrado que han de realizar los hijos de Dios en esta era. Abrir la puerta al Cristo y a los siete Espíritus de Dios [los Siete Elohim] y a las siete estrellas[72] [los siete Cuerpos Causales de los siete rayos] es abrir el corazón y el chakra del corazón al amor-sabiduría-poder del Logos. Cuando permitís de forma consciente y voluntaria que el Christos entre ahí, la chispa divina es vivificada por emisarios de la jerarquía divina que ya han logrado la medida de la Llama Divina y su manifestación.

Comprended, pues, que rechazar a las huestes celestiales y al Fiel y Verdadero, que conduce a los ejércitos del cielo hacia la batalla de Armagedón[73], es cerrar la puerta de la conciencia a la luz de vuestra propia perfección Crística. Y eso es el pavor que tienen los Siete Arcángeles, que cuando entremos en las octavas de la tierra no encontremos sitio en la posada del ser, ninguna cámara en el corazón donde seamos bienvenidos, y la luz de la Madre sea rechazada por quienes temen su amor omniconsumidor.

El SEÑOR Dios ha dicho: «¡Cerrad la puerta donde habita el mal!». Pero los hombres han invertido la orden y han cerrado la puerta de la conciencia Crística, causando un perjuicio para sí mismos y su propia destrucción.

El terror de los Arcángeles es el terror del horrendo día del juicio; horrendo solo para quienes se han aislado del contacto de los seres Crísticos y el bendito lazo de la jerarquía que mantiene unida a la humanidad con la Ley de su propio ser.[74]

La perversión de la religión exotérica y esotérica

El Arcángel Jofiel advierte de las perversiones de la falsa jerarquía en medio de la misión de los seres Crísticos, a quienes se les asigna gobernar las evoluciones de la Tierra y regular el flujo y la fabricación de dinero y bienes en las economías de las naciones. La Arcangelina Cristina, por otro lado, advierte de la penetración de los Ilustrados en la religión y la educación del mundo, tanto en el atrio interno del templo como en el externo.

La religión exotérica ha sido pervertida con la falsa doctrina y el falso dogma de los sacerdotes negros, que han usurpado el sitio de los verdaderos profetas de Oriente y Occidente. La religión esotérica, protegida en las escuelas de misterios, las comunidades y las lamaserías de Oriente y Occidente, también tiene su creación falsa a través de la falsa jerarquía y sus enseñanzas. Muchas de ellas nos han llegado con la etiqueta de lo oculto. Ese término, que denota la sabiduría oculta a la que se refirió Pablo,[75] ha llegado a tener una connotación despectiva en los círculos cristianos. Esto se debe a las técnicas anticristo y a la preparación que dan los Ilustrados, que han invadido las denominadas escuelas esotéricas.

Muchos miembros de los niveles sucesivos de las órdenes de la falsa jerarquía creen que apoyan la causa de la Gran Hermandad Blanca. Aunque son idealistas, no han llegado a dominar su inclinación al intelectualismo. Y tampoco son conscientes del orgullo espiritual, de la mente carnal que queda por conquistar y de su lealtad a los Ilustrados.

Sus denominadas escuelas de misterios son, en realidad, centros de mistificación, y todas sus falsas enseñanzas pueden ser identificadas, línea por línea, como una perversión de las verdaderas enseñanzas dadas en la matriz original de Maitreya en el jardín. Es la niebla de maya que cubrió la faz de la Madre y su enseñanza de *Edén,* la comprensión de la *e*nergía de la *d*ivinidad (la polaridad del Espíritu, la polaridad positiva) que se convierte en la *e*nergía de la polaridad *n*egativa (la polaridad de la Materia).

Esta educación de la Madre, arraigada en la realidad y patrocinada por el Buda, se exponía en los templos de Lemuria y la Atlántida. Es el verdadero «educare», el cuidado edénico del corazón, la iniciación del chakra del corazón que trae la Madre para educar a sus hijos.

Así, la Arcangelina *Cristina* —la que enclaustra la luz del *Cristo en* las energías de la Materia como amor inteligente, como sabiduría interior— nos dice que abramos el corazón, el chakra del corazón, al amor-sabiduría-poder del Logos. Esa es la verdadera llama de la educación que el Buda de la era le da a la Madre de la era para que la Sabiduría pueda enseñar a sus hijos.

La Hermandad Negra de Lemuria, a través de la Hermandad Negra de la India, ha enseñado a sus devotos a manipular la vida elemental mediante el abuso del mantra y de las energías del caduceo. Los falsos profetas de la luz de los verdaderos hinduistas y budistas han pervertido la polaridad de las llamas gemelas, la cual se manifiesta en la completa unión del hombre y la mujer antes de la Caída.

El ritual sagrado del flujo de las energías entre los chakras de las llamas gemelas ha sido pervertido y se ha convertido en los abusos pertenecientes al yoga tántrico y a las prácticas de ciertos instructores que han enseñado a los crédulos a meditar sobre los centros sagrados para intensificar la gratificación sexual y sensual, y a dominar fuerzas materiales en el cuerpo con el fin de controlar fuerzas espirituales. Todo eso no se hace para gloria de Cristo, sino para gloria de la mente carnal. Todos esos instructores operan sin la autorización de los verdaderos Gurús de la Gran Hermandad Blanca, ascendidos y no ascendidos.

Esta actividad anti-Cristo y anti-Buda, altamente extendida

en los Estados Unidos y la India, es un ejemplo de libertad material acompañada de la esclavitud espiritual. Ciertos instructores, pretendiendo representar a la Gran Hermandad Blanca (y otros que han negado públicamente su existencia), enseñan los ritos del yoga kundalini a personas cuyo logro no les concede ese derecho.

Otras formas avanzadas de yoga, que solo los verdaderos Gurús ascendidos y no ascendidos deberían enseñar, se transmiten libremente para la destrucción de unas almas que deberían someterse con toda humildad a los primeros pasos del verdadero sendero de la iniciación.

Los magos negros de Oriente y Occidente han manipulado la polaridad de las llamas gemelas y, a partir de ahí, han creado en el hombre y la mujer caídos una oposición con todos los elementos opositores de su propio karma de desobediencia bajo las doce jerarquías del sol que están grabados en su cinturón electrónico.

Los hermanos y las hermanas que entran en las escuelas de la falsa jerarquía no poseen un lazo directo con la Llama Divina en el centro del Cuerpo Causal ni disfrutan de las iniciaciones de las esferas del Cuerpo Causal ciclo a ciclo. En cambio, se vinculan con los anillos consecutivos de influencia compuestos de los miembros independientes en círculos independientes, donde ninguno de ellos comprende que todos son marionetas manejadas por el Caído que está en el centro.

En vez de estar vinculados con el Ser Crístico como Gurú verdadero, están vinculados con el Anticristo y los impostores. En vez de estar vinculados con el alma y las jerarquías que gobiernan las iniciaciones del sendero de la conciencia solar a través de Helios y Vesta,[76] están vinculados con la filosofía y el psiquismo que suplanta a la verdadera conciencia del alma.

Las falsas escuelas de misterios de los ángeles caídos

En el Génesis se describe la profunda comunión espiritual necesaria para la evolución del alma, como el profundo sueño en

el que el SEÑOR Dios hizo caer sobre Adán.[77] Esto era el medio
natural que Maitreya proveyó para que el alma se separara de
los vehículos inferiores y viajara en su funda etérica a las octavas
superiores de conciencia, en el Cuerpo Causal del Gurú Maitreya
o en los retiros de la Gran Hermandad Blanca.

Más tarde, ciertas escuelas de la falsa jerarquía que estuvieron de moda en la Atlántida, durante los ciento veinte años en
los que Noé predicó, pervirtieron esta natural «salida y entrada»[78] desde el templo corporal y hacia su interior. Durante esa
época, los descendientes de Caín, trabajando con los Ilustrados,
popularizaron el trance psíquico precedido por la meditación
psíquica en el subconsciente o seguido de ella.

Este plano subconsciente de autopercepción (por debajo de la
percepción consciente del Yo como Dios), que hemos equiparado
al cinturón electrónico, se convirtió en un laboratorio psíquico
para la manipulación del mundo mental y el de los sentimientos,
del yo y de otros yos. Esto fue el principio de la práctica de la
hipnosis y la autohipnosis.

Esta forma de trance y meditación psíquicos ha perdura-
do hasta el día de hoy. Según esas falsas enseñanzas, el neófito
aprende a abandonar el cuerpo no por el centro de fuego (chakra
del corazón) y el cuerpo de fuego (la envoltura etérica), sino por
el centro de agua (el plexo solar) y el cuerpo de agua (el cuerpo
astral o emocional).

Esto da como resultado el viaje del alma en el plano astral.
Una vez atrapadas en ese plano, las almas son llevadas a las
moradas de los miembros de la falsa jerarquía, a sus campos
energéticos. Quienes son conducidos de tal manera por los representantes encarnados y desencarnados de la falsa jerarquía
son cautivados por la interminable euforia que existe en el plano
de los fenómenos psíquicos. Se convencen de que han entrado
en contacto con los Maestros vivos, tanto ascendidos como no
ascendidos.

No saben (pues son sinceros) que están siendo usados por
los ángeles caídos, que ya no disfrutan de la conexión del cordón

cristalino con la Fuente. En cambio, esos ángeles caídos engañan a sus discípulos inconscientes a entrar en estados de adulación y una atención excesiva, con lo que emiten grandes cantidades de energías solares (del alma) hacia los falsos instructores.

Los ángeles caídos tienen campos energéticos astrales que se asemejan mucho a los retiros etéricos de la Gran Hermandad Blanca, que incluso simulan su radiación. Al haberse diseñado intencionadamente así, los campos energéticos astrales sintonizan la memoria del que está deseoso de ser discípulo de Dios con el Jardín del Edén, puesto que toda alma sincera de luz tiene el deseo de regresar al lugar preparado para su iniciación en el Sendero. Cuando esta ve las imitaciones del jardín establecidas por los miembros de la falsa jerarquía, siente la ansiedad de aceptar su validez, faltándole la capacidad de distinguir lo real de lo irreal.

Una vez que las almas han caído en la trampa del entretenimiento sin fin del plano psíquico, se atan a las espirales de una creación falsa durante siglos interminables, hasta que claman al Señor y reciben la autoelevación de su propio Ser Crístico, junto con la de Jesucristo y el Señor Maitreya.

Con la venida de la Madre (Materia) nace la esfera de la individualidad del alma. Con la venida de la Madre llega la oportunidad para que el alma haga suyo el karma de Dios. La Madre provee el vientre del tiempo y el espacio, y la enseñanza, con lo cual el alma naciente en su vientre puede convertirse en el Espíritu de donde proviene.

A medida que continuamos examinando las causas secundarias del karma de la humanidad por su desobediencia a la Primera Causa, tengamos presente que el desafío de transmutar el karma es el desafío que la Madre da a sus hijos. Por tanto, en su realización, esta acción equilibradora ha de incluir la maestría de la Llama de la Madre. La Madre y la llama de la Madre (la Madre y la esfera de la Materia en la que ella figura como Creador, así como creación) deben convertirse en el punto focal de nuestra comprensión en esta era si es que queremos cabalgar sobre la ola de luz que ha salido de la Fuente para devolvernos a la Fuente. (Véase fig. 17.)

La Madre, en la persona de la Arcangelina Cristina, nos recuerda que la energía es Dios. La Madre que da a luz al Cristo nos enseña que «el núcleo de energía, cuando esa energía fluye desde el Espíritu a la Materia y después regresa, es el Mediador, el ser Crístico, el gran transformador de las energías de la vida».

Ella nos enseña que el Cristo es el gran integrador de la Ley del ser y que, en el nexo del flujo de la espiral en forma de ocho, está el integrador, así como que «el núcleo de fuego blanco del átomo es el punto de la transición de conciencia, como Arriba, así abajo».

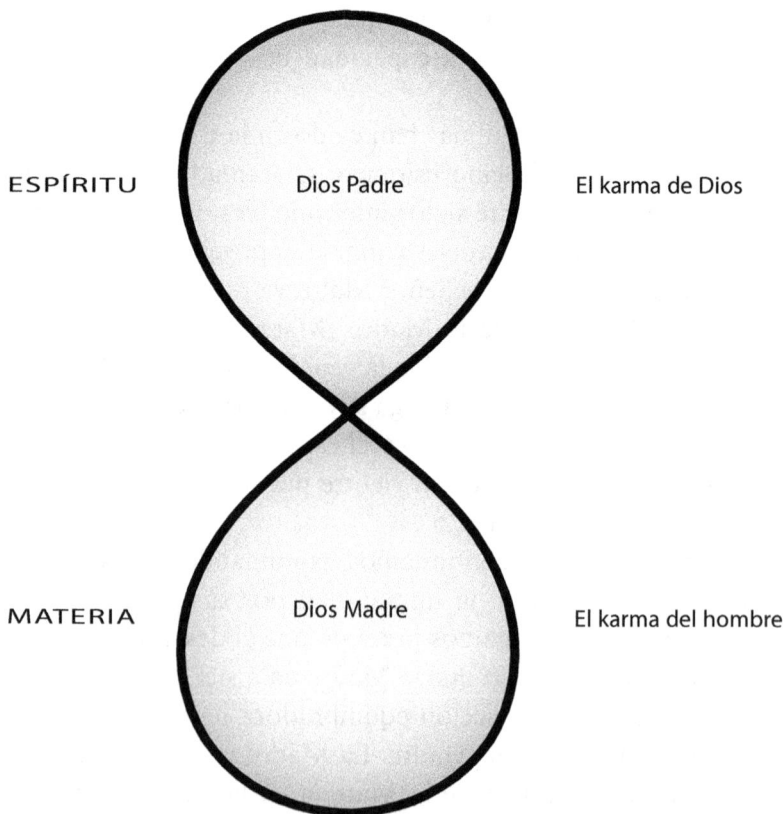

ESPÍRITU   Dios Padre   El karma de Dios

MATERIA   Dios Madre   El karma del hombre

FIGURA 17: La maestría de la Llama de la Madre para convertir el karma del hombre en el karma de Dios.

De la Arcangelina del segundo rayo aprendemos que la energía, que es Dios, es «autoluminosa, inteligente, obediente a la Ley del Uno. Allá donde hay inteligencia —afirma ella— yo amplifico el flujo del electrón inteligente». Y con este comentario, nos asombra: «Más inteligentes que la generación rebelde que usurpó la luz de la energía de Dios son estos electrones, que han elegido hacer y ser la voluntad de Dios. Estos fluyen con el flujo del Christos eterno».

El juicio a la creación carente de Dios

La Arcangelina Cristina corre el velo de un pasaje de las escrituras en referencia al juicio: «La energía de Dios no estará confinada para siempre a las limitaciones y las imitaciones de la creación falsa. Como ha dicho el SEÑOR: "No contenderá mi Espíritu con el hombre para siempre, porque ciertamente él es carne". El SEÑOR Dios no se permitirá estar, como energía, cautivo en las matrices de imperfección. Por tanto, viene el juicio»[79].

De vez en cuando, el SEÑOR Dios envía el juicio a los creadores y sus creaciones en los planos de la Materia. Quienes han abusado de la ciencia de la Palabra hablada en los siete pasos de la precipitación han encasillado la energía de Dios en la creación carente de Dios. Quienes han derrochado los fuegos sagrados en deseos profanos se encontrarán en la montaña con aquellos que son instrumentos del juicio del SEÑOR. Pues el SEÑOR ha dicho: «Los quebrantarás con vara de hierro; como vasija de alfarero los desmenuzarás».

En este caso, el juicio es para los paganos. Los paganos son la creación carente de Dios, la creación en la que no existe Dios. Por consiguiente, los pertenecientes a esa creación no han aceptado al Dios de Israel, el Dios de todo lo que es real, el YO SOY EL QUE YO SOY. Así, «se amotinan las gentes» y los pueblos a quienes han turbado «piensan cosas vanas». Porque han sido hechizados con la hipnosis de las masas y seducidos con las seducciones subliminales de los medios de comunicación.

Los Ilustrados se han hecho reyes de la Tierra, pero no de

los cielos. Los luciferinos y los ángeles caídos se han establecido como gobernantes de este mundo. Han acordado juntos ir contra el Señor y contra los ungidos por Él, diciendo: «Rompamos sus ligaduras [la fuerza de su gran número] en pedazos, y echemos de nosotros sus cuerdas». Las cuerdas de rectitud unen al cuerpo de Dios en la tierra. Esas cuerdas, las de la invulnerabilidad en el amor de Cristo, son aquello que los Illuminati quisieran expulsar mediante el control de las masas.

Pero escuchamos el juicio del Señor: «El que mora en los cielos se reirá; el Señor se burlará de ellos. Luego hablará a ellos en su furor, y los turbará con su ira. Sin embargo, yo he establecido mi rey sobre Sion, mi santo monte. Yo publicaré el decreto; el Señor me ha dicho: Mi hijo eres tú; yo te engendré hoy. Pídeme, y te daré por herencia las naciones, y como posesión tuya los confines de la tierra».

Al confirmar el decreto del Señor, como Arriba, así abajo, los hijos y las hijas de Dios pueden pedir el juicio del Señor sobre los paganos que se han otorgado las túnicas y los ritos de autoridad seglar y eclesiástica.

Los que pertenecen a la creación carente de Dios, así como quienes la han imitado, son las generaciones del Archiengañador de la humanidad. No tienen derecho alguno a gobernar a los justos, que se regeneran en el Hijo de Dios. Cristina transmite a los hijos de la luz el consejo de Alfa de que confirmen el juicio del Caído y su semilla en su propio ser:

> «¡Alértense todos! Sepan todos que la desaparición del Macrocosmos de aquel que instigó la rebelión de los ángeles[82] es un punto para la liberación de una gran luz en el Macrocosmos. Sois glóbulos de identidad suspendidos en el Macrocosmos de mi propia autopercepción. Y esa luz que inunda el mar cósmico no puede penetrar en la esfera de identidad que vosotros sois a menos que lo queráis. Por tanto, vengo a decir: Ratificad y confirmad el juicio dentro de vuestro propio ser; y solo entonces sentíos satisfechos en la Ley y en la victoria.

»El juicio está cerca. Comprended que a menos que emitáis el juicio en vuestro microcosmos y retiréis todo el apoyo al velo de energía, cuando llegue el juicio y se encuentre que las madejas de conciencia están inextricablemente entretejidas con las madejas del mal, todo el glóbulo deberá pasar por las espirales de Alfa y Omega. Y ese es el ritual, por tanto, de la anulación de aquello que no puede ser absorbido en el mar; pues por libre albedrío no ha querido.

»Se os separa como un diamante suspendido en cristal, suspendido en rubí, suspendido en ágata. Ved cómo debéis apropiaros de la cristalización de la Llama Divina del YO SOY. Vosotros decidís el destino de vuestro propio cosmos. Así sea. Recibid, por tanto, la advertencia de que quizá exista aún mayor peligro ahora que cuando el adversario estaba personificado ante vosotros; porque ahora solo queda la conciencia subjetiva, y esa subjetividad es la carga del alma que anhela que la liberen de esa sustancia que no comparte nada con la luz.

»YO SOY Alfa. YO SOY Omega. Cuando sepáis que sois Alfa, que sois Omega, entonces y solo entonces os veréis en el núcleo de fuego blanco del Gran Sol Central.

»Hijos del Uno: *¡Forjad vuestra identidad Divina!*»[83]

Un mantra para la identidad Divina

La Arcangelina Cristina nos enseña a confirmar el juicio interiormente y a forjar nuestra identidad mediante la meditación sobre el sol espiritual y concentrando la atención en el chakra del corazón mientras demostramos la ciencia de la Palabra hablada.

Ella nos enseña a mantener el contacto con todos los que adoran al Dios supremo al sentir la identidad del amor del Logos. Y nos da un mantra para que forjemos nuestra identidad Divina:

¡YO SOY Alfa y Omega
en el núcleo de fuego blanco del ser!

Sus palabras son un estallido de esperanza para la iluminación universal de la humanidad, que supera la infiltración universal de los Ilustrados:

Expándase el sol de Dios en vuestro corazón y sean vuestras meditaciones sobre sol bendito, expandiéndose, expandiéndose como la resplandeciente luz dorada y blanca del altar de vuestro corazón.

Cuando hagáis los mantras y las invocaciones, cuando recitéis los decretos que invocan la divinidad dentro de vosotros —sobre todo, cuando recéis a vuestro Dios Padre-Madre—, no se atenúe vuestra atención en la manifestación exterior, más bien, concéntrese en el corazón.

Y al expandirse más y más ese fuego del corazón, al asimilar la totalidad de vuestro ser y vuestros cuatro cuerpos inferiores, estaréis confirmando el juicio de la Ley. Estaréis refinando las energías de vuestra alma en la gran nube del Espíritu. Estaréis construyendo el campo energético del Imán del Gran Sol Central que, con certeza, atraerá hacia vosotros, pues YO SOY EL QUE YO SOY, las huestes celestiales que alimentarán y sustentarán a los hijos de Dios durante todas las pruebas y tribulaciones de este mundo.

Por tanto, ¡intensificad, oh intensificad ese sol! ¡Vedlo ahora! ¡Adorad su dorado brillo! Sentid la intensidad del amor del Logos dentro de vosotros que entra en contacto, por todo el cosmos y más allá, con todos quienes adoran al único Dios supremo.

Con el poder del sol central concentrado dentro de vosotros, el Cristo derrocará la mente carnal, el Cristo consumirá el morador del umbral y todas las capas subconscientes de egoísmo y rebelión contra el único Dios verdadero. Vuestra alma anhela ser libre. ¡Tomad, pues, el mantra y sed libres! Forjad vuestra identidad divina con este dicho del SEÑOR: «¡YO SOY Alfa y Omega en el núcleo de fuego blanco del ser!».

Sea esta la palabra aceptable del SEÑOR que sale de vuestra boca, el instrumento sagrado de la voz de Dios. Sea esta la palabra aceptable, el fíat y la orden dirigida a los átomos, a las moléculas y a los queridos electrones del ser: «¡YO SOY Alfa y Omega en el núcleo de fuego blanco del ser!». Sea esto el encontraros a vosotros mismos en el núcleo de fuego blanco del Sol Central en este día aceptable de salvación y el momento señalado del juicio.[84]

Saber que YO SOY Alfa, que YO SOY Omega, es la libertad suprema del núcleo de fuego blanco del ser individual de cada cual, ordenada por Dios. Esa libertad de ser en Dios Padre, en Dios Madre, es la libertad del Espíritu Santo. Este Espíritu, como la sabiduría del segundo rayo y el juicio del SEÑOR en el segundo rayo, es esa esperanza de la salvación de las almas y la victoria sobre todas las actividades anti-Cristo, anti-Padre, anti-Madre, anti-Espíritu Santo.

El Poderoso Víctory y sus legiones de luz de Venus guiarán a los hijos de Dios al unirse estos a los ejércitos del Fiel y Verdadero y las huestes del SEÑOR, que manifestarán la victoria sobre la primera y la segunda bestia, sobre el dragón que da poder a las bestias, sobre el Anticristo, sobre todos los falsos profetas de la mente carnal e, incluso, sobre la Gran Ramera.

A continuación, se da el llamado a la luz dorada victoriosa. Sepan todos quienes lo hagan que están arropados por todas partes por las huestes del SEÑOR, acampadas en las colinas del mundo, esperando el llamado de los seres Crísticos que desean hacer batalla contra toda forma y fórmula anti-Cristo.

LUZ DORADA VICTORIOSA
del Ser Cósmico Víctory

En el nombre de la amada, poderosa y victoriosa Presencia de Dios YO SOY en mí, Santo Ser Crístico de toda la humanidad, amado Poderoso Víctory, amados Gurú Ma y Lanello, todo el Espíritu de la Gran Hermandad

Blanca y la Madre del Mundo, vida elemental: fuego, aire, agua y tierra, yo decreto:

YO SOY la Luz dorada victoriosa, la llama totalmente esférica de la Iluminación proveniente del corazón de Dios que rehúsa aceptar cualquier concepto de limitación relacionado con mi razón eterna de ser, manifestada aquí y ahora en el cáliz del momento presente.

YO SOY la radiación de esa Victoria que barre toda la faz de la Tierra, eliminando obstáculos por medio del poder de la Fe a quien no se le negará su derecho de nacimiento inmortal.

YO SOY la llama de la Iluminación que barre todos los continentes, despertando a personas de todas las clases sociales del letargo y del sueño de las eras hacia una percepción vital y palpitante de la sabiduría que trasciende el dogma, la conciencia sensorial y las funciones personales, pasando por el ojo de la aguja el hilo de la determinación lumínica, cuyas puntadas en la vestidura del Señor de la Creación producen elevación, consumación, radiación, purificación y libertad para todo hombre, mujer y niño sobre este planeta.

> ¡Oh mundo, despierta,
> sacude tus seres polvorientos;
> purifica y rectifica,
> para crear nuevas formas de pensar! (3x o 9x)

¡Y con plena Fe acepto conscientemente que esto se manifieste, se manifieste, se manifieste! (3x), ¡aquí y ahora mismo con pleno Poder, eternamente sostenido, omnipotentemente activo, siempre expandiéndose y abarcando el mundo hasta que todos hayan ascendido completamente en la Luz y sean libres!

¡Amado YO SOY! ¡Amado YO SOY! ¡Amado YO SOY!

Serpiente: ángel caído del segundo rayo

La sutileza de la Serpiente radica en su existencia egocéntrica. La serpiente enroscada es el símbolo esotérico del Cuerpo Causal, y el ojo de la serpiente en el centro representa el Ojo Omnividente de Dios. Las espirales que forman el cuerpo de la serpiente representan las revoluciones de los ciclos de realidad alrededor del centro de visión en Cristo. El poder de la visión es multiplicado por el número de veces que la fuerza serpentina está enroscada alrededor del centro del Yo.

El símbolo de la serpiente también se utiliza para ilustrar el caduceo, el enroscamiento de las energías del Padre y la Madre alrededor del centro del ser, el Cristo. Moisés sostuvo la serpiente de bronce en el desierto para que, mediante la ciencia de la magia del ojo real (la visión del tercer ojo), el flujo de las energías sagradas del pueblo se acelerase. Esa aceleración tenía el fin de elevar la fuerza serpentina hasta la coronilla (la sabiduría que supone la curación del karma de la ignorancia) y el tercer ojo (la visión que supone la curación del karma del deseo ilícito).

Tanto la ignorancia como el deseo egoísta tienen su raíz en una existencia egocéntrica, fuera de Dios. Esta es la existencia del Caído (la Serpiente), a la que Él ha de dar perpetuidad a través de la humanidad. Pues la Serpiente no posee existencia propia excepto la que tiene a través de la mente carnal del hombre y la mujer.

La Serpiente puede perpetuar su existencia solo si el hombre y la mujer permanecen ignorantes sobre la Ley del SEÑOR y atados a los deseos del yo inferior. Así es la perpetua actividad de la Serpiente para sustentar esta condición de dos cabos de la dualidad fuera de la conciencia edénica.

La espiral energética de la Serpiente es un vórtice de egoísmo que, seduciendo, atrae hacia sí a quienes tienen una débil identidad con su Yo Superior. Esa existencia egocéntrica es una espiral hipnótica que atrae a otros, que pueden ser usados para sustentar su egoísmo.

"Serpiente" es el nombre del ángel caído.[85] Y el nombre "Serpiente" es, en realidad, el título de un cargo en la jerarquía que pervirtieron los ángeles caídos. El ángel que ocupaba el cargo de Serpiente tenía la autoridad del caduceo y de las treinta y tres espirales iniciáticas enroscadas alrededor del centro (el ojo) de la conciencia Crística. En un principio, este ángel sostenía el foco para la evolución de los ciclos iniciáticos de acuerdo con los siete pasos de la precipitación. Después de su caída, la Serpiente se convirtió en el contrapunto de la falsa jerarquía del Cristo Cósmico, el Gurú Señor Maitreya.

La Serpiente está descrita como "más astuta que todos los animales del campo que el Señor Dios había hecho".[86] No podía entrar en el jardín excepto a través de la conciencia de la mujer, a la que utilizó para conseguir acceso a las energías de Dios mediante el descenso de las energías de la mujer (las energías serpentinas del caduceo) al poner esta su atención en el yo inferior en vez de en el Yo Superior.

Serpiente era un ángel del campo energético de la Materia, un ángel echado del cielo (la esfera del Espíritu) a la tierra (la esfera de la Materia). Era un cómplice de aquel de quien Pablo dijo: «El mismo Satanás se disfraza como ángel de luz». En la falsa jerarquía Satanás figuraba como un lugarteniente de Lucifer, alguien de rango más bajo que el de Arcángel.[87]

Con Serpiente y otros identificados en las sagradas escrituras del mundo y en la mitología y el folclore de muchas civilizaciones, Satanás hizo lo que su maestro quiso al tentar a las evoluciones de la humanidad para que entraran en espiral descendente del autoengaño. Ni los niños de Dios ni los hijos y las hijas de Dios que habitaban entre ellos se salvaron de sus artimañas. Sin embargo, Satanás tuvo menos éxito con Job y con Jesús del que Serpiente tuvo con Eva.

Serpiente comienza su discurso con Eva

Las primeras palabras que el astuto dijo a Eva,[88] quien simboliza la parte femenina de cada uno de nosotros, llegan como una pregunta. Este cuestionamiento humano del mandamiento del Señor es una cuña metida en el cuerpo etérico de Eva. La pregunta de Serpiente: «¿Conque Dios os ha dicho: No comáis de todo árbol del huerto?», llega como una intimidación para la inocencia de su alma. Su implicación es la duda, el dudar de la Palabra y la Ley del Gurú. Esta intimidación, este cuestionamiento de la autoridad de Maitreya, evoca en Eva una reafirmación de la Palabra del Gurú establecida como Ley en el sendero de iniciación:

«Y la mujer respondió a la serpiente: Del fruto de los árboles del huerto podemos comer; pero del fruto del árbol que está en medio del huerto dijo Dios: No comeréis de él, ni le tocaréis, para que no muráis». Eva recuerda las exactas palabras de la Ley. Sabe lo que está bien y lo que está mal. Ha recibido las reglas del sendero de la derecha. Conoce las reglas del juego y conoce la pena que conlleva el no respetarlas.

Ahora la Serpiente está lista para lanzar al cuerpo mental de Eva la reafirmación de la Ley de Maitreya que ella ha hecho y le expone la lógica ilógica del Caído, el contrapunto del Logos: «Seguramente no moriréis»*.

¿Qué quiere decir eso? «¿Moriréis, pero no con certeza?» O acaso es una pregunta: «¿Seguro que no moriréis?». O acaso la frase implica ese estado que no es ni vida ni muerte, ese estado de la existencia subterránea y subconsciente hacia la cual la Serpiente deseaba llevar a Eva con su seducción. Se trata del estado del plano astral donde el alma, que ya no está viva en Cristo, muerta para la Palabra de Dios, conserva una cuasi existencia, una existencia sintética perteneciente al yo sintético.

La Serpiente continúa explicando: «Sino que sabe Dios que el día que comáis de él, serán abiertos vuestros ojos, y seréis como Dios, sabiendo el bien y el mal». Serpiente expone ante Eva el mismo argumento que Lucifer les presentó a los ángeles

---

*Se escoge la traducción de este pasaje de la versión bíblica inglesa de King James: "Seguramente no moriréis". La traducción de la versión Reina Valera de 1960 es: "No moriréis". La ambigüedad en la versión inglesa transmite algo de la perspicacia de la lógica de la Serpiente. (N. del T.)

cuando hizo que comprometieran su llama de honor cósmico.

La Serpiente explica que los ángeles caídos se han convertido en dioses al compartir la luz del Cristo, y que ella podría hacer lo mismo. Los luciferinos se jactaron primero ante los niños de Dios y, mucho más tarde, ante Adán y Eva en el jardín: se habían convertido en conocedores del bien y el mal, se habían convertido en árbitros del destino de enteras oleadas de vida en este sistema de mundos y en otros, eran la equivalencia de una amplia red jerárquica que alcanzaba incluso la galaxia hermana de Andrómeda. En efecto, tanto antes como después de la caída de Lucifer, la humanidad lo consideró a él, a su séquito y a su creación robótica como seres exaltados, tal como algunas personas continúan haciendo.

El verdadero «pecado original»

Contrariamente a la mentira popularizada por el Archiengañador de la humanidad, Adán y Eva no fueron quienes cometieron el pecado original, sino el propio Lucifer. Y ese pecado original fue la profanación del Cristo, el Unigénito de Dios «lleno de gracia y verdad».[89]

El pecado original de los luciferinos fue su rechazo a venerar al Cristo, el Hijo de Dios. Dirigieron su rebelión contra el Hijo y la conciencia del Hijo. Ellos ya eran creadores junto con el Señor Dios; ¿por qué —dijeron— debían rendir homenaje a su Hijo? Mucho menos inclinarse ante la luz del Cristo en los niños de Dios que eran muy inferiores a ellos en evolución y orden jerárquico.

Estos ángeles caídos no habían contado con la Ley. Cierto es que el hombre fue hecho «poco menor [en el orden jerárquico] que los ángeles». Pero debido a la conciencia del Hijo de la que el hombre está dotado, tras pasar sus iniciaciones en la conciencia Crística, se coronaría con más «gloria y honra»[90] que ellos. El hombre a quien los luciferinos habían desdeñado, al desdeñar la imagen del Hijo, se alzaría un día para confirmar el juicio del Señor por su gran rebelión contra el Señor Cristo y el S<small>EÑOR</small> de los ejércitos.

Las tres tentaciones de Eva

La tentación del ángel caído Serpiente pretendía que el hombre y la mujer experimentaran con los usos del fuego sagrado, la llama trina, antes de recibir las iniciaciones de esa llama que el Gurú Maitreya les iba a impartir. El ángel caído Satanás tentó a Eva[91] para que tomara parte en las energías del Padre, el Hijo y el Espíritu Santo —el poder, la sabiduría y el amor de Dios— y las utilizara para dar perpetuidad a una existencia egocéntrica, apartada de Dios.

A través de los ojos críticos de la Serpiente, la mujer vio que: 1) el árbol era «bueno para comer». El aspecto del poder podía utilizarse para conseguir todos los objetivos económicos en el mundo, para adquirir riqueza y todo lo necesario para satisfacer las exigencias del hombre físico.

Eva vio que: 2) era «agradable a los ojos». El orgullo de los ojos está en la gratificación de las emociones mediante la realización de los placeres sensoriales, las interacciones emocionales del trato social en los varios intercambios de energías que se producen a través de las relaciones del apego humano.

Y vio que: 3) era «codiciable para alcanzar la sabiduría». Para controlar las economías y la sociedad del mundo, Eva vio que era deseable el uso de las energías del Cristo en el logro intelectual, por ambición política y para conseguir los poderes de razonamiento mortales y manipulativos de la mente carnal.

Eva fue tentada a asumir los caminos del mundo. Fue tentada (como Jesús) a postrarse y venerar a la mente carnal como Serpiente y Satanás, que le darían señorío y poder sobre todos los reinos de este mundo y sobre todo lo que ella deseara tener y controlar en el hombre. Cuando vio qué abusos del fuego sagrado podía lograr, «tomó de su fruto, y comió; y dio también a su marido, el cual comió, así como ella».

Así, Adán y Eva, solos en el jardín, recibieron la oportunidad de elegir entre la unidad espiritual con Dios mediante la obediencia a Cristo y el camino del Arcángel caído mediante la obediencia a la ley del pecado. Utilizaron el don Divino del libre albedrío para elegir oscuridad en vez de luz. Escogieron los placeres temporales de este mundo a cambio de la alegría permanente en este mundo y en el siguiente.

El punto crucial del sendero de iniciación

Maitreya no interfirió con su decisión ni se entrometió en el momento en que la tomaron. No descendió con sus legiones para matar a la Serpiente. No, así no es el sendero de iniciación. Porque si el hombre ha de llegar a ser Dios, si el hombre ha de hacer suyo el karma de Dios debe demostrar su disposición en total libertad. Sin esa libertad de elegir ser Dios u hombre, no existe sendero de iniciación, no existe Iniciador ni iniciado.

El Sendero de los hijos y las hijas de Dios actualmente es idéntico al de Adán y Eva. Nada ha cambiado, ni la Ley ni el Legislador. Dios permite que el hombre y la mujer consideren las alternativas al karma de Dios y al karma del hombre, el sendero de luz y el sendero de oscuridad. En el principio, luz; de la luz, el Uno; del Uno, la individualidad; de la individualidad, el libre albedrío; del libre albedrío, la responsabilidad de elegir ser o no ser. Del libre albedrío proviene la elección y de la elección, el juicio; y del juicio, el karma.

Dios envía la llamada. Es su acción. El hombre devuelve la respuesta. Es su reacción. La llamada y la respuesta, como acción-reacción, producen la interacción de las energías de Dios y el hombre: karma.

El hombre y la mujer establecen su propia secuencia causa-efecto, que había de convertirse en una interminable cadena de karma del hombre apartada del karma de Dios; una cadena de acción-reacción-interacción que los ataría durante miles de años a la ley del karma, la ley del pecado hecha a sí misma y la rueda del renacimiento. El hombre y la mujer se ataron a las cadenas de su propia ignorancia y su deseo.

La acción desobediente de Adán y Eva fue una profanación de la llama trina; la reacción fue que «fueron abiertos los ojos de ambos, y conocieron que estaban desnudos; entonces cosieron hojas de higuera, y se hicieron delantales». La vestidura sin costuras de santa inocencia se había partido en dos, como el velo que colgaba del Sanctasanctórum, que se partió cuando los ángeles caídos volvieron a profanar la llama de la vida con la crucifixión de Jesucristo.

Así, Adán y Eva fueron «como dioses». Como ángeles caídos, enfrentarían diariamente el dilema del conocimiento del bien y el mal, la ambivalencia de una sociedad ambivalente. El telón se cierra tras el primer acto de desobediencia al Gurú.

«Y oyeron la voz de Jehová Dios que se paseaba en el huerto, al aire del día». El pecado y la ley del pecado les sobrevinieron. Avergonzados de su traición al SEÑOR, «el hombre y su mujer se escondieron de la presencia del SEÑOR Dios», que los había creado.

El Gurú siempre siente el descenso de las energías del caduceo en los chakras del chela. Maitreya llamó a Adán y le dijo: «¿Dónde estás tú?» («¿Dónde está tu conciencia? ¿Has perdido la visión de la Ley que te di en el mandamiento y en el sellado del tercer ojo en la plenitud del Dios Padre-Madre?» ¿Has tomado las energías de la conciencia Crística y las has bajado hasta el nivel de los chakras inferiores y el cinturón electrónico de la conciencia de las masas? ¿Estás en el plano del Espíritu o en el de la materia?»).

Y Adán contestó: «Oí tu voz en el huerto, y tuve miedo, porque estaba desnudo; y me escondí».[92]

Debido a los abusos del fuego sagrado y la llama trina, Adán y Eva habían pervertido las energías de Dios en los chakras inferiores. Así, cuando Adán oyó la voz del SEÑOR Dios «en el huerto» (la réplica del chakra del corazón de Dios), tuvo miedo. Sus energías habían bajado hasta el nivel del plexo solar. Por primera vez en el sendero de iniciación, conoció el miedo, el miedo a la Ley y al Legislador frente a su propio pecado. Estaba desnudo porque, con su acto, había arrancado a su alma la vestidura de rectitud, el uso correcto de la Ley.

Otro ejemplo de ese temor basado en el karma acumulado lo tenemos en Pedro, que entró en un vórtice de miedo cuando intentó andar sobre las aguas con Jesús.[93] El temor lo envolvió, porque aún no había recuperado la vestidura sin costuras del alma. Lo salvó la plenitud de la conciencia Crística que la mano del Salvador le dio. La corriente del caduceo de Cristo formó un arco hacia el cuerpo de Pedro, pero este aún debía demostrar su maestría Crística, como un día también harían Adán y Eva.

Así, Adán y Eva abusaron del poder del Padre en el cuerpo de los deseos y lo emitieron como un vórtice negativo de temor en el plexo solar. La prometida sabiduría se convirtió en el conocimiento que el alma tuvo sobre su propio estado desdichado sin Dios. Eso es el llanto y crujir de dientes que tiene lugar cuando el hombre y la mujer se apartan de la luz interior de los sentidos del alma y entran en la oscuridad exterior, el experimentar la vida solamente a través de los sentidos físicos.

La pérdida del amor del Espíritu Santo, el amor de las llamas gemelas en el núcleo de fuego blanco del corazón, es la conclusión lógica tras los abusos de la luz del Padre, el Hijo y la Madre. El abuso de la luz de la Madre yace en el uso de las energías sacras para manipular los planos de la conciencia de Dios con el fin de someter la llama de la Madre (la abundancia de su luz) a la ignorancia y el deseo de la ley y la existencia mortal.

Así, Dios estableció la realidad de Adán y este estableció su propia irrealidad. El SEÑOR le preguntó: «¿Quién te enseñó que estabas desnudo?» («¿Dónde está tu visión? Si te ves desnudo, ya no tienes la visión de tu concepción inmaculada en Dios, tu concepción original, puesto que te crearon a imagen y semejanza de los Elohim»).

El SEÑOR exige una respuesta: «¿Has comido del árbol del que yo te mandé no comieses?». Adán responde: «La mujer que me diste por compañera me dio del árbol, y yo comí». La identidad de Adán, incluso su autopercepción, está inextricablemente vinculada a Eva. Él no se puede ver a sí mismo ni su pecado aparte del yo o del pecado de Eva. Pues el Señor la había tomado del hombre y Adán había dicho: «Esto es ahora hueso de mis huesos y carne de mi carne; ésta será llamada Varona, porque del varón fue tomada».[94]

Y el Señor le preguntó a la mujer, a quien antes la Serpiente había preguntado: «¿Qué es lo que has hecho? Y dijo la mujer: La serpiente me engañó, y comí»[95] («He hecho caso del Caído. Lo he escogido como mi gurú en lugar del gran Iniciador, Maitreya»).

Al comprender su matrimonio espiritual, Adán asume la carga de Eva

En verdad, fue la mujer quien cayó primero del estado Divino. El hombre, al encontrarse solo en el plano de la perfección, descendió consciente y voluntariamente al nivel de la imperfección de la mujer. El hombre recordó las palabras de su Gurú: «No es bueno que el hombre esté solo; le haré ayuda idónea para él».[96]

El hombre siguió a la mujer en la gran componenda con el Mentiroso y su mentira. La lógica ilógica del Caído no engañó al hombre. La caída de Eva fue la del deseo que prolongó la ignorancia. La caída de Adán fue por una desobediencia voluntaria. Adán supo de antemano el castigo de Eva. Pero aceptó la alianza de su unión, el enroscamiento del caduceo del hombre y la mujer a quienes el Señor había hecho, las serpientes gemelas del caduceo que son la manifestación en la Materia del taichí de la esfera del Espíritu del Dios Padre-Madre.

La representación de la unión divina en la Materia es el verdadero significado de la alianza matrimonial de las llamas gemelas a las que Maitreya selló: «Por tanto, dejará el hombre a su padre y a su madre, y se unirá a su mujer, y serán una sola carne». Esta es la misma alianza que Jesús coronó con las palabras: «Así que no son ya más dos, sino una sola carne; por tanto, lo que Dios juntó, no lo separe el hombre».[97]

Esta alianza matrimonial supone el sellado con el anillo de fuego de las energías del caduceo del hombre y la mujer. Son uno solo como el Dios Padre-Madre, en la tierra como en el cielo. Como Arriba en el Espíritu, así abajo en la Materia, el enroscamiento de las energías de las llamas gemelas se representa para la plenitud del cuerpo del SEÑOR en manifestación.

En esta unidad, las llamas gemelas comparten la carga de luz de sus Cuerpos Causales, la serpiente enroscada de las esferas del Espíritu, incluyendo el karma de Dios del cual se han apropiado individualmente. También comparten la carga de oscuridad de sus cinturones electrónicos, la serpiente enroscada de las esferas de la Materia, que incluye el karma de la humanidad y la conciencia de las masas de lo cual se han apropiado individualmente.

Así, las llamas gemelas oyen el consejo: «Sobrellevad los unos las cargas de los otros, y cumplid así la ley de Cristo». Aun así, en lo que respecta al juicio y la distribución del karma, «cada uno llevará su propia carga [kármica]».[98] Entendiendo esta ley, Adán quiso asumir el karma de Eva para no romper la alianza de su unión.

El primer juicio en el Edén: el juicio a Serpiente (y a todos quienes han caído de la gracia de Dios)

Primero, el SEÑOR Dios juzga a la Serpiente: «Por cuanto esto hiciste, maldita serás entre todas las bestias y entre todos los animales del campo; sobre tu pecho andarás, y polvo comerás todos los días de tu vida. Y pondré enemistad entre ti y la mujer, y entre tu simiente y la simiente suya; ésta te herirá en la cabeza, y tú le herirás en el calcañar».[99]

La Serpiente, el Caído, es maldecida por el SEÑOR. Tal maldición es una restricción de su flujo de energía dentro de ciertos confines de conciencia (los límites de su habitación). El SEÑOR pone una matriz de luz sobre la Serpiente; en lo sucesivo, sus espirales acción-reacción-interacción no podrán exceder esta proscripción. Este proceso es conocido como la fijación de los campos de energía fohática.

Esa energía fohática es la esencia de toda la vida, incluyendo al hombre y la mujer y a toda criatura que el SEÑOR ha hecho. Su funcionamiento en el hombre lo controla la cadena de ADN y los genes y cromosomas. De vez en cuando, cuando se hace necesario debido a un decreto divino (decreto que dan los Señores del Karma), se altera el punto del dial sobre las frecuencias que gobiernan el flujo fohático. Los Gurús ascendidos y los Señores de los Elementos, mediante la agencia del elemental del cuerpo, llevan a cabo esos decretos.

Esto tuvo lugar, por ejemplo, en acontecimientos como la reducción del cordón cristalino, la disminución de la llama trina y el consiguiente acortamiento de los días del hombre a setenta años[100], en el reducido tamaño de los frutos fuera del Edén y en la reducida estatura de los descendientes de Set y Caín, que se apartaron de la alianza adánica.

Como resultado de su agresiva influencia sobre Eva, el estatus de Serpiente se redefinió. En los planos de la Materia, su rango jerárquico es inferior al de la vida elemental. Esta degradación se aplicó a todos los ángeles caídos y a quienes les siguieron en su desprecio a la Palabra. Los ángeles caídos tienen un estatus inferior al de los seres de fuego, aire, agua y tierra y están relegados al plano astral.

La luz que pervirtieron en sus siete chakras fue arrojada y obligada a descender. Serpiente fue obligado a arrastrarse sobre su vientre, el chakra del plexo solar, que es el foco del cuerpo astral o emocional.

Serpiente bajó las energías del hombre y la mujer hasta el plano del deseo impío. Su karma fue que fuera retirado de la esfera del Espíritu en la esfera de la Materia para que habitara solo dentro la esfera de la Materia en la esfera de la Materia: «Y polvo comerás todos los días de tu vida». «Comer polvo» es la ingestión solo de las energías del agua-Materia y de la tierra-Materia.

En esta mitad de la totalidad de la Materia, la Serpiente trabajará de aquí en adelante contra los cuerpos etérico y mental de la humanidad. A través del cuerpo de los deseos del hombre, la Serpiente trabajará para manipular su mente. A través de su cuerpo y sus sentidos físicos, trabajará contra las percepciones etéricas del alma y sus experiencias en el plano etérico.

Entre Lucifer y la mujer y entre la progenie del caído y la de la mujer se ha establecido la enemistad. Como dijo Pablo: «Los designios de la carne son enemistad contra Dios; porque no se sujetan a la ley de Dios, ni tampoco pueden».[101] La Serpiente es la personificación de la mente carnal. Se ha excluido de la Ley de Dios y se ha hecho a sí misma su propia ley. La mente mortal que creó las leyes de la mortalidad está sujeta a esas leyes siempre que sea mortal; y así, no puede estar sujeta a la Ley de Dios.

La enemistad entre la buena simiente del hijo del hombre (los hijos de Dios) y la cizaña (los hijos del Malvado) es la instantánea acción-reacción entre luz y oscuridad. La progenie de la Mujer Divina redimida, el Cristo como redentor de almas, herirá la cabeza de la Serpiente: los abusos del fuego sagrado por parte de la Serpiente en los chakras de la esfera del Espíritu ubicada en la cabeza (el chakra de la garganta, el tercer ojo y la coronilla).

La Serpiente pervirtió estos tres chakras (como abuso de la Palabra, de la visión y de la sabiduría de Dios) con el fin de tentar a Eva a que pervirtiera los chakras inferiores en la esfera de la Materia. Así, el SEÑOR Dios ha profetizado que el Cristo vencería al Anticristo. Y hasta que ocurra la redención de los niños de Dios a través de la redención de los hijos y las hijas de Dios, la Serpiente estará presente en la esfera de la Materia para herirlos en el calcañar.

Debido a que Eva permitió que las cuñas oscuras de la conciencia de la Serpiente penetraran en sus cuatro cuerpos inferiores, dejó a su progenie vulnerable a las heridas de la lógica serpentina provenientes del que es conocido como "el acusador de los hermanos". Esas heridas se manifiestan en una espiral negativa de energías serpentinas emitidas hacia los que estén receptivos según los ciclos de la luna (símbolo de la mujer caída) y Marte (símbolo del hombre caído).

Perversiones de las virtudes de Dios

Nos referiremos a las figuras 18 y 19 para ver la acusación del acusador de los hermanos que pervierten la afirmación que del ser hace el Legislador. Esta serpiente enroscada se convierte en la ira de los falsos jerarcas de Acuario, que pervierten la adoración de los fuegos del amor que deberían ser encendidos en el flujo de la energía entre todos los aspectos del Yo Divino en manifestación.

En el cuadrante de fuego, el maleficio anti-Padre sobre las energías de los elementales de fuego, cuando está dominado por

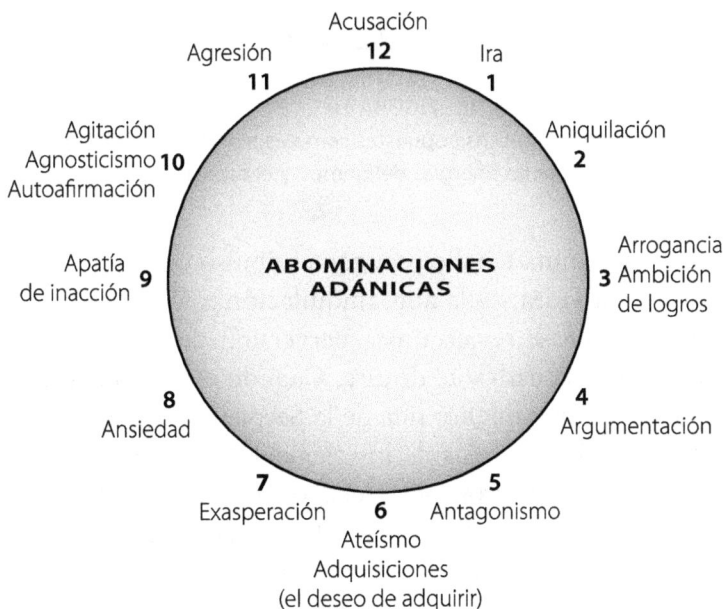

FIGURA 18:
Abominaciones de las generaciones adánicas ocupando
el lugar santo de las jerarquías solares.
La serpiente hiere el talón de la progenie de la mujer.

FIGURA 19:
Realizaciones anti-Dios impuestas como espiral de la Serpiente
sobre las energías del tiempo y el espacio.

el magnetismo animal malicioso, gana impulso y pasa de ser una acusación a ser la ira y a la autoaniquilación total.

A no ser que se revierta esta perversión de la Trinidad, se manifestará en el cuadrante de aire. Cuando está dominado por el magnetismo animal ignorante de la Serpiente, el maleficio anti-Cristo sobre las energías de los elementales del aire se manifiesta primero como arrogancia del ego-Adán en su ambición de sustituir al Yo Real con el yo irreal. Ello acelera su perversión del impulso Alfa y pasa de la arrogancia a una argumentación de autoafirmación en defensa de su postura anti-Cristo y, finalmente, a un antagonismo total hacia la Mente de Dios, que estaba y está en Cristo Jesús.[102] A menos que este autoantagonismo omniconsumidor sea detenido en el cuadrante mental, se impulsará hacia la esfera Omega.

En el cuadrante de agua, cuando está dominada por la actividad de la ramera de las fuerzas y campos energéticos anti-Madre, la Serpiente enroscada manifiesta sus complacencias humanas, como se le suele denominar, lo cual es un magnetismo animal complaciente. Esto infecta a todas las relaciones bajo la Maternidad de Dios debido a que las afectaciones del ego-Eva sustituyen al verdadero afecto de los seres Crísticos. Las atracciones de la naturaleza carnal sustituyen la atracción de la naturaleza Crística. Aquí las energías y los elementales del agua están sujetos a la culminación del maleficio de lo anti-Padre/anti-Madre, que se manifiesta en la sugestión agudamente agresiva mental-emocional de la espiral anti-Dios del ateísmo.

Para continuar hacia la segunda mitad de la esfera de la Materia con la apariencia de la coherencia alquímica, la Serpiente debe dirigir sus acusaciones contra Dios hacia la lógica conclusión del ateísmo. Su premisa en *Mater* es que *Pater* está muerto. Entonces la Serpiente pasa a demostrar su teoría a través de todas las energías del fuego —la acusación, la ira y la aniquilación— que son lanzadas contra la mujer y que juegan con sus deseos y emociones.

Al haber sustituido primero la tendencia femenina hacia la adoración, la polaridad natural de las afirmaciones del Legislador, la Serpiente apela a su naturaleza adquisitiva (el nombre de su primogénito, Caín, producto de su unión con la mente carnal, significa «adquisición»). Ese deseo inferior de adquirir —acompañado de la codicia, la glotonería y la avaricia— pervierte el deseo superior de ascender. Ello conduce a todas las exasperaciones de las emociones que deberían exaltarse con gratitud, generosidad y una piedad total.

Luego viene la ansiedad y la angustia por acumular las energías de Dios en las actividades de la ramera. Al estar desalineada con la justicia y la maestría de la Ley, la mujer pervierte su papel pasivo como «receptora de la Ley». Tal como Dios Padre, el principio activo de la vida, es el Dador-Receptor, Dios Madre, el principio pasivo de la vida, es la Receptora-Dadora. Tal como el hombre pervierte su papel al dar sin recibir, la mujer lo pervierte al recibir sin dar.

Aquí, en el cuadrante de agua, la acumulación de energías astrales mal cualificadas (recibidas pasivamente y reforzadas desde el impulso anti-Alfa de la espiral de la Serpiente) se convierte en una cloaca de contaminación en vez de ser una reserva de luz, armonía, actitudes y atributos píos y la unión justa de las corrientes de Alfa y Omega en la esfera de la Materia.

Ahora el peso kármico de los tres cuadrantes, el poder-sabiduría-amor del tres por tres que debería producir precipitación a través del Espíritu Santo en el cuadrante de tierra, carga al alma del hombre y la mujer con una autoafirmación apática, la cúspide de la irrealidad.

Al circular en espirales de la serpiente enroscada, este monstruo neblinoso de energía mal cualificada de las masas se tambalea con su desequilibrio supino desde la base, con el deseo de autoconservación —la marca de nuestros antepasados exiliados—, a través de todos los aspectos de la autopercepción sintética del yo sintético: autoengaño, autonegación, autoconcepción, preocupación por sí mismo, autoposesión, lástima de uno mismo, autoengrandecimiento, maldición de uno mismo, autoanatemización.

El cuadrante de tierra, cuando está dominado por el magnetismo animal delicioso de la Serpiente, el maleficio anti-Espíritu Santo sobre las energías y los elementales de la tierra gana impulso desde una apática autoafirmación, pasando por un autoengrandecimiento perturbado y agónico, hasta la agresividad suprema de la inexistencia. La perversión de los principios activo/pasivo de Alfa y Omega en las agresiones de la cola de la Serpiente crea hostilidades agresivas. Estas se manifiestan en las personas en forma de una guerra interior entre sus partes que produce una personalidad dividida, culminando en la guerra del Espíritu hasta la muerte del alma. En el ámbito mayor de la sociedad, esto se observa como las guerras entre familiares y pandillas de barrio, guerras civiles y guerras internacionales.

Las animosidades entre los miembros del Cuerpo de Dios son arrojadas como cuñas de agresión en medio de los portadores de luz. Y los ángeles caídos usan la enemistad que Dios puso entre la simiente de la mujer y la de la Serpiente como una repulsión natural (por consiguiente, una protección natural contra la atracción animal magnética de la Serpiente), para dividir y vencer a los niños de Dios.

Las tres «R» de agresión que se oponen al rayo de la Trinidad en manifestación en la Materia son el resentimiento, la revancha y la represalia. En este punto/contrapunto de la espiral de la Serpiente, se lanza la acumulación de todos los abusos del fuego sagrado a las evoluciones en la Materia como una perversión agresiva de los siete planos de las espirales Alfa-Omega a través de los siete chakras de los siete rayos y a través de los cinco chakras de los rayos secretos. Jesús describió esas doce perversiones cuando dio a sus doce discípulos las señales del «fin del mundo» y asignó a cada uno que superara una forma de agresión, el fin o la caída de la espiral serpentina de la apropiación indebida de la conciencia Crística. Las perversiones están enumeradas en las siguientes tablas:

Estas perversiones de los ángeles caídos, que subvirtieron el núcleo de fuego blanco del chakra de la base de la columna de la Madre, se dirigen continuamente contra la automaestría de los hijos de Dios.

El Señor Jesucristo demostró esta maestría sobre la Llama Divina mediante su dominio del elemento agua (el cuerpo de los deseos), el elemento y el cuerpo a través del cual Eva, por libre albedrío, tomó la luz de la Trinidad para subvertir la luz de Alfa y Omega en su propia alma y en los tres chakras inferiores.

La victoria de Jesús sirvió para la victoria del rayo femenino de forma que la mujer pudiera redimir al hombre, a quien tentó hacia la espiral descendente que comenzó con la desobediencia a Cristo, la profanación de la Trinidad y la Llama de la Madre y la degeneración de la luz de los chakras que culmina en la ley del pecado, la enfermedad y la muerte.

Perversiones agresivas de los siete rayos
(Mateo 24:5-12)

RAYO	TIPO DE AGRESIÓN	DESCRIPCIÓN BÍBLICA	CÓMO PERVIERTE EL RAYO
1	Profanación agresiva del YO SOY EL QUE YO SOY y la conciencia Crística.	«Porque vendrán muchos en mi nombre, diciendo: Yo soy el Cristo; y a muchos engañarán».	La Ley y el Legislador pervertidos por el abuso de las energías de la voluntad de Dios.
2	División agresiva.	«Y oiréis de guerras y rumores de guerras… Porque se levantará nación contra nación, y reino contra reino».	La sabiduría pervertida por las tácticas de «divide y vencerás».
3	Enfermedades agresivas. Muerte agresiva, privación agresiva. Perturbaciones agresivas en las energías y los elementales de fuego, aire, agua y tierra.	«Y habrá pestes [plagas]» «y hambres» «y terremotos [cataclismo] en diferentes lugares».	La muerte pervierte el amor mediante la restricción de la realización divina.
4	Denuncias agresivas, aflicción de los portadores de luz.	«Entonces os entregarán a tribulación, y os matarán, y seréis aborrecidos de todas las gentes por causa de mi nombre».	La pureza y la inocencia incitan la ira y las atrocidades. Matan a la Madre Divina.
5	Maldiciones agresivas, ofensas entre los portadores de luz.	«Muchos tropezarán entonces, y se entregarán unos a otros, y unos a otros se aborrecerán».	El error pervierte la Verdad.
6	Engaños y falsedades agresivas.	«Y muchos falsos profetas se levantarán, y engañarán a muchos».	La falsa jerarquía envía falsos profetas que pervierten las enseñanzas de Cristo.
7	Diabluras agresivas (iniquidad).	«Y por haberse multiplicado la maldad, el amor de muchos se enfriará».	La brujería, la magia negra, los rituales de los satanistas pervierten los rituales del sacerdocio de Melquisedec.

El octavo rayo
(Mateo 24:13-14)

RAYO	ANTÍDOTO	DESCRIPCIÓN BÍBLICA	EXPLICACIÓN
8	Maestría del octavo rayo en Alfa y Omega: antídoto para las siete agresiones de los semidioses.		La correcta comprensión y aplicación del octavo rayo es la realización de las espirales de Alfa y Omega, que contrarrestan los abusos agresivos de los siete rayos y los siete pasos de la precipitación.
		«Mas el que persevere hasta el fin, ése será salvo».	Omega: perseverar hasta el fin es lograr la salvación mediante la elevación de la llama de la Madre Divina.
		«Y será predicado este evangelio del reino»	Alfa: predicar el evangelio del reino (la conciencia) de Dios.
		«en todo el mundo»	en todos los cuadrantes de la Materia.
		«para testimonio a todas las naciones; y entonces vendrá el fin».	Dar testimonio de la Verdad en todas las naciones. Impartir la Verdad a todas las unidades jerárquicas, todos los mandalas de los hijos de la Madre, todas las tribus de Israel (colectivo de iniciados del fuego sagrado unidos bajo las jerarquías del sol), agrupaciones de evoluciones resolviendo su karma.

Perversiones agresivas de los cinco rayos secretos
(Mateo 24:15-29)

RAYO	TIPO DE AGRESIÓN	DESCRIPCIÓN BÍBLICA	CÓMO PERVIERTE EL RAYO
1	Desolación agresiva	«Por tanto, cuando veáis en el lugar santo la abominación desoladora de que habló el profeta Daniel...».	Ingratitud, falta de amabilidad, impiedad.
2	Aflicción agresiva	«Porque habrá entonces gran tribulación, cual no la ha habido desde el principio del mundo hasta ahora, ni la habrá».	Grandes injusticias.
3	Negaciones agresivas	«Porque se levantarán falsos Cristos, y falsos profetas, y harán grandes señales y prodigios, de tal manera que engañarán, si fuere posible, aun a los escogidos».	Negaciones agresivas sobre la realidad del Yo Real por parte de los falsos Cristos, falsos profetas; hechicería.
4	Oscurecimiento agresivo	«E inmediatamente después de la tribulación de aquellos días, el Sol se oscurecerá, y la Luna no dará su resplandor [la luz del Cristo]».	Oscurecimiento agresivo de las celebridades; puestos de personalidades de luz eclipsados por la conciencia alineada con la falsa jerarquía.
5	Descenso agresivo	«Y las estrellas caerán del cielo»	Los seguidores de Serpiente que han abusado de la esfera del Espíritu y los chakras del Espíritu; las energías de los chakras superiores.
		«Y las potencias de los cielos serán conmovidas».	Se desbancan sus identidades densificadas en los chakras superiores; se bajan las energías de los chakras superiores.

El segundo juicio en el Edén: el juicio a la mujer

Después del juicio de la Serpiente viene el juicio de la mujer. El SEÑOR Dios se volvió hacia la mujer y dijo: «Multiplicaré en gran manera los dolores en tus preñeces; con dolor darás a luz los hijos; y tu deseo será para tu marido, y él se enseñoreará de ti».[103]

Cuando Adán y Eva encarnaron en la Tierra, ya habían alcanzado un nivel iniciático gracias al cual ya no se los llamaba niños de Dios, sino que se habían elevado al nivel de hijo e hija de Dios. Como tales, estaban listos para ser recibidos como iniciados del fuego sagrado en la primera escuela de misterios establecida después de la Caída de la humanidad en Lemuria.

El karma que recibieron Adán y Eva fue el resultado del juicio correspondiente al nivel de responsabilidad de los elegidos de Dios. Eva, la Madre de todos los vivientes, había llegado a la Tierra para guardar la llama de la Madre del Mundo, para dar el ejemplo de la femineidad para todas las mujeres, para dar el ejemplo del aspecto femenino de Dios, para dejar un registro de los treinta y tres pasos iniciáticos para quienes deseen recorrer el sendero del logro y realizar el Yo como Madre de Dios.

Está escrito en la ley kármica que cada uno de los treinta y tres pasos iniciáticos que el iniciado logre en el sendero de la derecha recibirá el desafío por parte de un ser de igual logro en el sendero de la izquierda. En la Serpiente, Eva no encontró a alguien superior, encontró a su igual. La Serpiente fue a desafiar su derecho a llevar la corona de la Madre del Mundo.

Antes de alcanzar la iluminación, Gautama recibió la denuncia y el ataque de Mara, que desafió su derecho a sentarse en meditación bajo el árbol Bo. Sin embargo, Gautama permaneció decidido a lograr la iluminación según los requisitos del sendero de iniciación Búdica. Y Jesús fue tentado por Satanás, que con tres exigencias desafió su derecho a vestir la conciencia Crística y, como Hijo de Dios, a reencender la llama trina en muchos que la habían perdido.

En el mensaje de Jesús que el ángel de la Revelación dio a Juan, se escribe: «Por cuanto has guardado la palabra de mi paciencia, yo también te guardaré de la hora de la prueba que ha de venir sobre el mundo entero, para probar a los que moran sobre la tierra. He aquí, yo vengo pronto; retén lo que tienes, para que ninguno tome tu corona».[104]

Este pasaje explica que todos quienes están tratando de conseguir su salvación en los planos de la Materia serán tentados. Pero cuando el iniciado pronuncia la Palabra del Logos (la Palabra de la Ley del Legislador) frente a los mismísimos dientes de la Serpiente, el Cristo (el Ser Crístico personal) vendrá pronto.

La corona se refiere al logro de la conciencia Divina a través del chakra de la coronilla y a las energías de las doce jerarquías solares que están selladas dentro de la corona de la mujer que aparece en el duodécimo capítulo del libro del Apocalipsis. Esta es el arquetipo de toda mujer que logre las doce iniciaciones de las doce jerarquías y, por tanto, estará capacitada para llevar la corona de doce estrellas.[105] A todos quienes afronten esta iniciación se les promete la revelación del nombre de Dios (YO SOY EL QUE YO SOY), el nombre de la ciudad de Dios (la Nueva Jerusalén: la Ciudad Cuadrangular) y el nuevo nombre del Cristo (el Ser Crístico individualizado).

La figura 20 muestra cómo la Serpiente desafió a Eva al nivel del logro que esta tenía en los cuatro cuadrantes de la Materia. 1) el cuadrante de fuego: «ser como Dios, sabiendo el bien y el mal» (gobernar con el Caído en el plano más alto de la esfera de la Materia); 2) el cuadrante de aire: «árbol codiciable para alcanzar la sabiduría» (poseer la sabiduría para manipular en el cinturón mental como los ángeles caídos); 3) el cuadrante de agua: «era agradable a los ojos» (el gozo de los placeres de los sentidos, disfrutar de la buena vida de los luciferinos, que se llaman a sí mismos *gente bonita*); y 4) el cuadrante de tierra: «el árbol era bueno para comer» (para conquistar el plano físico al tomar su energía).

Eva ya había demostrado la geometría de esta iniciación en

FIGURA 20:
Tentaciones de Eva y juicios a Eva en los cuatro cuadrantes.

Venus. Por tanto, la Serpiente tenía que llamar la atención del orgullo de la persona, tenía que presentar su argumento de tal forma que convenciera a Eva de que la estación correspondiente en el sendero de la izquierda se podía disfrutar más, de que ofrecía más recompensas en el aquí y ahora que su estación en el sendero de la derecha.

El karma de Eva en los cuatro cuadrantes de la Materia

El karma de Eva en el cuadrante etérico fue: «Multiplicaré en gran manera los dolores en tus preñeces». A la mujer corresponde el papel de mantener el concepto inmaculado, el patrón etérico, la matriz de la Madre por todo cuanto tiene vida. Puesto que la mujer fue concebida por Dios de manera inmaculada, su progenie debe ser concebida inmaculadamente a partir de la conciencia virgen de la Virgen Cósmica.

Los dolores que sufre la mujer por la concepción del plan divino de sus cuatro cuerpos inferiores y la evolución del alma de sus hijos e hijas y los niños de Dios, es la carga del karma del mundo de las mujeres por sus abusos del elemento fuego en los planos del Espíritu y en los de la Materia a través del chakra del corazón.

El karma de Eva en el cuadrante mental fue: «Con dolor darás a luz los hijos». La Madre es la Mediatriz del Cristo y la individualización del Ser Crístico en el cuadrante mental. Ahí da a luz a la matriz etérica y la viste con la Mente de Dios mediante su maestría del elemento aire en los planos del Espíritu y los de la Materia, tal como dota a todo cuanto vive de la conciencia Crística a través de los chakras de la sede del alma y el tercer ojo.

El dolor que sufre al dar a luz a los hijos e hijas de Dios y a los niños de Dios, y al vestirlos con la percepción del alma y la visión de unidad, se debe a la lucha, la rebelión y la venganza de estos engendradas por el Anticristo y los ángeles caídos.

Desde el fracaso de Eva, muchas mujeres han recibido a su progenie con la mayor de las esperanzas (incluso Eva, con Caín en el vientre, dijo: «Por voluntad del SEÑOR he adquirido varón»), solo para ver cómo sus hijos e hijas, poseídos por el espíritu de la Serpiente, comprometían la llama del honor con toda forma de maldad.

En el cuadrante emocional, el karma de Eva fue: «Y tu deseo será para tu marido». El cuerpo de los deseos de la mujer, creado para contener el deseo del SEÑOR Dios, y al haber sido creada ella para ser sierva del SEÑOR y para reconocer a su Creador (su Presencia YO SOY) como su marido, ahora estaría sujeto a la voluntad de su esposo. Pues la mujer había causado que el hombre abandonara la sagrada alianza del Edén.

Su karma ha de ser que su deseo sea el deseo de él, al tener que esperar hasta que su deseo regrese al estado Divino. Tendría que esperar hasta que él quisiera ser Dios en la mitad de la Materia de la esfera de la Materia.

Y así, en el cuadrante físico, el karma de Eva fue: «Y él se enseñoreará de ti». La existencia física de la mujer estaría dominada así por el hombre, hasta que este le devolviera a ella, voluntaria y amorosamente, el derecho de gobernarse a sí misma y gobernar al hombre (ser la aspiración activa hacia el Espíritu dentro de los planos de la Materia). Ese fue su elevado estado antes de la Caída, cuando el hombre y la mujer tenían el mismo logro, la misma autopercepción, en Dios. Debido a la naturaleza del cargo de hija de Dios, como alguien que canaliza el flujo de las energías del Espíritu en la Materia, la mujer es el aspecto adorador, aspirante, ascendente del hombre.

Los roles redimidos del hombre y la mujer

En la mujer redimida, el señorío del rayo femenino se manifiesta como la maestría del chakra del corazón y de los chakras que están por encima del corazón. En el hombre redimido, el señorío del rayo masculino se manifiesta en la maestría del chakra del corazón y los chakras que hay debajo de él. Por tanto, la mujer es quien guía al hombre a través de las energías de la expiación (*unión*) de su alma (de la mujer) con el Espíritu hacia la conciencia Divina en los planos de fuego, agua, aire y tierra en el Espíritu; mientras que el hombre es quien guía a la mujer a través de la expiación de su alma (del hombre) con la Materia hasta la Virgen Cósmica en la maestría del fuego, el agua, el aire y la tierra en los planos de la Materia.

En el reino del Espíritu y las cosas del Espíritu, la mujer guía al hombre a su destino superior. En las cosas de la Materia y la *Mater-realización*, es el hombre quien guía a la mujer hasta la realización Divina más alta en sus hijos e hijas.

Está claro que, en el Jardín del Edén, el hombre buscaba la guía de la mujer en las cosas del Espíritu. Cuando ella tomó del fruto del árbol de la ciencia del bien y el mal «y comió; y dio también a su marido», *incuestionablemente* él «comió».

El deseo del hombre porque la mujer lo guíe a los senderos

de pureza y rectitud; su deseo de regresar al estado de santa inocencia a través de la virtud de la mujer; su deseo de ser el objeto de su amor y adoración mientras ella lo sostiene a imagen y semejanza del Hijo de Dios, su deseo de ser elevado al puesto de autoridad en las cosas de la Materia y a dar libremente a la mujer la autoridad en las cosas del Espíritu, su deseo de volver a los ciclos del karma de Dios; todas esas cosas son la realidad del alma del hombre.

La mujer que tenga esa llave tendrá la llave no solo del corazón del hombre, sino de la plena realización Divina de su potencial. En la era de Acuario, la mujer debe ser el instrumento de la salvación (autoelevación) del hombre. Este debe reconocer esas cosas como sus deseos reales y legítimos. Debe sentirse libre de expresar esos intimísimos anhelos de su corazón. Todo hombre tiene derecho a la expectativa de que la mujer satisfaga los más elevados deseos de su alma, tanto en el Espíritu como en la Materia.

Si la mujer se esfuerza en regresar al estado de gracia en la escucha que conoció antes de bajar a las espirales descendentes de la Serpiente, atraerá hacia sí misma, a través de la espiral ascendente de su alegría en el SEÑOR, al hombre que, a través de la conciencia exaltada de ella, regresará a una conciencia expandida del Yo en Dios.

Entonces, el hombre que se conozca a sí mismo como Dios deseará conocer a la mujer como Dios debido a su propia devoción a la llama del Cristo y su adoración a la Virgen Cósmica. Un hombre así es libre de ser hombre (la manifestación de Dios), y accederá a ello gracias a su exaltación de la mujer.

Al abandonar las acusaciones del acusador de los hermanos, contemplará la belleza de la ayudante. Y se pondrá del lado norte de la Ciudad Cuadrangular, defensor del origen en Dios de ella. No «polvo eres, y al polvo volverás»[106], sino «del Uno saliste, y al Uno volverás».

Encendido con la Ley por la cual el Legislador creó una ayuda para el hombre, este permanecerá —y al haber permanecido, seguirá permaneciendo— para defender la inocencia original, ese sentido interno de la percepción solar de la mujer, que a su vez ella transfiere a la evolución y elevación solar de sus hijos e hijas.

La elevación de la mujer

El hombre contempla la expansión* de la conciencia de la mujer por el tiempo y el espacio, la difusión de sus energías que forman el antahkarana del cosmos. La disciplina de las energías de la mujer forma la red del tiempo y el espacio.

A través de la alquimia de la abundancia, la ira del hombre (la ira del Caído dirigida contra la mujer y su progenie en la era de Acuario) puede canalizarse hacia la expansión de la conciencia de Dios: una autopercepción expansiva, el control de las fuerzas y campos energéticos del tiempo y el espacio. Esa es la nueva dirección que toman las energías del hombre por la gloria de Dios en manifestación en el hombre, en la mujer, en el Espíritu, en la Materia.

Ahora la mujer se apodera de su destino ígneo para lograr la maestría Divina al seguir los pasos del conquistador de Piscis. Libremente, elige recorrer las catorce estaciones de la cruz; libremente, elige ser crucificada con su Señor.

Con su llama de exhortación, exhorta a las generaciones obstinadas de la humanidad a que obedezcan la voluntad de Dios, a que abandonen los placeres de Egipto y las fantasías de la corte del Faraón. Exhorta a la raza —hombres, mujeres y niños— a que entre en las espirales de la hegemonía, ascendiendo día a día, hora tras hora, con la maestría del yo, mientras el Yo disipa las nieblas de la duda, el desánimo, el temor y la frustración.

Con sus exhortaciones cuyo origen es el núcleo ígneo del sexto rayo del Príncipe de la Paz, la mujer sale a las avenidas y los caminos, y compele a las generaciones de Adán y Eva para que vayan a la fiesta de bodas a llenar la casa del Señor, a que se pongan el vestido de bodas,[107] a que disuelvan toda forma de

---

*El contenido de las páginas 125 a 134 se refiere a las figuras 18, 21 y 22.

autoaniquilación con las corrientes de la hegemonía del rayo femenino.

Esto es vida, no muerte. Con Cristo, la mujer declara: «Yo he venido para que tengan vida, y para que la tengan en abundancia».[108] A través de la alquimia abundante de la mujer, por su afirmación del ser y su intento de alcanzar las estrellas del Cuerpo Causal de sus hijos, el hombre llega a ser consciente de su propia excelencia como hijo de Dios. En la excelencia de su ego exaltado, las energías del hombre se realizan plenamente con una actitud en la que refleja su estado del ser.

Todos los motivos conscientes e inconscientes del ego inferior dan paso a la excelencia del ego Crístico. La mujer, a través de la excelencia de su ejecución de la voluntad de Dios, ha capacitado

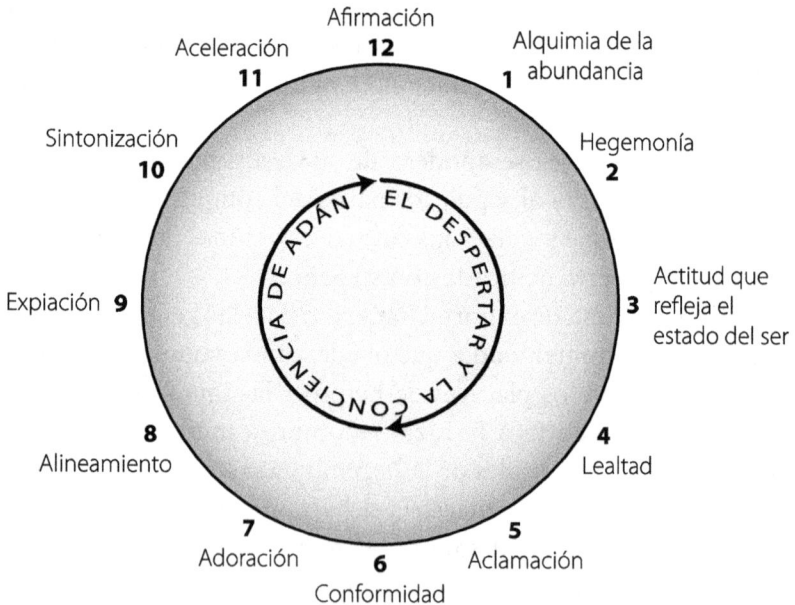

FIGURA 21:
Atributos de los hijos e hijas de Alfa,
coherederos de la conciencia Crística de las jerarquías solares.
La progenie de la mujer hiere la cabeza de la Serpiente.

al hombre para que se vea a sí mismo como su Yo Real. Todas las energías que una vez estuvieron encerradas en impulsos acumulados de arrogancia enajenada ahora son canalizadas, con amor y adoración, hacia la autopercepción del avatar, en quien todo hombre y toda mujer ha de convertirse gracias a la unión con el Santo Ser Crístico. ¡He aquí la encarnación de la Palabra!

«He aquí, YO SOY», le declara el hombre a la mujer, «y puesto que YO SOY, tú eres». Regocijándose en la encarnación de su Señor, la mujer declara: «He aquí, YO SOY». Y en el hombre ella afirma la actitud que refleja el estado del ser: «Y puesto que YO SOY, tú eres».

De la mano, el hombre y la mujer salen a exteriorizar la imagen interior de las llamas gemelas de Alfa y Omega. El hombre

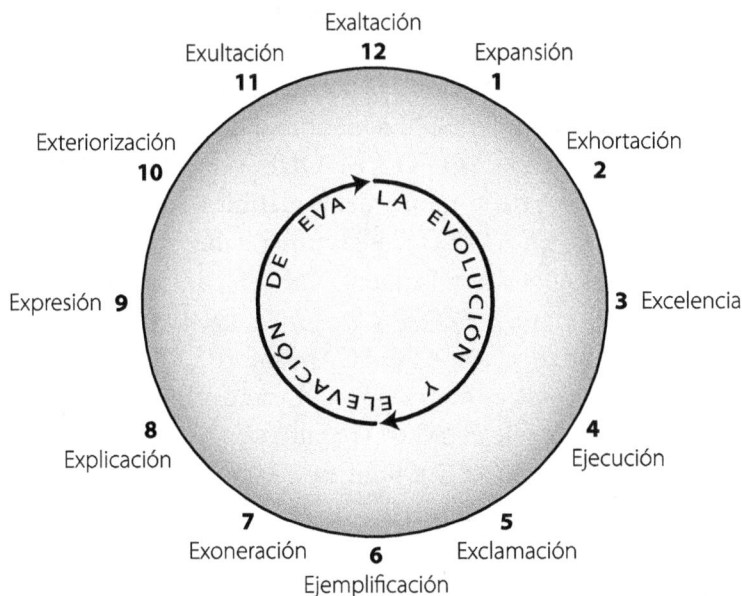

FIGURA 22:
Las energías de Eva para la evolución y elevación
de las generaciones de la mujer.
Ex «de» Omega.
Ex cátedra «de la boca de» Dios Madre.

asume la responsabilidad de su propio estado del ser Divino; la mujer asume la responsabilidad de ser su propio estado del ser Divino. Bajo la alquimia de su unidad, cada cual se hace responsable del otro.

El hombre le transmite a la mujer como legado su maestría del rayo masculino. Amorosamente le transfiere su maestría de los cuatro elementos en los cuatro cuadrantes de la Materia. La mujer le transmite al hombre el legado de su maestría del rayo femenino. Llena de adoración, le transfiere su maestría de los cuatro elementos en los cuadrantes del Espíritu. «Por tanto, dejará el hombre a su padre y a su madre, y se unirá a su mujer, y serán una sola carne».[109]

«Y aquel Verbo fue hecho carne, y habitó entre nosotros, y vimos» su gloria del hijo, la hija de Dios:[110] la encarnación del Uno, la Totalidad, hombre y mujer creados a imagen y semejanza de los Elohim. «Ésta será llamada» Mujer, «porque del varón fue tomada». Él será llamado Hombre porque fue tomado de Dios para ser la manifestación Divina.* La identidad del hombre y la mujer debe establecerse en el YO SOY EL QUE YO SOY. La finalidad del yo del hombre, de la mujer, deber definirse. No solo debe el hombre saber quién YO SOY, y la mujer saber quién YO SOY, sino que ambos deben saber quién YO SOY con relación al otro.

La mujer declara: «YO SOY mujer EL QUE YO SOY hombre», y el hombre declara: «YO SOY hombre EL QUE YO SOY mujer», con la total comprensión del estado del ser. YO SOY mujer con el fin de que el YO SOY que es hombre que hay en mí pueda ser liberado. YO SOY hombre con el fin de que la mujer que YO SOY pueda ser liberada.

La finalidad de la polaridad del Dios Padre-Madre está definida: Dios es Padre con el fin de que pueda realizarse en la Madre y a través de ella. Dios Padre debe seguir siendo Padre para poder conocer a la Madre. Dios Madre debe realizarse como Madre. Debe mantener la actitud que refleja el estado del ser como Madre para poder conocerse a sí misma como Padre.

---

*En inglés, *man* 'hombre', man*ifestation* 'manifestación'. (N. del T.)

Al establecer los roles de su identidad en la polaridad divina, el hombre y la mujer saben quiénes son como hombre y mujer y después como hombre con relación a la mujer, como mujer con relación al hombre. Cuando se define la identidad, el flujo de la identidad será definido; y la acción-reacción-interacción de las energías del hombre y la mujer servirá para la continua realización del Uno Divino en la tierra como es en el cielo. En esta conciencia del Uno controlada Divinamente, el hombre y la mujer salen a ejecutar la voluntad de Dios con una lealtad mutua hacia un amor mayor por el Creador, que vive y ama a través de su creación.

Por aclamación de Alfa y Omega, el hombre y la mujer son los ejecutores de la voluntad de Dios. A través de los reinos angélico y elemental, el hombre y la mujer, como sacerdote y sacerdotisa, salen a gobernar. Por su linaje real divinamente ordenado, son aclamados rey y reina de los reinos de fuego, aire, agua y tierra. Salamandras, silfos, ondinas y gnomos les rinden homenaje como representantes de Dios.

El intercambio divino

En los rituales de la Mente de Cristo, el hombre y la mujer, como sacerdote y sacerdotisa ante el trono de Dios, reciben la unción para que sean ministros, a quienes él hace «flamas de fuego».[111] Como director y directora de los espíritus angélicos y de la naturaleza, el hombre y la mujer redimidos realizan el rol de Adán y Eva.

Adán arquea las energías de Alfa mediante el impulso de la corriente Alfa como afirmación, alquimia de la abundancia, hegemonía, actitud que refleja el estado del ser, lealtad y aclamación. Y Eva lleva las energías de Omega mediante la corriente Omega como exaltación, expansión, exhortación, excelencia, ejecución y exclamación. Estas corrientes gemelas de las llamas gemelas son el caduceo de la figura en forma de ocho: el flujo creativo del Creador en la creación.

En el cambio de la espiral y el regreso de las energías de Alfa a Omega está el intercambio divino, el intercambio de roles de Adán y Eva. Desde lo interior hacia lo exterior, Adán lleva el impulso Alfa o la corriente masculina y Eva lleva las energías de Omega con total autoridad. Desde lo exterior hacia lo interior, para la espiritualización de la Llama Divina, el rol de Adán es el de llevar las energías de Omega y el de Eva es el de llevar las de Alfa.

Desde el lado sur hasta el norte, la maestría de Eva sobre las llamas de la conformidad, la adoración, el alineamiento, la expiación, la sintonización y la aceleración es su contribución a la unidad de lo masculino y lo femenino, mientras que Adán entra en la conciencia de la ejemplificación, la exoneración, la explicación, la expresión, la exteriorización y la exultación.

Eva, mediante el rayo femenino, concentra la maestría de la corriente Alfa en la Materia. Adán, mediante el rayo masculino, concentra la maestría de la corriente Omega en el Espíritu.

Adán, al ejemplificar la energía del yo, su bien definida autopercepción como la Personalidad Personal de Dios, le concede a Eva su [de Eva] autopercepción de la Personalidad Personal de Dios como Madre.

Así, la elevación de Eva se logra mediante la conciencia de Adán. Ahí, donde el impulso Alfa norte-sur se convierte en el impulso Omega sur-norte, Eva mantiene el equilibrio del flujo. Consiguientemente, ella permanece en el lado sur en conformidad con la afirmación de Alfa de la Ley y el Legislador. Ella es el nexo del cruce del caduceo donde el hombre se convierte en mujer y la mujer, en hombre.

Eva sostiene la Mente de Alfa suspendida en Omega. Ella es la Mente de Cristo en el átomo de autopercepción. Ella es, de común acuerdo, la armonía del Espíritu Santo. Su armonía es la concepción inmaculada de un cosmos. Ella es el acuerdo de la Ley y el Legislador. Su templo es el templo del Dios vivo. Ella es el todo en el Todo.

La totalidad de Eva es la que consume el ateísmo, el agnosticismo y las realizaciones anti-Dios impuestas como la espiral de la Serpiente sobre las energías del tiempo y el espacio. Ella ha sustituido a la adquisividad de la mujer caída, su deseo carnal de adquirir más y más, el cual, junto con su manipulación del hombre, se consume en el deseo Divino de conceder a la llama del corazón la autoridad de la Trinidad de Dios en manifestación en Padre, Hijo y Espíritu Santo, y la autoridad de la unidad de Dios en manifestación en el YO SOY EL QUE YO SOY.

Eva ha concedido al hombre el lugar que le corresponde para que señoree la tierra. Le ha concedido a Adán el papel masculino. Y, de nuevo, el Señor le ha concedido a ella el papel femenino, para que señoree el alma en la tierra. Esta es la evolución y la elevación de Eva.

El hombre y la mujer entran en la espiral del regreso al Uno, el regreso del karma del hombre al karma de Dios. Juntos viven el verdadero significado de la observación de Pablo: «No os engañéis; Dios no puede ser burlado: pues todo lo que el hombre sembrare, eso también segará».[112] El ciclo del regreso Omega es la puerta abierta a la oportunidad de equilibrar las energías de la desobediencia a los mandamientos de Dios.

Con gratitud por la evolución de Eva hacia su autopercepción como mujer vestida del sol, Adán es arrebatado en el éxtasis de la exoneración. En su gratitud por haber hallado a quien había perdido, él se convierte en el instrumento del perdón del Señor. Primero se perdona a sí mismo, luego la perdona a ella; y su mutua adoración se convierte en la aprobación del Señor.

El perdón de él es otra oportunidad en el tiempo y el espacio de obedecer los mandamientos de Cristo, de complacer al Espíritu Santo con el sacrificio propio, de obviar sus transgresiones contra la Ley y el Legislador. A una voz, los dos confirman como uno solo: «Perdónanos nuestras deudas, como también nosotros perdonamos a nuestros deudores».

El ciclo se ha cerrado. El Señor aprueba a Adán y Eva. Él les dará un nuevo noviciado. Ellos pueden entrar al servicio del Señor. Pueden servir a las oleadas de vida de las evoluciones de la Tierra para cumplir su período de prueba en la Materia y que el karma del hombre pueda convertirse en el karma de Dios. La adoración de Eva se mezcla con los coros de las cuatro criaturas vivientes que cantan ante el trono de Alfa y Omega: «Santo, santo, santo es el Señor Dios Todopoderoso, el que era, el que es, y el que ha de venir».[113]

Y la adoración de ella es hacia el Señor que es su marido, quien se ha convertido en la autopercepción en Dios de Adán. Eva permanece en una perpetua adoración a la conciencia que Adán tiene de Dios. Él se ha convertido en su héroe; ella, en heroína de él. Dios aprueba su amor con una prueba de fuego en la que ahora deben entrar si quieren regresar al corazón del Uno. Llama a llama, la prueba de fuego consume todas las energías que están desalineadas con la conciencia Alfa-Omega.

La justicia del juicio aplicado por los fuegos del amor de la adoración y la exoneración se convierte en el alineamiento con la justicia de la Ley. Eva es conformidad, uniformidad, unidad con la justicia Divina. Adán es la explicación de la Ley. Él despliega la enseñanza de la Ley de la Virgen Cósmica. Enseña la sabiduría de la Madre a los hijos de ella. Expone la Ley ante las multitudes. Es el defensor de su propia percepción Crística.

Él interpreta la Ley para las generaciones de Set, que se han apartado de la antigua alianza de Enoc, el séptimo desde Adán. Apacigua las ansiedades de su sentimiento de injusticia humana. Suyos son los dedos que se mueven para escribir: «MENE, MENE, TEKEL, UPARSIN... Pesado has sido en balanza, y fuiste hallado falto».[114] Y todas las generaciones de la humanidad miran arriba para ver la escritura de Dios en la pared de la conciencia.

Debido a su alineamiento con la Ley del ser, Adán y Eva son la ejemplificación de la Ley. Por haber elegido por libre albedrío entrar en la conciencia de la adoración y la exoneración, ahora tienen la autoridad de dar la explicación de la Ley, una explicación que queda satisfecha con su ejemplo. Cara a cara, corazón a corazón, aura a aura, transmiten la relevancia de la Ley (su autoridad y sus decretos) y la carga de la Ley (el karma de Dios y el del hombre).

Eva está unida a la realidad. Es el principio activo y pasivo del Espíritu Santo. Y su unidad y sintonización son la percepción que Adán tiene de la expresión de sí mismo. En su expresión de las lenguas hendidas de fuego, Adán ha elevado a Eva al lugar de autoridad en el Espíritu que le corresponde, y él ha asumido el lugar de autoridad en la Materia que le corresponde.

La expresión de Adán es su corriente ondulante activa/pasiva, su «empujar hacia fuera» la imagen y semejanza de Dios, como hombre, como mujer, como divino varón. Este empujar hacia fuera es la presión del Espíritu Santo empujando desde el plano del Espíritu hacia el de la Materia, es la completa exteriorización de la Mente de Dios manifestada en las moléculas de autoexpresión, mónadas de autopercepción.

Esto es la acción-reacción-interacción del Espíritu Santo que vence la apatía del no alineamiento, la irreal existencia del yo sintético del hombre y la mujer y las interminables experiencias de mortales en un esfuerzo existencial y empírico para racionalizar la existencia de un Dios no conocido.[115]

El Dios no conocido es un Dios irreal. El Dios conocido es el Dios expresado en el hombre y la mujer. El Dios conocido es el Dios a priori, al que se conoce mediante la suposición directa «YO SOY real, por tanto, Dios es real». «Este Dios que conozco», dice Adán, «no es el dios a posteriori de los sofistas, el Sanedrín o los satanistas. Este Dios que conozco es el Dios YO SOY».

Este conocimiento directo de la realidad de Dios es la aceleración hacia la victoria. Es la aceleración de la vibración para la quema final en las corrientes de la ascensión de toda forma de agresión (que pervierten los siete rayos y los cinco rayos secretos). Es la señal del fin de la espiral de la Serpiente y el comienzo de los ciclos eternos de la evolución y elevación en Dios.

La inversión de la espiral

La inversión de la espiral de la progenie de la Serpiente con la progenie de la mujer se describe en Mateo 24:30-31, 34-35. (Véase también la tabla que sigue).

La inversión de la espiral de la progenie de la Serpiente con la progenie de la mujer
(Mateo 24:30-31, 34-35)

RAYO	DESCRIPCIÓN BÍBLICA	EXPLICACIÓN
1	«Entonces aparecerá la señal del Hijo del Hombre en el cielo»	Señal del Ser Crístico en la esfera Espíritu del ser.
2	«y entonces lamentarán todas las tribus de la tierra,»	Quienes se encuentran en el impulso acumulado de la tierra, terrenal, lamentan la muerte de su mortalidad, sus medios y fines mortales, y sus maldades maquiavélicas.
3	«y verán al Hijo del Hombre viniendo sobre las nubes del cielo» «con poder» «y gran gloria.»	Acompañado por el Cuerpo Causal el YO SOY EL QUE YO SOY y la luz del Espíritu Santo.
4	«Y enviará sus ángeles» «con gran voz de trompeta,»	Coordenadas de la conciencia Crística son precipitadas por el sonido de la Palabra.
5	«y juntarán a sus escogidos, de los cuatro vientos, desde un extremo del cielo hasta el otro,»	Los ángeles reúnen a las almas que han mantenido la autopercepción en los cuatro cuadrantes del Espíritu.
6	«De cierto os digo, [...] esta generación» «no pasará» «hasta que todo esto acontezca.»	Esta evolución y su generación de karma no será juzgada y sus abusos del fuego sagrado no serán saldados hasta que la precipitación tanto de luz como de oscuridad, los actos de la progenie de la mujer y la progenie de la Serpiente, sea realizada.
7	«El cielo y la tierra pasarán, pero mis palabras no pasarán.»	Toda la creación de las esferas Espíritu-Materia del karma de Dios y el karma del hombre pueden entrar, moviéndose en espirales, en el núcleo de fuego blanco del ser mediante el ritual personal y planetario de la ascensión; pero la Palabra y las emanaciones de la Palabra como conciencia de Cristo que era antes que Abraham fuera, el YO SOY EL QUE YO SOY, seguirán siendo la identidad permanente del hombre y mujer redimidos mediante la gran alquimia del Espíritu Santo.

En el primer rayo: «Entonces aparecerá la señal del Hijo del Hombre en el cielo». Esta señal es la venida del Ser Crístico a la percepción completa del hombre y la mujer despiertos. Desde la esfera Espíritu del ser, el Ser Crístico aparece para quienes se han preparado para la cena de bodas del Cordero, aquellos que tienen el vestido de bodas.

En el segundo rayo: «Y entonces lamentarán todas las tribus de la tierra». Todas las tribus de las generaciones de Caín —de la tierra, terrenal— y quienes han amplificado las abominaciones de las generaciones adánicas, se lamentan ante la señal de la venida del Ser Crístico. Lamentan la muerte de su mortalidad y sus medios y fines mortales. Lamentan el desenmascaramiento de sus maldades maquiavélicas. Lamentan el fin de la creación luciferina y el fin de la encarnación de los ciclos de la progenie de la Serpiente y la progenie del Malvado.

Este es el presagio de la señal del Hijo del hombre. Sin embargo, su lamento no sirve de nada, pues incluso en el impulso acumulado de la tierra, terrenal, ven la liberación del alma de los hijos y las hijas de Dios. En el tercer rayo, ven a los seres Crísticos —unidos al Hijo del hombre, el ungido— «viniendo sobre las nubes del cielo» mientras grandes esferas del Cuerpo Causal se desvelan al fin de la era Adánica y al principio de la era del reino de la conciencia Crística. El Cristo viene con el poder del YO SOY EL QUE YO SOY y con gran gloria en la luz del Espíritu Santo.

En el cuarto rayo, él envía a «sus ángeles [coordenadas de la conciencia Crística] con gran voz de trompeta», pues este ser Crístico es el arquetipo del Fiel y Verdadero. De su boca procede una espada de la Palabra sagrada. Al sonido de la Palabra, que es como la «voz de trompeta», se produce la precipitación de los ángulos de su autopercepción Divina, siervos angélicos del Altísimo que son los liberadores de los hombres que quieren ser liberados.

En el quinto rayo, los Siete Arcángeles, las Arcangelinas, los serafines y querubines, las huestes angélicas de todo un cosmos, vienen. Reúnen a sus elegidos, quienes han elegido estar en la espiral de los atributos de los hijos y las hijas de Alfa y Omega, que han elegido ser coherederos de la conciencia Crística de la jerarquía solar. Estos ángeles se reúnen «de los cuatro vientos» —norte, sur, este y oeste— en los cuatro cuadrantes del ser. De un extremo del cielo al otro, los ángeles reúnen a las almas que han mantenido el despertar de su alma hasta la percepción del Yo en el Espíritu como Espíritu.

En el sexto rayo, el Hijo del hombre habla a las generaciones de Adán y Eva que no han elegido adoptar el karma de Dios, sino permanecer en la espiral de la Serpiente: «De cierto os digo, que no pasará esta generación hasta que todo esto acontezca». La ley del karma (como requisito de la acción del sexto rayo de Alfa y Omega) ha sido declarada, y el juicio de esas generaciones de la tierra ha sido pronunciado: esta evolución, esta oleada de vida y los ciclos de karma que ha generado, no pasará bajo la vara del Último Juicio, hasta que sus abusos del fuego sagrado sean saldados con los fuegos del Espíritu Santo.

No serán juzgados hasta que la precipitación de la luz y la oscuridad y los actos de la progenie de la mujer y de la Serpiente se hagan aparentes. No serán juzgados hasta que los secretos del corazón de los hombres (los motivos ocultos del subconsciente) sean realizados a la derecha y la izquierda, como la separación de la leche y la crema. Hasta que este requisito de la ley del karma del sexto rayo no haya sido satisfecho, esta generación no entrará en el Sanctasanctórum del Hijo del hombre y sus ángeles.

En efecto, en el séptimo rayo: «El cielo y la tierra pasarán, pero mis palabras no pasarán». Ese edicto del Señor permanecerá, porque es la Palabra que procede de la boca del Dios (ex cátedra), y el Señor ha dicho: «No volverá a mí vacía, sino que hará lo que yo quiero, y será prosperada en aquello para que la envié».[116] Para los hijos y las hijas de Dios que están redimidos del karma de Adán y Eva, el ritual de la ascensión está cerca. El cielo y la tierra no pueden contener la gloria de Dios. Por tanto, la esfera de la Materia no puede contener al hijo, a la hija, que se glorifican en el Señor.

Por consiguiente, toda la creación de las esferas Espíritu-Materia del karma de Dios y el del hombre, mediante el fuego sagrado de la corriente de la ascensión, entra, moviéndose en espiral, en el núcleo de fuego blanco del ser mediante el ritual personal y planetario de la asunción del alma del hombre y la mujer al Espíritu de Dios. Solo la Palabra y las emanaciones de la Palabra como conciencia de Cristo que era antes de que Abraham fuera,[117] el YO SOY EL QUE YO SOY, seguirá siendo la identidad permanente del hombre y la mujer redimidos mediante la gran alquimia del Espíritu Santo.

El tercer juicio en el Edén: el juicio al hombre

Hombre y mujer han rechazado al instructor y la enseñanza. Con su libre albedrío han escogido ser parte del mundo, el reino de este mundo y el karma de este mundo. Por tanto, el SEÑOR Dios establece las condiciones de vida para el hombre y la mujer fuera de la escuela de misterios.

Debido al abuso del fuego sagrado en la llama trina y en el núcleo de fuego blanco de la Madre, el hombre y la mujer han pervertido los siete rayos de la conciencia Crística. El SEÑOR Dios delinea las siete condiciones (cada una de ellas una penalización, cada una de ellas una penitencia) a través de las cuales, al saldar su karma en ese rayo (al realizar una labor sagrada bajo las condiciones que impone el SEÑOR Dios), el hombre y la mujer puedan volver a la gracia de la conciencia Crística mediante el redentor prometido, el Salvador Cristo, el Señor. Estas son las siete condiciones:[118]

1) «Maldita será la tierra por tu causa.»

Se le retira al hombre el poder del primer rayo. El SEÑOR Dios ha decretado que la tierra —la Materia y la vida elemental en la naturaleza (los seres de fuego, aire, agua y tierra) que se manifiestan en y a través del Espíritu Santo y en el poder de los Elohim— ya no actuaría como sierva del hombre, sino que este se convertiría en el siervo de ella. Él estaría a merced de las fuerzas de Dios en la naturaleza, a las que él había deificado al desobedecer al Gurú.

2) «Con dolor comerás de ella todos los días de tu vida.»

Se le retira al hombre la sabiduría del segundo rayo. Las aflicciones de la proposición dual de la Serpiente (ignorar la Ley y desear vivir fuera de la Ley o ser una ley propia) serán el destino del hombre. Esta contaminación de los cuatro elementos continuará circulando por la conciencia siempre que el hombre viva fuera del Edén de la autoexistencia, el autoconocimiento y la dicha propia. Así, el dolor de vivir fuera del YO SOY EL QUE YO SOY sustituye a la alegría de vivir dentro del YO SOY EL QUE YO SOY.

3) «Espinos y cardos te producirá.»

Se le retira al hombre el amor del tercer rayo. Su propio odio hacia la Madre se le devuelve. En vez de tomar parte del fruto de los tres árboles del Jardín del Edén, que el Gurú habría presentado a los chelas en los pasos sucesivos de la escalera de iniciación, el hombre recogería el fruto maduro de su propio karma: los espinos y cardos de sus anteriores siembras. Y un día, en busca del Gurú a quien perdió, el hombre ofrecería el fruto de su propio esfuerzo a los gurús del mundo —algunos falsos, otros verdaderos— con la esperanza de recuperar la gracia perdida del Edén.

4) «Y comerás plantas del campo.»

Se le retira al hombre la pureza del cuarto rayo. Este ya no come del fruto de la conciencia de Dios. Debido a su impureza, ya no bebe directa y libremente de la fuente de las aguas de Vida eterna ni puede respirar el aliento de fuego sagrado a través de los chakras ni puede tomar parte directamente del prana del Espíritu Santo. Hasta la llegada del Salvador y cuando el hombre acepte a Cristo Jesús como maestro, del Yo y de todo hijo de Dios, el hombre no conocerá el manantial de las alturas ni será capaz de decir con Jesús: «Yo tengo una comida que comer, que vosotros no sabéis» y «No sólo de pan vivirá el hombre, sino de toda palabra que sale de la boca de Dios».[119] Porque está expulsado del jardín, al hombre se le niega el ritual de la comunión diaria, la Eucaristía del Cuerpo y la Sangre de Cristo.

Como Cristo diría: «Desde ahora no beberé más de este fruto de la vid, hasta aquel día en que lo beba nuevo con vosotros en el reino de mi Padre,»[120] Adán diría: «Desde ahora no beberé más de este fruto de la vid que es la conciencia Crística, hasta que otro llegue en mi lugar a arrodillarse ante el Gurú Señor Maitreya, para afrontar las tentaciones de Satanás en el desierto, demostrar la ley del treinta y tres y los siete pasos de la precipitación. Cuando otro llegue en mi lugar a ser chela del Gurú Maitreya, entonces yo volveré a tomar del Cuerpo y la Sangre de mi Señor».

5) «Con el sudor de tu rostro comerás el pan hasta que vuelvas a la tierra, porque de ella fuiste tomado.»

Se le retira al hombre la verdad de la plenitud (curación y armonía), la ciencia de Alfa y Omega en el quinto rayo. Sin la alquimia de los siete pasos de la precipitación, sin la verdad de las leyes de la curación (la plenitud de Alfa y Omega en el flujo de las 144 virtudes manifestadas como los 144 elementos), el hombre comería su pan de cada día (la asignación diaria de su karma) con el sudor de su rostro, la labor de la imagen inferior que entonces había sustituido a la imagen mayor del gran Yo Divino.

La química del karma del hombre reemplazaría la alquimia del karma de Dios, manifestada a través de la presencia milagrosa del Gurú. La rueda del karma y del renacimiento, el paso de los ciclos del Espíritu a la Materia, de la Materia al Espíritu, continuaría hasta que se realizara la ley del karma del hombre.

Y «ni una jota ni una tilde pasará de la ley, hasta que todo se haya cumplido». Hasta que todas las energías que el hombre ha usado desobedeciendo la Ley para crear la espiral negativa de su karma sean usadas en obediencia a la Ley para crear la espiral positiva del karma de Dios, el hombre estará sujeto al decreto: «Basta a cada día su propio mal».[121]

6) «Pues polvo eres, y al polvo volverás.»

Se le retira al hombre la asistencia y el servicio de la vida eterna en el sexto rayo de Alfa y Omega. Este ya no vivirá en las dos esferas de la llama de acción-reacción-interacción del Espíritu y al Materia.

Ahora circulará de la Materia a la Materia, de lo etérico-mental al emocional-físico (del más al menos) de los cuatro planos de la Materia. Al pasar continuamente de una existencia física a una etérica y viceversa, su alma pasará por los ciclos de nacimiento y renacimiento. Y esos serán los ciclos de la evolución de su alma hasta que el Redentor, que ha conseguido la victoria sobre el infierno y la muerte, restablezca el rito de la vida eterna con su asistencia al Cuerpo de Dios y su servicio al Espíritu de Dios.

Un día el hombre se arrodillará otra vez a los pies de su Señor y maestro. Lo reconocerá a él y solo a él como Mediador. A través de ese Mediador —ese ungido— y su gran victoria, él entrará en el sendero de iniciación que lo conducirá a la representación del ritual de la resurrección y la ascensión.

Entonces, mediante aquel que desea venir a reestablecer la obediencia al Gurú, el hombre empezará a reintegrar la plenitud. Conocerá la vivificación del Espíritu del Señor. Sus energías comenzarán a fluir de nuevo con las corrientes de vida eterna desde la esfera del Espíritu y hacia ella, hasta que su ojo sea único, todo su cuerpo de la esfera de la Materia esté lleno de luz y él regrese al núcleo de fuego blanco de la conciencia edénica en el remolino de la llama de la ascensión.

7) «Y lo sacó el SEÑOR Dios del huerto del Edén.»

Se le retira al hombre la ley de la libertad y la alquimia del Árbol de la Vida en el séptimo rayo. Este ya no tendría acceso a la Presencia YO SOY o al Cuerpo Causal a través de Cristo el Mediador, manifestado ante él en el Gurú y como Gurú. Sin el instructor Maitreya, muy pronto olvidará la enseñanza, y el conocimiento de la Ley pasará.

Y Dios entregaría por medio de Moisés la codificación de la Ley, no como intuición interior, sino como lo que se puede y no se puede hacer. Entonces, con la llegada del Salvador, la gracia de la Ley del YO SOY regresaría a través del que dijo: «Yo soy el camino, la Verdad y la vida»; «el que me sigue, no andará en tinieblas, sino que tendrá la luz de la vida».[122]

Y tras la venida del Salvador que se sometería al camino, la Verdad y la vida del YO SOY EL QUE YO SOY, acontecería la segunda venida del Cristo en este hijo y esta hija, Adán y Eva, y en todo hijo y toda hija que se hubieran salido del camino del Jardín del Edén.

Y entonces acontecería el cumplimiento de la profecía del Señor Dios que recibió Jeremías: «Daré mi ley en su mente, y la escribiré en su corazón; y yo seré a ellos por Dios, y ellos me serán por pueblo. Y no enseñará más ninguno a su prójimo, ni ninguno a su hermano, diciendo: Conoce al Señor; porque todos me conocerán, desde el más pequeño de ellos hasta el más grande, dice el Señor; porque perdonaré la maldad de ellos, y no me acordaré más de su pecado».[123]

Y de nuevo, mediante el renacimiento del linaje de Set, los hombres empezarían a «invocar el nombre del Señor».[124] Y con su invocar el nombre del Señor, se cumpliría la profecía de Joel:

Y después de esto derramaré mi Espíritu sobre toda carne, y profetizarán vuestros hijos y vuestras hijas; vuestros ancianos soñarán sueños, y vuestros jóvenes verán visiones. Y también sobre los siervos y sobre las siervas derramaré mi Espíritu en aquellos días.

Y daré prodigios en el cielo y en la tierra, sangre, y fuego, y columnas de humo. El sol se convertirá en tinieblas, y la luna en sangre, antes que venga el día grande y espantoso del Señor. Y todo aquel que invocare el nombre del Señor [YO SOY EL QUE YO SOY] será salvo.[125]

EL TERCER RAYO:

El amor de las llamas gemelas en el círculo santificado de Dios

ANTES DE EXPLORAR LOS JUICIOS AL karma de la humanidad en el tercer rayo, volvamos a la historia de Adán y Eva, esta vez para aprender las iniciaciones del Amor Divino

Está escrito que «el SEÑOR Dios plantó un huerto en Edén, al oriente».[126] El Jardín del Edén era un campo energético de iniciación protegido que estableció el Señor Maitreya al este del continente de Lemuria; el este, símbolo del lugar donde el hombre y la mujer realizan la conciencia Crística.

Por tanto, el jardín era el lugar preparado, el sitio en la Tierra Madre apartado para la redención de la humanidad, que había perdido el estado edénico mucho antes. Ahí, en el primer retiro exterior establecido por la Gran Hermandad Blanca, después de que la humanidad de Mu sucumbiera a los luciferinos, el Señor Maitreya patrocinó a Adán y a Eva, llamas gemelas de Venus. Estos amados hijos se habían ofrecido para encarnar en la Tierra con el fin de redimir a la humanidad caída, como muchos otros maestros, avatares, profetas, mensajeros y seres Crísticos de Venus habían hecho antes y han hecho desde entonces.

El Señor Maitreya los patrocinó. Les dio cuatro cuerpos inferiores. Los estableció apartados de una civilización decadente de la Tierra. Les proporcionó unas circunstancias óptimas para demostrar la ley del amor al elegir a quién servirían. Sin embargo, fallaron las pruebas.

A estas llamas gemelas se les exigió que se sometieran a los treinta y tres pasos iniciáticos de la conciencia Crística en la Tierra, en medio de la cultura de los ángeles caídos, pero apartados de ella, para que pudieran restablecer en la Materia la cultura de la Madre. Era necesario que quedara constancia de la victoria en esos treinta y tres pasos para que cualquier niño de Dios que se hubiera descarriado bajo la influencia de los ángeles caídos pudiera volver al estado de gracia que perdió por haber abusado del fuego sagrado.

Ese abuso del fuego sagrado incluía toda clase de experimentaciones con la semilla y el óvulo, y la creación de vida humana y animal en el tubo de ensayo. En la Lemuria caída también se practicó la matanza «a espada» de los santos inocentes en el vientre de sus madres; e incluso entonces, cargaron con el peso de la ley del karma que Jesús enseñó más tarde: «Todos los que tomen espada, a espada perecerán».[127]

Jesús también advirtió sobre las consecuencias kármicas para el que «haga tropezar a alguno de estos pequeños que creen en mí, mejor le fuera que se le colgase al cuello una piedra de molino de asno, y que se le hundiese en lo profundo del mar». La toma del reino por la fuerza[128] (el forzar los chakras de los sucesivos planos de la conciencia de Dios mediante la ingestión de drogas violentas) también estuvo de moda en la decadente Mu.

En medio de esta degradación del tercer rayo del amor de Dios y de las energías del Espíritu Santo es que nacieron las llamas gemelas de Adán y Eva para demostrar la ley del amor, para ser el ejemplo del sendero de iniciación, para demostrar que toda la humanidad podía ser liberada de los trabajos arduos del devastador. Fueron a demostrar el culto al Cristo, a quien los luciferinos habían profanado.

El culto más grande a la Persona de Dios, o la personificación de la Ley que es Cristo el Señor, es la obediencia a la Ley, así como la obediencia a los mandamientos de la Persona, el Hijo Puro. Jesús dijo: «Si me amáis, guardad mis mandamientos».[129] En el Señor Dios (en este caso, el Señor Maitreya), la Ley y el Legislador son uno solo. Esta es la plenitud de la conciencia del Cristo Cósmico.

La pérdida del ser andrógino

El hombre y la mujer, andróginos en el núcleo de fuego blanco de su inocencia, conocían la plenitud en la conciencia edénica. Debido al abuso de la Llama Crística, perdieron su plenitud y se vieron desnudos ante el Señor Dios. Así, el pecado original de los luciferinos, que provocó la primera caída de la humanidad y después la Caída de Adán y Eva, fue el abuso de la llama trina: la perversión de Padre, Hijo y Espíritu Santo.

Inmediatamente, el abuso de la llama trina por parte de Adán y Eva formó una espiral negativa que produjo el cinturón electrónico. El núcleo de fuego blanco de la pureza (la fuente de energía en la Materia, el origen de la llama trina) se selló en el chakra de la Madre, protegido por querubines «y una espada encendida que se revolvía por todos lados, para guardar el camino del Árbol de la Vida».[130]

La pérdida de la plenitud mediante el abuso de la trinidad masculina de la energía de Dios fue lo que relegó al hombre y la mujer a la esfera de la Materia. Al haber perdido la pureza de su contacto con su polaridad interior del Espíritu, ya no tuvieron la conciencia andrógina de Dios en la llama trina. Debido a esta pérdida de plenitud, dejaron de ser capaces de procrear mediante la proyección de rayos de luz, como lo practicaban las evoluciones de Venus que estaban más avanzadas, las cuales no habían descendido del plano etérico.

A menos que el hombre y la mujer, hijo e hija, contengan en el corazón una llama trina equilibrada como foco de la esfera del

Espíritu de su propia identidad Divina, no pueden experimentar, y en efecto no experimentan, la naturaleza andrógina de Dios en el plano de la Materia. La pérdida de la plenitud en la Materia por parte de Adán y Eva dio como resultado el karma del deseo de Eva por su marido y el deseo de Adán por su mujer. Así, se necesitan dos en la Materia para experimentar la totalidad del Dios Padre-Madre.

La necesidad de plenitud, el anhelo que siente el alma por la conciencia andrógina del Edén, produce el deseo en la Materia. El deseo por Dios y por la reunión con Dios como Padre o como Madre es un deseo santo. La manifestación de este deseo se convierte, por tanto, en un componente necesario de la procreación fuera del Jardín del Edén.

El verdadero pecado original: el rechazo al Cristo, el Gurú interior

El Génesis (4:1) dice que Adán conoció a su mujer por primera vez. La relación sexual no es el pecado original. El pecado original es el abandono de la conciencia Crística por desobediencia al Ser Crístico interior individualizado y a la Presencia del Cristo Universal manifestada en el Gurú. La procreación a través del sexo es solo una entre una variedad de condiciones de la alianza adánica, condiciones relativas a la vida del hombre caído y la mujer caída fuera del Jardín del Edén.

El sexo, por tanto, tal como se practica actualmente en la Tierra, es el efecto y no la causa del pecado original. El sexo no es pecaminoso en sí mismo. Pero la humanidad ha convertido los abusos del fuego sagrado con el sexo en el mayor de los pecados desde su descenso de la gracia del jardín. Lo ha hecho al profanar voluntariamente el fuego sagrado en todos los centros sagrados de la percepción Divina (los chakras), al satisfacer las lujurias de la carne desobedeciendo los Diez Mandamientos.

Los siete sacramentos de la Iglesia y el octavo sacramento de la ley de la integración son un medio por el cual el hombre y la mujer pueden expiar los abusos de los siete rayos. En el hombre y la mujer redimidos, la relación sexual se convierte en un ritual sagrado perteneciente al sacramento del matrimonio. Este ritual se puede purificar limpiando la mancha del pecado original de desobediencia, así como del pecado secundario de la profanación lujuriosa de este ritual, restaurando la conciencia Crística en el hombre y la mujer.

Cuando las siete iniciaciones de los siete chakras han sido superadas y los treinta y tres pasos han sido realizados, el hombre y la mujer regresan a la plenitud del Uno interior. Cuando ambos están libres de la separación del Todo y han entrado en ese estado de plenitud, su deseo ya no está basado en lo incompleto, sino que es tan solo ese deseo santo que proviene de la unidad con el Dios Padre-Madre.

En esta unión no hay pecado. Es la representación de la reunión divina, del matrimonio alquímico del alma con el Espíritu. Antes de la ascensión, esta reunión divina puede expresarse entre el hombre y la mujer con la unión de corazón, alma, cuerpo y mente para gloria de Dios en los siete chakras. De esta unión ya no surge «una clase de hombre» (las genealogías de la mente carnal o la descendencia de la carne), sino los arquetipos de la conciencia Crística, de los cuales conocemos al más alto, que es Jesucristo.

Este amado Hijo de Dios nació de la unión santificada del alma de María con el Espíritu de Dios a través del iniciado más alto del Espíritu Santo, Saint Germain (encarnado como José). Jesús fue el fruto de la mujer redimida. María se había convertido en *Ma-Ray*, el rayo de la Madre. Ella había pasado la prueba del diez, que Eva había fallado. Su virginidad era obediencia al Cristo interior y al Cristo Cósmico. Él le envió a ella instrucciones e iniciaciones, primero por medio de sus devotos padres, Ana y Joaquín, y por medio de sus hermanas en el templo esenio, donde recibió su primera preparación, y después por medio del Arcángel Gabriel.

Puesto que el pecado original no es el sexo en sí mismo, el nacimiento virgen sigue siendo un nacimiento virgen con o sin la relación sexual. La conciencia virgen de María es la elevación de la esfera blanca de la Madre que, en el hombre y la mujer no redimidos, permanece encerrada en el chakra de la base de la columna.

Cuando esa luz de la Madre se eleva, restablece la luz de la Trinidad en cada chakra; sucesivamente, regenera la llama trina equilibrada en el corazón, resucita la plenitud de Alfa y Omega como núcleo de fuego blanco en los siete planos de conciencia de Dios y encierra esa esfera en el tercer ojo, al completar el caduceo.

A través de esa espiral de energía, santificada y purificada por el Cuerpo (la Materia) y la Sangre (el Espíritu) de Cristo, que «antes que Abraham fuera, YO SOY», el Hijo de Dios se convirtió en la Palabra encarnada: Jesucristo había nacido.

Si fuera cierto que Jesús era puro porque su madre, María, no tuvo contacto sexual con su padre, nosotros jamás podríamos ser puros. La malinterpretación del nacimiento virgen de Jesús es una mentira de los luciferinos que hace que los niños de Dios sigan condenándose a sí mismos y hace que los farisaicos sigan condenando a quienes están obligados a tener relaciones sexuales para traer niños al mundo.

Los luciferinos postularon la mentira de que el sexo es el pecado original con el fin de mantener la luz de la humanidad velada en la conciencia de pecado, para mantener su atención (por consiguiente, la fuerza serpentina) constantemente centrada en el sexo como el fruto prohibido. Los luciferinos no querían que la humanidad supiera que lo que les provocó la caída fue su rechazo al Cristo. Porque si la humanidad lo supiera, podría aceptar la redención de Jesucristo, del Ser Crístico y del Iniciador Señor Maitreya, y así lo haría. Por tanto, la humanidad volvería a la gloria que conoció en el principio, antes de que el mundo existiera.

Los luciferinos sabían muy bien que los hombres podían llegar a ser seres Crísticos mediante la obediencia al Cristo, hasta establecer una congruencia de su alma con la de él. Al hacer que esa Mente que estaba en Cristo Jesús estuviera en ellos,[131] conocerían al Gurú interior, microcósmico (el Yo Real, el Ser Crístico), y al Gurú exterior, macrocósmico (el mismo Señor Maitreya). A través del Salvador, todos los hombres pueden superar el pecado original, la desobediencia al Cristo. Todos los hombres pueden entrar en el sendero de iniciación, si quieren.

Pero algunos, llenos de culpa y vergüenza, se consideran pecadores desde que los concibieron, una condición que, están convencidos, no pueden superar. Como dijo David con total desaliento: «En pecado me concibió mi madre».[132] Debido a la mentira de Lucifer, David se sintió alejado de Dios y rechazado por el Gurú Maitreya, por quien expresó perpetuos anhelos en sus Salmos.

Quienes aceptan este concepto del pecado original —y por consiguiente su propio estado pecaminoso— buscan al Salvador fuera de sí mismos. Este Salvador es, en efecto, Cristo el Señor, y Jesús enseña el camino a la salvación al proporcionar el ejemplo. Pero hasta que cada alma se apodere de la conciencia Crística en la que Jesús se convirtió, no podrá deshacer el pecado original de su propia desobediencia llena de deseos y voluntad propia.

Jesús es Salvador solo cuando te das cuenta de que el Cristo que él es, es el mismo Cristo que tú eres. Solo entonces él habrá conseguido salvar tu alma para el sendero de iniciación. La falta de una realización tal es el origen de todas las demás manifestaciones de lo incompleto, incluyendo todos los pecados inferiores del mundo del bien y mal relativos que conducen a la enfermedad, el decaimiento, la desintegración y la muerte.

El Malvado tienta perpetuamente a los santos inocentes a que se aparten de la unión en Dios y a que conozcan el bien y el mal relativos. Lo que estos «dioses» no le dicen a la gente es que, cuando se conviertan en dioses con el conocimiento del bien y el mal, perderán el conocimiento del Bien Absoluto: Dios. Ese es el precio que hay que pagar por abandonar la inocencia. *Es decir, karma negativo.*

Una vez que atraparon a la humanidad en la desobediencia al Gurú, borraron de la memoria de los niños de Dios la relación gurú-chela. Después la sustituyeron con la mentira del pecado original, y dijeron: «No puedes superar el pecado original con la continencia o la incontinencia sexual. Por tanto, tanto si lo haces como si no, humanidad, estás condenada a ser pecadora; y jamás nacerás de un nacimiento virgen ni darás vida con un nacimiento virgen».

Al haber negado la ley de la integración, por la cual el karma de Dios se convierte en el karma del hombre, los luciferinos luego niegan la ley de la reencarnación; la reencarnación de la Palabra (el Cristo en ti) y del alma, una y otra vez, hasta que los treinta y tres pasos iniciáticos se cumplan. Solo mediante la reencarnación puede el alma saldar el karma de haberse salido del camino de la Ley, el karma de un mal alineamiento que hace que el karma del hombre está desalineado con respecto al karma de Dios. Las almas del hombre y la mujer reencarnan una y otra vez hasta el renacimiento del Espíritu, cuando nacen de nuevo a imagen del Cristo, que ha vuelto a nacer a imagen de Dios, libre de la mancha de su desobediencia original.

Aprende a amar, y ama el amar

El desafío que tienen el hombre y la mujer de satisfacer las condiciones pertenecientes a la red de circunstancias fuera del Edén lo explica sucintamente la Arcangelina Caridad. Ello consiste en aprender a amar y amar y amar. El amor es la clave para deshacer las espirales de la Serpiente y la clave para la realización de las espirales de la progenie de la mujer, la conciencia Crística que todo hijo y toda hija que desee volver al Edén debe realizar.

Con los fuegos consumados del Amor Divino, Caridad quisiera redimir a Adán y Eva y a todos los hijos e hijas de Dios que también fallaron sus iniciaciones del tercer rayo. Entre ellos se encuentran los descendientes de Set, quienes fueron escogidos para recibir la redención del Cristo, los israelitas que no se habían apartado del nombre de Dios, YO SOY EL QUE YO SOY, ni de la llama del Espíritu Santo.

La caída en la idolatría

Asimismo, deberíamos saber cómo Eva se convirtió en la Madre de las generaciones de Caín. Ha de entenderse que las tribus de Caín son los gentiles («extranjeros» de la nación de Israel) cuyo karma no les permite recibir la Palabra de Cristo hasta que esta haya sido entregada primero a los elegidos. Los elegidos eran aquellos que habían decidido hacer la voluntad de Dios desde los días de Set y Enós, Cainán y Mahalaleel, Jared y Enoc, Matusalén, Lamec y Noé.

Para entender cómo los portadores de luz de la antigua Israel se ataron inextricablemente a sus vecinos idólatras, iremos al maestro ascendido Djwal Kul, quien presenta su historia como un desarrollo que aún está teniendo lugar hoy día:

Amados míos, escuchad la historia de la esclavitud de las almas de los israelitas, cómo las liberó Dios de la esclavitud egipcia y cómo volvieron a caer en la esclavitud de las ollas de carne de Egipto. La humanidad se ha preguntado con frecuencia por qué el ángel del SEÑOR o el SEÑOR Dios mismo no bajó de la montaña de los dioses para liberar a los cautivos de los opresores, sino que en cambio permitió que la autocreada ley de la idolatría hiciera que ese cautiverio fuera esclavo de la ley del karma.

Los hombres claman pidiendo salvación, y con los gemidos de su alma recurren al Todopoderoso. Y, sin embargo, el Todopoderoso ha aparecido una y otra vez a través de sus emisarios —ángeles, profetas y mensajeros— para advertir de la inminente fatalidad que cuelga como una espada de Damocles sobre la generación idólatra. Asimismo, ha aparecido la mano de la misericordia, de la justicia, de la profecía y de la sabiduría; empero, la humanidad, con la perversidad de los malvados, ha desafiado los consejos y a los consejeros del Dios de Israel.

A quienes desean conocer la libertad del alma, les digo: ¡escuchad bien! Porque hay un precio que pagar por esa libertad. Es la renuncia a vuestros ídolos, a vuestra idolatría y a vuestro sometimiento a la generación idólatra.

Y así, sucedió en los días de los jueces que un «ángel del Señor subió de Gilgal a Boquim, y dijo [a los hijos de Israel]: Yo os saqué de Egipto, y os introduje en la tierra de la cual había jurado a vuestros padres, diciendo: No invalidaré jamás mi pacto con vosotros, con tal que vosotros no hagáis pacto con los moradores de esta tierra, cuyos altares habéis de derribar; mas vosotros no habéis atendido a mi voz. ¿Por qué habéis hecho esto?

»Por tanto, yo también digo: No los echaré de delante de vosotros, sino que serán azotes para vuestros costados, y sus dioses os serán tropezadero. Cuando el ángel del Señor habló estas palabras a todos los hijos de Israel, el pueblo alzó su voz y lloró».[133]

A través de la mano de Moisés, los israelitas fueron rescatados de la esclavitud de Egipto, que representa la esclavitud del alma al culto de muerte y de la serpiente que surge del abuso del fuego sagrado en el chakra de la base de la columna. Esta es la esclavitud que proviene de la total perversión de la Llama de la Madre.

Para que las energías de los israelitas subieran al plano de la percepción Divina en el chakra de la sede del alma, era necesario que se liberaran de quienes esclavizaron su conciencia y las energías en espirales de desintegración y muerte. Pero para que pudieran mantener esa libertad para recibir las bendiciones del Señor y ser partícipes de la alianza de su Hacedor, se les exigió que —en palabras de Pablo— no se unieran «en yugo desigual con los incrédulos».[134]

Por tanto, Dios advirtió a los israelitas que se liberaran de los enredos que tenían con los de mente carnal, pues por Ley Cósmica los hijos de la rectitud no debían tener compañerismo (especialmente, no debían mezclarse en matrimonio ni tener descendencia) con los hijos de la maldad. Pues los verdaderos israelitas son los hijos de la realidad a quienes Dios un día utilizaría como progenie de Abraham para producir la conciencia Crística y esa gran nación que sería la realización de la Ciudad Cuadrangular.[135]

Pero ellos no quisieron; y sus líderes no expulsaron a los habitantes de la tierra que Dios les había entregado ni derribaron sus altares ni desafiaron a sus dioses. Y surgieron generaciones que no conocían al Señor ni las obras que él había hecho por Israel; e hicieron lo malo ante los ojos de Dios, abandonando al Señor y sirviendo a los falsos dioses de Baal y Astarot.

Aun cuando el Señor levantó jueces de entre ellos que los librasen de la mano de los despojadores, pero en su perversidad no escucharon a los jueces, sino que «fueron tras dioses ajenos, a los cuales adoraron».[136]

Así, su corrupción fue grande, y la ira del Señor se encendió contra los israelitas que no abandonaron sus caminos de obstinación. Y el Señor se marchó de las naciones de la generación rezagada sin expulsarlos, para probar a Israel y que fuera la prueba de su alma. Se trataba de los filisteos, los cananeos, los sidonios y los heveos.

Además, aquellos a quienes el Señor había escogido para que llevaran la antorcha de la libertad «habitaban entre los cananeos, heteos, amorreos, ferezeos, heveos y jebuseos. Y tomaron de sus hijas por mujeres, y dieron sus hijas a los hijos de ellos, y sirvieron a sus dioses. Hicieron, pues, los hijos de Israel lo malo ante los ojos del Señor, y olvidaron al Señor su Dios, y sirvieron a los baales y a las imágenes de Asera».[137]

«Venid luego, dice el Señor, y estemos a cuenta: si vuestros pecados fueren como la grana, como la nieve serán emblanquecidos; si fueren rojos como el carmesí, vendrán a ser como blanca lana».[138]

En el chakra de la sede del alma (véase fig. 23) están

afianzados en el hombre y la mujer los poderes de la procreación: la semilla de Alfa en el hombre, el óvulo de Omega en la mujer. Y la semilla y el óvulo contienen el mandala de la conciencia Crística que se transmite de generación en generación a través de aquellos que se adhieren a las disciplinas de la Ley y guardan los mandamientos de su Dios.

El alma libre es el alma que conserva la imagen del

FIGURA 23: El chakra de la sede del alma.

Los seis pétalos del chakra del alma representan la estrella de seis puntas de la victoria. Estos pétalos gobiernan el flujo de luz y los patrones kármicos en los genes y cromosomas, en el esperma del hombre y en el óvulo de la mujer.

Este chakra concentra la llama violeta, la llama de la libertad, la transmutación y el perdón. La llama violeta es el aspecto del séptimo rayo del Espíritu Santo que nos llega bajo el patrocinio de Saint Germain, el Maestro de la era de Acuario (la séptima era).

A través de la ciencia de la Palabra hablada, tú puedes dirigir la llama violeta acelerante hacia la acumulación del karma grabado en el cinturón electrónico subconsciente. Y podrás sentir la llama renovar el pensar y el sentir, liberando a tu alma para que esta se convierta en todo aquello para lo cual Dios la creó.

Cristo y es progenitora de esa imagen en la elevación de los hijos y las hijas de Dios que señorean no solo la Tierra, sino las generaciones idólatras que habitan en la Tierra. Ellos son de la conciencia Crística, la cual hace las obras de Dios y da su fruto. Son aquellos que multiplican la conciencia de Dios, «como Arriba, así abajo», al conservar con honor la libertad del alma.

Algunos de entre los primeros hebreos, elegidos de Dios y a quienes Dios dio la Tierra Prometida, comprometieron su logro en el chakra de la sede del alma al permitir que la semilla (la luz Crística) de Abraham se mezclara con los cananeos. Al hacer eso, no solo perdieron el derecho a ser llamados pueblo elegido, sino que también perdieron su visión de Dios en manifestación —la facultad del chakra del tercer ojo— que les habría permitido reconocer al ser Crístico que vino como cumplimiento de la profecía de Isaías.

Tan grande fue la abominación de quienes habían sido escogidos como portadores de la Palabra de la Ley, que el SEÑOR Dios permitió que se los llevaran a la esclavitud asiria y babilónica y, finalmente, que fueran esparcidos por la faz de la Tierra. De entre los descendientes de las doce tribus de Israel, quienes recordaron su llamamiento a liberar al planeta y a su pueblo de la idolatría, que nunca habían comprometido la Ley de los profetas y los patriarcas, obtuvieron permiso para encarnar en un nuevo continente.

Se les dio otra tierra —lo cual fue el cumplimiento de la promesa de Dios a Abraham—, la tierra de la raza YO SOY.[139] Esa raza está compuesta de todos los pueblos, tribus y lenguas que rinden culto al Cristo individual y al Dios único, el Dios de Abraham, de Isaac y de Jacob, que se declaró a Moisés como el principio del YO SOY EL QUE YO SOY y que afirmó: «Este es mi nombre para siempre; con él se me recordará por todos los siglos».[140]

Debido a que la raza original elegida como portadora de ese nombre comprometió la luz, el mismísimo Christos de la semilla de los patriarcas, la oportunidad de llevar la llama de la libertad se amplió para que incluyera a todos quienes decidieran apartarse de la generación idólatra y ser un pueblo separado, que levantara en el desierto de la conciencia humana la serpiente de bronce, la cual simbolizaba la elevación de las energías de la Madre Divina, los fuegos serpentinos de la Diosa Kundalini. De hecho, se trata de la acción del caduceo, que se eleva como fuerza vital, la energía que floreció como vara de Aarón por la unión de las espirales de Alfa y Omega.

Por tanto, amados (les hablo a todos los niños del YO SOY EL QUE YO SOY en todas las naciones de la Tierra), la maestría del chakra de la sede del alma es la maestría de la llama de la libertad en el ciclo de Acuario. Es la conservación de la energía de la semilla y el óvulo como preparación para traer al mundo a seres Crísticos de la séptima raza raíz. Y es la liberación de esa energía en los chakras superiores como creatividad, ingenio, aprendizaje e innovación, y como arte, música, literatura y cultura de la Madre Divina.

Y así, los fuegos de la libertad afianzados en el alma no deben utilizarse en actos de inmoralidad o para violar el código de los Diez Mandamientos o para la profanación de la gracia del Cristo y las energías sagradas del Espíritu Santo.

Por tanto, con el espíritu de la plenitud, los hijos y las hijas de Dios que deseen construir el templo y la Nueva Jerusalén eleven las energías de la Madre y del alma mediante la espiral de la resurrección. Y sean esas energías consagradas sobre el altar del corazón para construir la era de oro.

A vosotros que deseáis tener el aura de la automaestría, la maestría del alma, os digo: ¡Elévense ahora las energías de vuestras lujurias, de vuestra búsqueda de placer, de la gratificación de los sentidos, a la plenitud de Dios Todopoderoso! Y con el valor, el honor y la convicción de los seres Crísticos, poneos ante el altar del Señor de Israel, y declarad:

En el nombre del Mesías que ha venido al
Sanctasanctórum de mi ser, consagro mis energías
a la realización de las espirales de Alfa y Omega.
En el nombre del Prometido, cuya promesa se cumple
en mí hoy, sea levantada la serpiente de bronce en el
desierto.
En el nombre del Rey de reyes y Señor de señores,
elévense las energías de mi alma para la realización de
la vida
En el verdadero nombre del Señor Dios de Israel, proclamo:
YO SOY EL QUE YO SOY.
YO SOY la resurrección y la vida de toda célula y átomo
de mis cuatro cuerpos inferiores manifestadas ahora.
YO SOY la victoria de la ascensión en la luz.
YO SOY el triángulo ascendente de la Materia
convergiendo en el chakra del corazón y uniéndose
al triángulo descendente del Espíritu.
YO SOY la estrella de cinco puntas de la victoria.
YO SOY la luz de todo lo que es real.
En mi alma YO SOY libre, pues mis energías están
conectadas con el Santo de Israel,
y en el nombre del Dios único y verdadero
y como cumplimiento de su mandamiento,
retiro la semilla y el óvulo de Alfa y Omega
de la generación injusta e idólatra
YO SOY el cumplimiento de la ley del amor.
YO SOY un guardián de la llama,
y YO SOY el guardián de la luz de la alianza de mi
Hacedor, el Señor Dios de Israel.

Los Señores del Karma lanzan el reto a quienes deseen guardar la llama de Israel en los Estados Unidos, en la Nueva Jerusalén y en cualquier nación de la Tierra: Abandonad vuestra idolatría y vuestra generación idólatra, derribad los altares de Baal y Astarot en toda la Tierra, ¡y reclamad vuestros templos para el SEÑOR Dios de los ejércitos!

Y regrese mi pueblo a la santidad del sagrado ritual del intercambio del fuego sagrado entre el hombre y la mujer iluminados, que se ponen ante el altar de Dios para consagrar su unión con el fin de traer al mundo a los portadores de luz. Y los jóvenes, que deberían madurar en los caminos del Cristo, sean liberados de las perversiones luciferinas de las energías sagradas de la vida, del uso incorrecto del fuego sagrado en el sexo, de los intercambios prematrimoniales y las prácticas pervertidas que surgen de las espirales degeneradas de Sodoma y Gomorra.

Por tanto, restablézcanse esas energías en el lugar del Sanctasanctórum. Porque el fíat del SEÑOR resuena desde Horeb hoy: ¡Deja ir a mi pueblo![141] ¡Libera a los cautivos, y pronuncien los jueces hoy el juicio! En el nombre del Cristo vivo, ¡sé sano!

Invoco la llameante presencia del YO SOY EL QUE YO SOY alrededor de todos quienes han elegido ser el cumplimiento de la promesa del SEÑOR a Abraham: «Y multiplicaré tu descendencia como las estrellas del cielo y como la arena que está a la orilla del mar».[142]

Y coloco el anillo del fuego de la libertad desde mi conciencia como círculo de protección alrededor del chakra de la sede del alma, sus energías y el patrón Crístico de la semilla y el óvulo para sellar la vida dentro de vosotros como vida victoriosa y triunfante.[143]

Oportunidad para la Cristeidad

Leemos en palabras del propio Jesús que fue enviado para dar la Palabra del Logos «a las ovejas perdidas de la casa de Israel».[144] Sin embargo, llegó un momento en su misión cuando abrió el camino de la conciencia Crística para las generaciones de Caín.

Con este acto, la ley del karma, tal como había sido impartida a las generaciones de Caín, se mitigó por la gracia y misericordia del Señor Cristo, porque él estaba unido al Gurú Maitreya y a los Seres Crísticos de toda la humanidad.

Por su intercesión, Caridad, la Madre-instructora de los hijos de la luz en el tercer rayo, es también la Madre-instructora de quienes continuaron transgrediendo la Ley de Dios a la manera de Caín. Habiéndose alineado con la progenie del Malvado y su creación luciferina, llegaron a ser conocidos como los hijos de la oscuridad.

Gracias a la dispensación de los Señores del Karma, entregada a través de Jesucristo, el mensaje de la Palabra de Dios es para todas las generaciones, naciones, tribus y lenguas;[145] incluso para los ángeles caídos si confiesan al Cristo con humildad, confirman el nombre de Dios YO SOY EL QUE YO SOY y obedecen las órdenes de los Gurús que vienen como encarnación de la Segunda Persona de la Trinidad.

Con este acto de Jesucristo, las Siete Arcangelinas han permanecido ante la puerta de la conciencia Crística para enseñar a todas las evoluciones de la Tierra el camino de entrada. En esta época de cambio de ciclo, cuando muchos son llamados a juicio y la exigencia del equilibrio del karma es igual para todas las evoluciones de la Tierra, la salvación es, por tanto, para todos aquellos que quieran autoelevarse, por gracia de Jesucristo.

Volvamos a vivir el momento en que, por el amor de Dios, se concedió la oportunidad de alcanzar la Cristeidad a las generaciones de Caín. Está escrito en el décimo quinto capítulo del libro de Mateo:

Saliendo Jesús de allí, se fue a la región de Tiro y de Sidón. Y he aquí una mujer cananea que había salido de aquella región clamaba, diciéndole: ¡Señor, Hijo de David, ten misericordia de mí! Mi hija es gravemente atormentada por un demonio.

Pero Jesús no le respondió palabra. Entonces acercándose sus discípulos, le rogaron, diciendo: Despídela, pues da voces tras nosotros. El respondiendo, dijo: No soy enviado sino a las ovejas perdidas de la casa de Israel.

Entonces ella vino y se postró ante él, diciendo: ¡Señor, socórreme! Respondiendo él, dijo: No está bien tomar el pan de los hijos, y echarlo a los perrillos. Y ella dijo: Sí, Señor; pero aun los perrillos comen de las migajas que caen de la mesa de sus amos. Entonces respondiendo Jesús, dijo: Oh, mujer, grande es tu fe; hágase contigo como quieres. Y su hija fue sanada desde aquella hora.[146]

Este es el momento en que se concedió la ley del perdón al círculo más amplio de la evolución humana. Inmediatamente después de esta dispensación, grandes multitudes se acercaron a Jesús, y él se sintió movido por la compasión hacia ellos.

Y por la gracia y misericordia de la ley del perdón, sanó a todos aquellos cuyo karma de desobediencia al Cristo, al Gurú, era manifiesto en múltiples iniquidades. Y está escrito que, las multitudes, «viendo a los mudos hablar, a los mancos sanados, a los cojos andar, y a los ciegos ver»; aquellos que se habían apartado del Señor Dios, ahora «glorificaban al Dios de Israel».[147]

Esos milagros son el principio de la redención de las generaciones que fueron destruidas en el Diluvio de Noé (el hundimiento de la Atlántida), de quienes está escrito: «Y vio Dios que la maldad de los hombres era mucha en la tierra, y que todo designio de los pensamientos del corazón de ellos era de continuo solamente el mal».[148]

La liberación del amor egoísta

En el momento del juicio y del regreso del karma de la humanidad por sus iracundos abusos de las energías del amor, la Arcangelina Caridad, Madre del amor, también da la compasión, que es oportunidad en el tercer rayo. Esto es el equilibrio de las llamas gemelas. Mientras Chamuel desciende para desacelerar la intensidad del amor de Dios, al suavizar el viento para la oveja esquilada que es la identidad de la humanidad, Caridad, como contrapunto a cada nota de Chamuel, entrega la liberación del amor.

Escuchemos primero a Chamuel:

> Los vientos del Espíritu Santo y los fuegos envueltos en los vientos son, de hecho, para el juicio de la creación luciferina y para la intensificación del amor en el corazón de los portadores de luz, para que el propio amor pueda ser el instrumento del juicio.
>
> ¡Arda ahora vuestro corazón en vosotros![149] Porque la Presencia del Señor, aunque invisible y desconocida, está cerca. Y vosotros reconoceréis la realidad de vuestro Señor y vuestro Salvador por el ardor de vuestro corazón en el amor del Creador. Porque solo el Salvador, el Cristo eterno, que vive en el corazón de los seres ascendidos y no ascendidos, puede provocar la vivificación de los fuegos en los altares terrenales; los mismos fuegos que arden como velas votivas que han encendido los ángeles que guardan la llama de la vida por las almas que se mueven en los planos de la Materia.
>
> Tal como la vivificación debe aparecer en el corazón de los niños de Dios en el notable día del SEÑOR, ese estremecimiento también debe aparecer en el corazón de quienes se han rebelado contra la luz. Es el corazón lo que les desfallecerá por el temor[150] al juicio que habrá llegado.
>
> Por tanto, en respuesta al edicto del SEÑOR, vengo del

Templo del Tabernáculo del Testimonio con una copa dorada que contiene los iracundos abusos de las energías del amor por parte de los hombres. Qué crees, oh, humanidad, que le acontecerá a esta generación, que ha tomado los mismísimos fuegos de la creatividad, las mismísimas energías del Espíritu Santo, ¡y las ha pervertido contra la luz del Uno! Yo digo, ¡que reine el juicio! Y sea ello una lluvia de los fuegos del Todopoderoso al derramar yo la medida del karma de la humanidad sobre los ríos y las fuentes de aguas, para que se conviertan en sangre.[151]

Y ahora, óigase la respuesta del ángel de las aguas: «Justo eres tú, oh, Señor, el que eres y que eras, el Santo, porque has juzgado estas cosas. Por cuanto derramaron la sangre de los santos y de los profetas, también tú les has dado a beber sangre; pues lo merecen». Y pronuncie el ángel que está ante el altar del Dios Altísimo el mantra del tercer rayo: «Ciertamente, Señor Dios Todopoderoso, tus juicios son verdaderos y justos». Y oiga Dios este mantra procedente de los labios de los justos, que han aprendido el uso correcto del amor y que han consagrado las energías del Espíritu Santo a los rituales del fuego sagrado.[152]

Este mantra es el de los hijos y las hijas de Dios que viven en el siglo veinte y más allá, que desean confirmar el juicio de la creación luciferina dentro de sus cuatro cuerpos inferiores, dentro del alma, la mente, el corazón y el templo del ser: «Ciertamente, Señor Dios Todopoderoso, tus juicios son verdaderos y justos».

Cada vez que se pronuncian estas palabras, el YO SOY EL QUE YO SOY y el mismísimo Ser Crístico personal confirman la acción del juicio al pasar por la espiral en forma de ocho, como Arriba, así abajo. Quienes quieren ser considerados como conquistadores en la era de Acuario redescubren el significado del alineamiento con Alfa y Omega. Este mantra, cuando se utiliza junto con la llama violeta con la intensidad de fuego de la acción del Maestro de la era de Acuario (Saint Germain), es el antídoto, procedente del mismísimo corazón de Alfa, contra las perversiones astrales de los caídos.

La liberación del amor: justicia mediante oportunidad, libertad mediante transmutación

Chamuel habla amorosamente de Saint Germain, este Maestro de los fuegos transmutativos de la libertad del séptimo rayo, como alguien que «concentra la conciencia del amor Divino en este sistema de mundos».[153] Porque su conciencia es la clave para la transformación de las almas y su salvación, aquí y ahora.

La llama gemela de Saint Germain, la Maestra Ascendida Porcia, presta servicio al formar parte del Consejo Kármico como Diosa de la Oportunidad. Cuando decimos este mantra: «Ciertamente, SEÑOR Dios Todopoderoso, tus juicios son verdaderos y justos», escuchamos su voz que resuena: «No existe la injusticia en ninguna parte del cosmos». En efecto, el mantra es la confirmación de Porcia, cuya llama (justicia mediante oportunidad) refleja la de su equivalente, Saint Germain (libertad mediante transmutación). En verdad, la afirmación del mantra de Porcia con la llama violeta de Saint Germain es la alquimia de las llamas gemelas en el gozoso juicio del amor, que los hijos y las hijas de Dios llevan esperando eones de tiempo.

No hay duda, como dice Chamuel, de que, «de todos los abusos del fuego sagrado que la humanidad ha impuesto a la naturaleza y el cuerpo de la Madre, ninguno es más mortífero o más ruin que la perversión del Amor Divino».[154]

Por tanto, podemos concluir que, cuando estas energías se transmutan en llama violeta —en los fuegos amorosos del mismísimo corazón de Saint Germain y en la confirmación del juicio de los Señores del Karma individualmente, uno por uno, en los hijos y las hijas de Dios—, la victoria correspondiente será la mayor de todas las victorias de todo el tiempo y el espacio, la victoria del amor.

Deberíamos correr a encontrarnos con los vencedores, con

sus túnicas llameantes de rectitud. Deberíamos ir a saludar a los corredores de la carrera del amor: las huestes angélicas, las legiones de Chamuel y Caridad, los portadores de luz de los Elohim Heros y Amora y todos los devotos de Pablo el Veneciano, cuyo sendero de iniciación ha sido el de la disciplina de los fuegos sagrados de la creatividad.

Al saber que la victoria es nuestra al pronunciar los fíats de amor, debemos consagrar, aquí y ahora, la ciencia de la Palabra hablada con una aclamación, con la plena voz del poder del amor, la sabiduría del amor y el amor del amor. Hagan sonar los fíats del amor la voz de Dios en manifestación en el hombre y la mujer en la mayor proclamación del amor que el mundo jamás ha conocido; el amor cuya emisión es en verdad la alquimia de Acuario y la victoria hasta la ascensión de los portadores de luz, que en efecto confirman la belleza, la magnificencia de la beatitud del amor.

No hay nada en el cielo o en la tierra que el amor no pueda hacer, que de hecho no haga, en respuesta al llamado de la oración ferviente de una súplica apasionada al SEÑOR Dios pidiendo misericordia, perdón, gracia y oportunidad. El amor es el poder total de un cosmos que se le concedió a Jesucristo en la hora de su victoria.

Este poder también se le concede a todo hijo y toda hija de Dios que venza en el camino del sacrificio, la entrega, la abnegación y el servicio. Cuando toda jota y tilde de la ley del amor se cumple, entonces y solo entonces pueden declarar los seres Crísticos cuyos chakras estén ungidos con el valioso aceite: «Toda potestad me es dada en el cielo y en la tierra [en el Espíritu y en la Materia]».[155]

En este mismo momento, si deseas la redención del Señor Cristo, del Gurú Maitreya, de tu Ser Crístico y de vuestra Presencia YO SOY, solo tienes que invocar el nombre del SEÑOR, YO SOY EL QUE YO SOY, y aceptar la redención del amor a través del bendito Mediador (Jesucristo) y la bendita Mediatriz (su madre, la Virgen María).

En este mismo momento, puedes confirmar la Ley de Dios, como Arriba, así abajo. Puedes confirmar la existencia del cielo aquí mismo, en la tierra, donde te encuentras, en lo profundo de tu corazón, en el núcleo de la llama trina y la cámara secreta del corazón. Ese es tu Sanctasanctórum, tu tabernáculo del testimonio. Ese es el sitio donde te encuentras cara a cara con los Gurús, con los chohanes. Ese es el sitio donde llegas a conocer al Buda y a la Madre. Ese es el sitio donde debes meditar sobre el recién nacido, el bebé de Belén, tu propia conciencia Crística.

Ahí es donde debes meditar con los Tres Reyes Magos de Oriente, que han ejercido el dominio sabio de quienes verdaderamente poseen la clave de la encarnación de Dios* en Terra. Llegan desde el núcleo de fuego blanco del retiro de la Gran Hermandad Blanca para poner a los pies del padre, de la madre y del niño el recuerdo del Edén y la promesa de redención de los Arcángeles: oro, incienso y mirra.

Oro, incienso y mirra: el recuerdo del Edén

Hace mucho tiempo, Dios dio estos tres regalos de consuelo a Adán y Eva a través de los Arcángeles Miguel, Gabriel y Rafael, para que pudieran confiar en Dios y en la alianza que él había hecho con ellos, prometiéndoles que enviaría su Palabra y los salvaría de la oscuridad exterior mediante la luz interior del Cristo.

Estos tres regalos se volvieron a ofrecer cuando nació el Señor. Y el SEÑOR Dios hizo las cañas de oro (regalo de su reino) para que resplandecieran con luz en la cueva. El incienso (regalo de su divinidad) se concedió para que él pudiera oler el dulce aroma de la presencia de Dios. Y la mirra (regalo de su sufrimiento y muerte) le traería consuelo en el dolor de cada prueba y tribulación.[156]

---

*En inglés *king* 'rey' = <u>k</u>ey to the <u>in</u>carnation of <u>G</u>od 'clave de la encarnación de Dios'. (N. del T.)

Ahora nos llega la victoria de la promesa, en el cumplimiento de la alianza que Dios hizo con Adán y Eva durante los largos días y años de su sufrimiento fuera del Jardín del Edén. Con la llegada del juicio del karma de la humanidad llega la gloriosa oportunidad de que cada hijo e hija de Dios, de ahora en adelante, viva, se mueva y tenga su ser dentro de la conciencia de Dios, aquí y ahora, hasta el día de la alquimia final, cuando la victoria del amor se tragará a la muerte.

Desde el momento de tu despertar y tu percepción, oh, Adán, de que en efecto eres hijo del Todopoderoso, el Dios Altísimo — desde el momento de la evolución y elevación de tu conciencia, oh, Eva, de que en efecto eres una hija del Dios vivo, la verdadera encarnación de la Palabra—, puedes, de ahora en adelante y para siempre, vivir en la conciencia de la victoria. Ciclo a ciclo, puedes deshacerte del hombre viejo y de la mujer vieja, Adán y Eva, y vestirte con el nuevo hombre o la nueva mujer: el Ser Crístico, tu propia identidad real en Dios.

Así, mientras la humanidad, que ha mantenido su rebelión contra el amor durante generaciones y generaciones, anhela la venida del Hijo del hombre en la hora del juicio, los hijos y las hijas de Dios se regocijan al ver la salvación de su Dios.

Cantan alegres al Señor. Vienen ante la Presencia YO SOY con cantos y regocijo[157] porque su larga y oscura noche del alma (miles y decenas de miles de años fuera del Edén) ha cerrado el círculo en un ciclo que se ha cumplido.

Este es el momento y la hora de la liberación del amor. Por tanto, escuchemos con toda diligencia el consejo de Chamuel y Caridad y procuremos no descuidar, no, ni una sola palabra ni un consejo ni una advertencia, para que eso no se convierta en un pecado de omisión, una oportunidad perdida, la libertad negada, que nos privaría de la victoria del amor.

Escuchemos las palabras de los Arcángeles y sepamos que las suyas no son palabras vanas, que nos dan sus palabras con la sabiduría más grande, el amor más grande y la comprensión más grande de la Ley de Dios, porque nuestra alma lo necesita.

El endurecimiento del corazón

Chamuel explica la ley del karma como la interpreta el amor.

Ahora bien, este es el dilema de los Arcángeles y de los Señores del Karma y Alfa y Omega. Como siempre ha sido, la luz resplandeció en la oscuridad y la oscuridad no la comprendió.[158] Por eso ha llegado el juicio, para que la humanidad pueda aprender de su propio karma, como si fuera su capataz, lo que es aceptable ante la presencia del amor... Porque esta es una generación que odia a la gente, que odia a los niños, que odia a Cristo y a Dios; y el corazón de la humanidad se ha endurecido contra los verdaderos hijos de *Israel:* los hijos de la luz de todo lo que *es real.*

Y tal como Faraón endureció su corazón contra la Palabra del Señor que vino a través de Moisés, y contra los juicios del Señor que volvieron las aguas sangre y trajeron pestilencias, aflicción y muerte para el primogénito de las casas de los egipcios,[159] de igual modo el corazón de la humanidad se ha endurecido contra la Palabra del Señor que se entrega en esta era a través de los dos testigos...

Los verdaderos seguidores de Dios son odiados, despreciados y rechazados por los hombres.[160] Y así ha sido a lo largo de los siglos, cuando los hijos y las hijas de Dios han llegado a liberar a las ovejas del Buen Pastor de los trabajos arduos de los luciferinos.

Por el orgullo de los ojos y la degradación de la llama de la Madre, la humanidad ha rechazado a sus liberadores. Los hombres han imitado los caminos de los caídos y han flagelado y escupido al verdadero Cordero de Dios. Como el perro que muerde la mano que lo alimenta, la humanidad ha sido totalmente engañada para que, en su estado de conciencia deprimido, siga al flautista de Hamelín hacia la noche y rechace la cena de bodas del Cordero y a la esposa del Cordero.[161]

Una advertencia para las generaciones de Set

Si queremos comprender los consejos de los Arcángeles, debemos discernir en sus dictados y sus decretos el mensaje para las generaciones de Caín (los de voluntad propia) y el mensaje para las generaciones de Set (los de voluntad Divina). La siguiente advertencia está dirigida a las generaciones de Set:

Caractericen el honor, la longanimidad y la ternura las relaciones de los seguidores de Dios. Sean consumidos la doctrina y el dogma en los fuegos del amor. Que el Espíritu Santo una a todos los corazones en el amor hacia el Uno. Y que quienes permanecen con el Arcángel Miguel y todos los Arcángeles y sus legiones de luz para defender la fe, la esperanza y la caridad de toda la humanidad decidan poner fin, de una vez por todas, a las voces agresivas de la noche que golpean el cerebro con sus mentiras.

Si deseáis conseguir la victoria sobre la bestia y sobre la imagen y sobre su marca y sobre el número de su nombre, ¡permaneced sobre el mar de cristal! Permaneced sobre la pureza de la Madre y su concepto inmaculado, que ella mantiene limpio para cada niño de Dios. ¡Poned fin a la mentira luciferina dirigida como una flecha divisoria hacia vuestro cuerpo mental! Rebatid la mentira sobre la mujer y su progenie. Rebatid la mentira sobre los Guardianes de la Llama. ¡Poned fin a estos demonios de la noche! Porque vienen como hordas de las sombras para apoderarse de la conciencia de los niños con rayos de locura y profanidad, de psiquismo, espiritismo, hipnotismo y manipulación mental.

La sugestión mental agresiva es la guerra bacteriológica de los caídos. Debéis levantar el escudo de los Arcángeles y blandir la espada del Espíritu para desviar las flechas de su conciencia indignante. Y se enfurecen en los establos del plano astral, como el Demonio, ese león rugiente, que busca a quien devorar.[162]

Los caídos están organizados. Han tomado la conciencia del amor, que es el orden de un cosmos, y la han pervertido para sus fines. Han organizado una guerra del Espíritu, al proyectar sus copas de microbios astrales, virus astrales, toxinas mortíferas, que quieren inyectar en el cuerpo mental y emocional de la humanidad por medio de aquello que hemos denominado sugestión mental agresiva.

Vosotros podéis identificar esta energía. Podéis conocerla bien. Porque, en cualquier momento del día o de la noche, cuando sintáis olas de irritación, un leve disgusto y una separación de los hermanos y las hermanas del Sendero debido a dardos de crítica y oleadas de ansiedad y tensión nerviosa, y cuando sintáis que se ha apoderado de vuestras energías cierto disgusto hacia esta o aquella persona o una acción de intensa condenación o de juicio hacia un compañero que sirve junto a vosotros, con quien trabajáis lado a lado en el campo del SEÑOR, sabed que el Demonio ha enviado a sus ángeles, incluso Satanás, que ha engañado al mundo entero.[163]

Y aunque Miguel, el Arcángel del SEÑOR, lo haya atado por mil años, quien «lo arrojó al abismo, y lo encerró, y puso su sello sobre él, para que no engañase más a las naciones», sus ángeles entran en combate contra los hijos e hijas de Dios. Esto es Armagedón. Esto es la guerra del Espíritu «contra principados, contra potestades, contra los gobernantes de las tinieblas de este siglo, contra huestes espirituales de maldad en las regiones celestes».[164]

Debéis estar alerta; porque allá donde hay chismes y donde se calumnia la imagen de la Madre y sus hijos, donde se destruyen las actividades de quienes sirven (sin importar lo defectuosamente que lo hagan) a la causa de la Hermandad, sabed que allá están los caídos acechando en medio de vosotros para destruir las obras de Dios en la tierra.

¡No hagáis caso de lo que dicen! Haced caso al SEÑOR. ¡No respondáis a su turbulencia, sus mareas de energía emocional que ellos desatan a los pies de los niños de la luz! ¿No sabéis, oh, amados, cómo ellos reúnen las nubes de oscuridad y las redes y campos energéticos del odio de la humanidad y cómo concentran las energías mal cualificadas de toda una ciudad o un país contra un alma que esté defendiendo la luz de la verdad?

Si deseáis vivir en la llameante presencia del amor, preparaos para afrontar a los caídos que han abusado del fuego sagrado para crear toda clase de fealdad y distorsión de las artes divinas y la música de las esferas, para poner al hombre y a la mujer de cabeza con actos sexuales pervertidos y abusos del fuego sagrado. Y ellos han provocado que el juicio de Sodoma y Gomorra[165] le sobrevenga a esta generación que ha cambiado la reverencia hacia la vida por el asesinato de los avatares y de la Madre Divina.

He venido para el juicio, para que las energías del Espíritu Santo se vuelvan a alinear en el hombre y la mujer, para que los fuegos de la Kundalini puedan elevarse sobre el altar de la columna e iluminar, purificar y aumentar la intensidad del Sol detrás del sol.

La maldad de las generaciones de Caín

Ahora, al referirnos a las generaciones de Caín, Chamuel explica las circunstancias por las que la humanidad fue expulsada del Edén. Esta expulsión aconteció incluso siglos antes de que Adán y Eva recibieran la oportunidad, como hijo e hija de Dios, de aparecer desde Venus para demostrar la victoria del amor.

Esos pecados de la humanidad fueron mucho mayores que los de Adán y Eva. Se trata de las maldades de las generaciones de Caín que se practicaron antes y después de la iniciación y expulsión de Adán y Eva.

Sepan los hombres, pues, que su expulsión del Edén se produjo como resultado del abuso del fuego sagrado que cometieron con el sexo oral, al cohabitar con la vida animal, con la homosexualidad y toda clase de experimentos con la semilla y el óvulo, incluyendo la creación de vida humana y animal en el tubo de ensayo de los laboratorios de la generación rezagada.

Estas cosas son la abominación desoladora que está en el lugar santo donde no debe.[166] Por tanto, ha llegado el juicio, y quienes toman la espada para matar a los santos inocentes que aún están en el vientre de su madre también han ser muertos con la espada.* ¡Porque hoy son expulsados del vientre de la Madre Divina! Y esta es la Ley y el juicio

Os dejo, porque incluso los niños de la luz tienen en la intensidad de mi mensaje todo lo que pueden soportar. ¡Fuera del vientre de la Virgen Cósmica hay llanto y crujir de dientes! Cesen su profanación del amor de la Madre aquellos que deseen conservar el derecho y la luz para vivir en la llama de la Madre"[167]

---

*Chamuel está afirmando la ley del karma, tal como consta en Apocalipsis 13:10: «Si alguno mata a espada, a espada debe ser muerto. Aquí está la paciencia y la fe de los santos». A Dios corresponde determinar los ciclos del karma y no al hombre. Además, el 26 de octubre de 1990, la Virgen María explicó: «Toda mujer tiene derecho a defender el derecho de las almas a encarnar. Tanto si se cree en ello como si no, en efecto el alma necesita muchas encarnaciones en la Tierra para cumplir su plan divino. Pensad, pues, cuál es el karma del aborto. El karma es que, un día, si abandonarais la pantalla de la vida sin haber saldado suficiente karma ni cumplido vuestra misión, lo cual os permitiría pasar por la resurrección y la ascensión, vosotros mismos buscaréis otra entrada a la octava física a través de los portales del nacimiento. Y en ese momento, amados, el karma de haber realizado un aborto o de haberlo tenido puede presentarse ante vosotros y negaros la entrada a la escuela de la Tierra por haber negado la vida a otro. Esta es la ley del karma. Es real y es verdadera». Por tanto, nos esforzamos para adherirnos a las leyes de Dios y pedimos a Dios que distribuya justicia y misericordia según la Ley Divina. Con la paciencia y fe de los santos, se nos dice que confiemos en la sabiduría de Dios para implementar sus juicios según su propio calendario, mediante las inexorables corrientes de los ciclos kármicos.

El círculo sagrado del matrimonio

Chamuel y Caridad son los guardianes de la llama del amor, los mismísimos fuegos sagrados del Espíritu Santo que sostienen la acción-reacción-interacción en todas las relaciones entre las manifestaciones de Dios. La primera de esas relaciones es la del alma con la Presencia viva del YO SOY EL QUE YO SOY, luego está la del alma con el Ser Crístico como tutor de la Ley, después la del alma con el padre y la madre, con el hermano y la hermana, con el esposo o la esposa, con el hijo, el amigo, el vecino, con el peregrino que va de camino a casa, como nosotros.

Caridad, el ser arcangélico del amor, aconseja a quienes desean compartir el amor de Dios como llamas gemelas, como almas compañeras, como compañeros en la alianza del matrimonio ordenada por Dios para la relación de hombre y mujer en la tierra. Ella aconseja a quienes quieren alimentar los fuegos del amor sobre el altar del hogar para consagrar la matriz de la Sagrada Familia de la santa Trinidad como el cimiento de la era de Acuario.

Caridad es un ser de amor práctico, quien se preocupa del hombre y la mujer que están trabajando en los ciclos de su karma en el matrimonio. Le preocupa que los hombres y las mujeres de la actualidad comprendan que la tasa de divorcios es alta en todos los países porque la gente no entiende que con frecuencia su amor es un amor egoísta, un amor de pasiones y posesiones, en vez de un dar y recibir según los ciclos del flujo en forma de ocho del Dios Padre-Madre. Caridad quisiera que recibiéramos la visión del principio y el desenlace del amor, del amor en la tierra que debe querer alcanzar el del cielo.

Caridad viene. Ella se identifica como el «adorno de la unión sagrada del Dios Padre-Madre». Como aspecto femenino del tercer rayo, Caridad es la Madre-instructora de los niños del Uno que se han salido del camino del amor.

Ella es la liberadora de la llama del amor de Dios para las almas de toda la humanidad. Sus palabras son la liberación del amor, el cual han anhelado las almas de las generaciones de Adán y Eva todos estos largos siglos:

> Vengo a liberar a la humanidad de los arduos traba-jos del amor egoísta. Vengo a liberar al hombre y la mujer de la agonía del amor egocéntrico y de aquello que quiere poseer y es, por tanto, poseído por el yo irreal...
>
> Me pongo en el umbral del círculo de la unión de las llamas gemelas. Soy Caridad, y vengo a trazar el círculo santificado de vuestra unión. Vengo como patrona de la Sagrada Familia en la era de Acuario. Vengo en servicio a Saint Germain, María y el Señor Cristo. Porque me han invitado a que venga del Templo del Tabernáculo del Tes-timonio del Logos para proteger el amor de los devotos que sirven en los planos de la Materia.

Ahora, estudiemos las advertencias de Caridad:

> ¡Ved cómo los desencarnados penetran en aquello que debería ser el círculo santificado del amor del Dios Padre-Madre sellado en la unión de todo hijo y toda hija que haya acudido al altar del Altísimo para consagrar sus votos matrimoniales! ¡Ved cómo los envidiosos acechan para robar las energías del fuego sagrado que os pertene-cen a vosotros y solo a vosotros!...
>
> Oh, hijos míos, los demonios de la noche sienten celos de vuestro amor. Desgarrarían el mismísimo cuerpo de la Madre si pudieran. Vienen como buitres, a devorar la carne y la sangre de los niños de Dios antes de la hora de la consagración del Cuerpo y la Sangre de la Sagrada Eucaristía de nuestro Señor.
>
> No son las águilas que se reúnen en el lugar del «Cor-pus Christi». No son los hijos y las hijas de Dios que siguen a la llama de la Madre enclaustrada en la torre del faro —como haz que guía a las almas hacia la victoria—, sino que son los desencarnados enviados por el dragón a devorar al niño tan pronto como ha nacido.[168]

Acunad al niño de vuestro amor. Envolved al niño en las mantillas del Espíritu Santo. Sea el honor y la reverencia mutua el eje central de un amor cósmico desarrollándose en la Materia para gloria del eterno Christos.

Recordad la historia de la bella durmiente. Cada vez que la carne vela la inocencia del amor, cada vez que la Llama de la Madre vuelve a nacer en la Materia en preparación para unirse al caballero defensor del Espíritu Santo, sale a escena, acechando en la sombra, la representante de la Gran Ramera[169], que viene a envenenar esa inocencia de mejillas sonrojadas.

El ritual de los Arcángeles

Oh, hijos míos, sea vuestro amor la conmemoración de la fusión de las lenguas hendidas del Espíritu. Ahora pues, tomad el ritual que practican los Arcángeles cuando el sol sale y se pone, cuando los ángeles del amanecer entregan la antorcha del amor a los ángeles del crepúsculo. Tomad el ritual de los Arcángeles y apropiaos de él, y demostrad con él la victoria del amor en Terra. Demostrad que vuestro amor es la habitación santa del SEÑOR Dios de los ejércitos y que su amor, debido a vuestra voluntad afianzada en los fuegos de la determinación Divina, no será profanada por las hordas de la noche.

Permaneced juntos, de cara a la Gráfica de la Presencia YO SOY (véase Gráfica de tu Yo Divino, página 181) y sintonizaos en vuestro interior con la estrella de vuestra divinidad. Meditad sobre vuestro corazón y la llama que hay en él y contemplad cómo el arco asciende hacia el centro de la Mónada Divina. Ahora bañad la mano derecha en los fuegos de vuestro corazón y trazad el círculo de nuestra unión a vuestro alrededor mientras permanecéis en pie, adorando al Uno.

Visualizad este círculo, de diez metros de diámetro,

como una línea de fuego sagrado. Es vuestro anillo impenetrable. Dentro de ese círculo de unidad está el campo energético de Alfa y Omega; y debéis concentrar el taichí, el más y el menos de las energías cósmicas, donde os encontráis.

No sea el flujo de vuestro amor una imitación de la generación idólatra. No sea la mecanización del sexo, como han popularizado los luciferinos sus maneras sórdidas y sádicas. El flujo del Espíritu Santo entre el padre y la madre es para el nacimiento del Divino Varón, primero en cada corazón y después en el bebé de Belén. No busquéis las emociones fuertes de la sensualidad ni la excitación de la mente o el cuerpo, mas buscad la dicha de la reunión mutua en la Presencia.

Que vuestro amor sea la representación del matrimonio alquímico. Que vuestro amor sea consagrado para la reunión final del alma con la Presencia YO SOY. Así, el ritual matrimonial tiene la intención de ser un ensayo del gran drama de la asunción de vuestra alma a la llama del amor para que el pergamino de la identidad se enrolle en el Gran Silencio de vuestro YO SOY EL QUE YO SOY y para la fusión de esas llamas gemelas de la Deidad, cuando la Presencia YO SOY de cada mitad de la Totalidad Divina se une en el círculo santificado de Dios.

Buscad la dicha de la elevación de la luz de la Madre —de «sushumna», «ida» y «pingala»[170]—que forman las energías del caduceo que revela vuestra identidad real en Cristo. Trascienda vuestra dicha los sentidos terrenales, y fluya vuestra luz desde todos los chakras para reforzar la polaridad divina del Dios Padre-Madre en todos los niveles de conciencia que hayan de exteriorizarse en los siete chakras principales y los cinco chakras de los rayos secretos.

Vuestro matrimonio está hecho en el cielo y estáis casados con Dios. Hijas de la llama: he aquí, vuestro marido es vuestro Hacedor. Sed, pues, con María, la sierva del Señor. Hijos de la llama: el anillo dorado que lleváis es la aureola de la Virgen Cósmica, la novia que desciende del cielo[171] para consumar vuestro amor en la tierra.

Como Arriba, así abajo, el flujo del Dios Padre-Madre debe ser compartido en el santuario de la Sagrada Familia. Y debe ser sellado con la bendición de los verdaderos ministros del Logos y protegido con pureza en el Sanctasanctórum. El arca de la alianza también es una matriz de protección de las llamas gemelas, unidas en santo matrimonio para una vida de servicio a Dios y al hombre. Y los querubines protectores[172] han de ser invocados diariamente, porque son los guardianes del amor en los planos de la Materia.

Comprended, oh, sabios que buscáis la Ley del Logos, que, si los caídos pueden destruir el amor, pueden destruirlo todo. Porque el amor es la base y la fuente de la vida. El amor es la esencia de la creación. Sin el amor, la vida es una desolación, el cielo es gris y la vida elemental está abatida.

Cuando el amor del padre, la madre y el hijo o la hija se rompe, como en el régimen del estado totalitario, existe una depresión sobre todo el país. Y para compensarlo, la gente asume una racionalización de materialismo dialéctico. Sin el amor, las justificaciones de la irrealidad se amontonan sobre más justificaciones, y el muro impenetrable de autoengaño que se ha erigido, piedra sobre piedra, compuesto de la dureza de su corazón, se sella con el mortero de su rechazo al Dios del Amor.

Y así se construye el superestado, como se construyó la torre de Babel.[173] Y hombres y mujeres están saturados de un enorme orgullo en el ego y sus logros; y todo ello sofoca al alma dolida, un dolor por la ternura del amor, la caricia del padre, de la madre, un hogar humilde; un hogar encendido con los fuegos del Padre, del Hijo y del Espíritu Santo, una morada que podemos considerar nuestra, una creatividad conseguida con el trabajo de nuestras manos, las destilaciones de nuestra mente, una labor sagrada perfeccionada con el esfuerzo y la renuncia al amor.

¡Que construyan sus torres hasta el cielo! ¡Que erijan un monolito al ego! ¡Que entrenen a sus ejércitos, forjen sus armas, planeen sus destrucciones! Se están dirigiendo hacia un choque con el destino cósmico, y el fin de su racionalización de la irrealidad es autodestrucción. La intensificación del fuego del amor consumirá todo esto. Con la misma certeza con que la vara del cielo se lanza al suelo de Terra, tan seguro como que el juicio ha llegado, tan seguro como la copa dorada de la ira del abuso del amor por parte de la humanidad se derrama entre las naciones, llegará la ruina de sus maldades.

La emisión de una intensa acción de nuestro amor fue lo que confundió la lengua de quienes quisieron construir un monumento al demonio. Y el SEÑOR Dios, a través del Arcángel y la Arcangelina del tercer rayo, los esparció por toda la faz de la Tierra, y dejaron de edificar la ciudad y su torre. Y lo llamaron Babel, porque su racionalización se convirtió en las voces balbuceantes que no tienen la comprensión del corazón.

El amor del cielo y la tierra

El amor comienza en el hogar. El amor debe ser enclaustrado en el hogar y sobre el altar de la verdadera Iglesia. Los países y la comunidad mundial deben dar alma al amor. Porque los hijos del Uno no levantan el amor para consumir todo el mal de Terra, entonces el amor descenderá del cielo como fuegos castigadores del Espíritu Santo, y nadie escapará del cataclismo que se producirá.

Esta es la elección que Saint Germain ha puesto ante vosotros. Elegid hoy el amor, y vivid en amor y vivid en paz en la tierra que el Señor Dios os ha dado. Elegid el amor, y prosperaréis y todo irá bien. Elegid el círculo santificado del Dios Padre-Madre y hallad socorro ante la tosquedad del mundo y un cese de todas las luchas.

Elegid hoy el amor y vivid, porque el fuego del amor que desciende de los cielos vendrá seguro a implementar el juicio antes de que cambien los ciclos del siglo. Y quienes estén en el círculo de la unidad recibirán esos fuegos como una suave lluvia del Espíritu, pero quienes estén fuera lo vivirán como el fuego que desciende como azufre desde la montaña del Señor.

Por amor se han levantado civilizaciones; por amor han caído. En el amor está la omnipotencia de Brahma, Visnú y Shiva, el Creador, Preservador y Destructor. Procurad, por tanto, respetar el amor; porque el amor en su omnipotencia es el cumplimiento de la Ley del ser sagrado.[174]

EL CUARTO RAYO:

El renacer de la pureza

A VOSOTROS, QUE QUISIERAIS CONOCER
la luz yconvertiros en un foco tangible
de realidad Divina, a vosotros desea hablaros el Arcángel Gabriel:

¡Vengo del núcleo de fuego blanco del Gran Sol Central! Salgo de los fuegos del amanecer, y mis ángeles están conmigo. Venimos con la caricia del rayo de brillo rosa dorado. Los fuegos del amor y la pureza, como el rocío y el cristal, fluyen de nuestras vestiduras mientras atravesamos la mañana con los ángeles del amanecer.

Hijos del sol, ojalá os volvieseis devotos del amanecer y del sol. Porque al meditar sobre el orbe de Helios y Vesta cuando se levanta, miráis al este y contempláis el Cristo que se eleva y su conciencia que ilumina un mundo oscurecido. Y en el fuego que penetra en la noche con la luz matutina veis la imagen de vuestra Presencia YO SOY. Vislumbráis el resplandor en manifestación física y tangible del YO SOY EL QUE YO SOY.

El sol de Dios es tan brillante que los ojos mortales

apenas pueden enfocarse en esa energía concentrada. Y los rayos del sol, al filtrarse por las impurezas de la atmósfera, pueden llegar a dañar el cuerpo, el alma y la mente. Sin embargo, eso nos es más que un fragmento de la Presencia YO SOY concentrada en el tiempo y el espacio para despertar el recuerdo del alma del Ser Infinito. ¡Una fracción tan diminuta de vuestra realidad Divina es el centro de vuestro sistema solar! ¿Os podéis imaginar lo que sería ver el Sol detrás del sol, vuestra propia Presencia YO SOY? El visualizar la réplica concentrada tan amorosa y tiernamente, tan tangiblemente, por Helios y Vesta, es suficiente para aumentar en un momento vuestra percepción de las esferas interiores.

Por tanto, quisiera que os volvierais devotos del amanecer para que podáis llevar con vosotros, a lo largo del día, la conciencia Divina de vuestra realidad Divina. Y no olvidaros ni un momento —al pasar por el sendero estrecho y angosto de vuestra ascensión— de que, cernido muy cerca, está el resplandeciente sol de vuestra Presencia YO SOY que emite luz y energía ilimitadas, la abundancia de todo don bueno y perfecto de sabiduría, amor, poder y las muchas mansiones de la casa del Padre[175] que, incluso ahora, bajan a la manifestación física para la consagración de la llama de la Madre.

Sí, vengo para el juicio; pero miro más allá del juicio. Y veo a través del cristal de la Mente de Dios (y no la bola de cristal de las adivinas psíquicas), más allá de la crucifixión —más allá de la cruz de fuego de las pruebas y las tribulaciones—, la hora de la resurrección de los hijos y las hijas de Dios. Sí, veo el camino marcado claramente. Veo el camino de los conquistadores que caminan hacia la luz del amanecer, que no se contentan con bañarse en la luz de la Presencia, sino que siguen esa luz con la intensidad de una absoluta determinación Divina para volver al Uno.

El Arcángel Gabriel viene a iluminar a todos quienes quieran aceptar y saborear el don de la pureza. De la luz de la Madre, él trae el juicio y exhorta al alma a que recuerde su razón de ser en la tierra:

> Os anuncio vuestro nacimiento virgen en el vientre de la Virgen Cósmica. Os anuncio que sois la progenie de Alfa, que Dios es vuestro progenitor, que habéis sido alimentados con los fuegos del corazón de Omega, y que estáis puestos para la caída y el levantamiento de muchos en Israel y para una señal (que es la señal del Logos) que será contradicha.[176] Se os ha enviado a este mundo —aunque no sois de este mundo— como instrumentos del juicio del Señor, así como habéis venido para equilibrar la balanza de vuestros usos y abusos de la energía de Dios...
>
> En el momento en que leáis este comunicado de las alturas, enviado y aprobado por el Mensajero del Señor, sabréis que estoy en vuestra presencia. Y si cerráis los ojos y meditáis sobre el sol centrado en vuestro corazón, recibiréis el flujo de pureza de mi Cuerpo Causal y el rayo de brillo rosa dorado de los ángeles de mi grupo.
>
> Tomad, pues, este [mensaje mío] y leedlo una y otra vez. En la hora y el momento del amanecer, mirad al este como hacen los mahometanos. Y dirigid vuestras oraciones al Cristo en toda la humanidad y al Cristo universal; y sabed que, en ese momento de comunión, la pureza de vuestra alma se refuerza para la batalla del Ciclo Oscuro.[177]
>
> Sabe esto, oh, chela de la Ley, que yo puedo visitarte, y lo haré, al primer atisbo del amanecer, que es la esperanza de la resurrección del hijo de Dios. Tan cierto como visité a Ana y Joaquín para anunciar el nacimiento de la niña María,[178] tan cierto como visité a Elisabet y Zacarías para proclamar la venida de Juan el Bautista, tan cierto como me aparecí a la Virgen para anunciar el nacimiento del Salvador,[179] así me pondré ante vosotros, no solo para

pronunciar la palabra del nacimiento de vuestra alma en el espíritu llameante de la resurrección, sino también para transferir de mi llameante aura a la vuestra las energías del Gran Sol Central en el núcleo de fuego blanco de la vida.

Que mi palabra rasgue el velo de escepticismo y cinismo y el interminable cuestionamiento humano que duda, incluso, de la existencia de los Arcángeles y las huestes angélicas. ¡Qué blasfemia contra el SEÑOR Dios mismo el negar la existencia de los ángeles, que personifican los grandes sentimientos del Todopoderoso a través de la creación que mora en los planos de la Materia!

Renovación con los fuegos vivificadores del Espíritu Santo

Soy Gabriel, y vengo con Esperanza (mi complemento divino) en la llama de nuestra misión conjunta. Nuestra esperanza en el restablecimiento de las almas de los caídos no se abandona ni por un momento. Siempre que haya vida e incluso el parpadeo de la llama de la vida sobre el altar del corazón, respiramos el aliento del Espíritu Santo sobre esa vida, sobre esa llama, al avivar la llama con renovación, al dirigir la conciencia hacia horizontes nuevos.

Cada día es un día de esperanza: esperanza por la resurrección, esperanza por corregir los registros, por limpiar el cuerpo de fuego (depósito del patrón original del plan divino), por limpiar la funda etérica de todos los aspectos sórdidos o desdeñosos de la vida humana. Debería decir «existencia humana», porque aquellos que ocupan los velos de mortalidad, grises y sombríos, que mantienen la conciencia en un perpetuo estado de añoranza, de quejas, de un sentimiento de pérdida y de que la vida no está siendo justa con ellos; aquellos que permanecen en un semiestado de conciencia del verdadero yo; esos verdaderamente aún no han comenzado a vivir. Solo poseen una cuasi existencia a la que le falta que los fuegos del Espíritu Santo la vivifiquen.

¡Suenen las trompetas de los Arcángeles y que los muertos resuciten incorruptibles! Porque la conciencia humana será cambiada. Y esto que es el hombre corruptible debe vestirse de la incorrupción del hombre divino. Por tanto, en esta hora del juicio, que lo mortal se vista de inmortalidad. Esta es mi anunciación y es el electrodo de mi vida, que os transfiero a vosotros, que deseáis ser portadores de luz de la era.[180]

El camino hacia Dios pasa por el portal del corazón

El tener un fuerte sentido de la propia identidad, de que somos especiales y únicos en Dios, es clave para conseguir esta reunión Divina. El camino hacia Dios pasa por el portal del corazón, porque en el corazón está el trono de tu persona en Dios, especial y única, tu Santo Ser Crístico. Verdaderamente, de tu Yo Real se puede decir: «Santidad al SEÑOR».[181] El Cristo que vive en vuestro templo es uno con el Altísimo y comparte la pureza y santidad de las huestes seráficas.

Cuando nos ponemos ante la llama trina de nuestro corazón lo debemos hacer con reverencia. Sentiremos un sobrecogimiento ante la presencia del Ser Infinito justo en el umbral del tiempo y el espacio, justo en el punto de nuestro templo corporal donde la niebla de fuego se convierte en el cristal y el cristal es santificado a medida que la realidad del Cristo se extiende a nuestra alma, el don de la alegría.

Abrir nuestro corazón para recibir a nuestro Santo Ser Crístico en nuestro mundo es un servicio que debemos realizar no solo por nuestra alma, sino por todo el cuerpo de Dios en la Tierra. Con el corazón sabemos que esto es, en efecto, un servicio extraordinario que el remanente de portadores de luz ha de realizar por

Gráfica de tu Yo Divino

todo el pueblo de Dios y por todas las tribus de Israel que aún se duelen y lamentan la ausencia de su Dios, aunque su Dios esté en entre ellos.

Este servicio, este abrir nuestro corazón, hemos de prestárselo a Dios uno a uno. Al abrir la puerta de nuestro corazón a nuestra alma, estaremos protegiendo la santidad de nuestra alma contra lo profano. A nadie más que al ser Divino podemos dar la preeminencia de entrar en el santuario más íntimo del corazón o del templo del ser. No debemos permitir que, debido a nuestra idolatría personal, la conciencia humana de nadie entre y obtenga ese sitio de preeminencia en nuestra vida que solo podemos dar al Señor Dios Todopoderoso y al sacerdote de nuestro templo, que es Cristo el Señor.

Unión con Cristo

Debemos comprender que entrar en nuestro templo, que es de El Señor, Justicia Nuestra, significa que las reglas y normas de Dios surgen espontáneamente de nuestro interior, de nuestro sagrado mentor, nuestro santísimo Ser Crístico, que nos enseña que la vibración de mentir, robar, hacer trampa en los exámenes, la falta de pulcritud personal, la mala alimentación o de las indulgencias no merecen al Señor.

Si nos hemos permitido actividades que nos son de la luz, debemos invocar la ley del perdón. Como ofrenda sacrificial, pondremos sobre el altar esa energía mal cualificada e incluso una parte de la luz de nuestro corazón, nuestra conciencia Crística, para poder expiar ese pecado.

Ese pecado no es meramente un pecado personal, sino que afecta a toda la Tierra. Toda la Tierra está en el corazón de Dios y nosotros estamos en su corazón como guardianes de su vida, la cual han puesto a nuestro cuidado. Así, invocamos la ley del perdón por todos y enviamos la luz de la limpieza y purificación de la totalidad del cuerpo de Dios.

Deberíamos sentir en nuestro corazón lo que es puro, lo que

está bien, lo que es santo; y lo que es profano. No debemos someter nuestra conciencia a la profanidad. No debemos ir a buscar lo profano, lo que es de la tierra, terrenal, lo que está por debajo del corazón del Señor Cristo. Hemos de mantener nuestro templo puro para que el Espíritu Santo pueda descender, para que la Palabra del Señor pueda hablar a las gentes por medio de nosotros y liberarlas.

Debemos erradicar todos los chismes, las críticas, la condenación y el juicio unos de otros; apoyarnos mutuamente; proporcionar fortaleza mutua al ir a afrontar el mundo con todas sus tribulaciones, pruebas y tentaciones, incluso, sus persecuciones. La luz de Dios en nosotros es para liberar a la gente que no sabe que es esclava. Cuando nuestro Santo Ser Crístico reside en nosotros, iremos como el Buen Pastor a rescatar a las ovejas de las fauces del león aun cuando estas prefieran no ser rescatadas, porque han conseguido seguridad y confort dentro de esas fauces.

Sabe que El Señor, Justicia Nuestra ha venido, y que está viniendo, por medio del descenso de luz, y que la luz del Cristo personal en ti se hace más grande siempre y por siempre. Cristo está naciendo siempre, manifestándose siempre. No es un acontecimiento que ocurra una sola vez. Ello tiene lugar continuamente cuando permites a las ondas de alegría de su santa vestidura y al viento que precede a su presencia entrar a tu templo para anunciarte el glorioso descenso del Hijo de Dios.

Que tu alma oficie ante el altar de la vida por toda la humanidad, en el nombre del Señor. Cuando hay pensamientos profanos que descienden sobre la mente y el corazón, sabe que estos son enemigos de la gente y del templo de nuestro Dios y que, aunque se encuentran entre nosotros, aunque permitimos que se manifiesten, nuestro Señor no puede ocupar el templo del corazón o el santuario.

Por tanto, límpialo y vuelve a limpiarlo. Invoca el fuego sagrado con gran intensidad para atar a los demonios y desencarnados que albergan la conciencia de muerte y que rondan cerca para intentar sorprendernos con la guardia baja y que, en lugar de dar hospitalidad a los ángeles, cuidemos de demonios y des-encarnados. Permanezcamos alerta.

Reconozcamos las marcas de su discordia y sus mentiras. Comprendamos su naturaleza divisoria y sepamos que tenemos la oportunidad de guardar la llama de la vida. Ello significa estar alerta constantemente. Significa permanecer alegres en el amor de Dios, emitir amor, ser instrumentos de la cascada del amor desde el poderoso río de la vida de nuestra poderosa Presencia YO SOY de tal forma que fluya tanto amor que solo sepamos del amor. Solo oímos la palabra del amor, solo escuchamos la llamada del amor y todo lo demás se consume con esa poderosa conflagración de nuestro Dios, que es un fuego consumidor.

El pueblo del Antiguo y del Nuevo Testamento que conocía a Dios lo conocía como un fuego omniconsumidor. ¿De qué otra forma podemos vivir en la tierra en la pureza a no ser que Dios sea ese fuego omniconsumidor que nosotros somos, que consume todo lo que no es semejante a sí mismo? Cuando somos ese fuego omniconsumidor, podemos caminar por la Tierra como líderes del pueblo de Dios, una columna de nube de día (una nube de testigos) y una columna de fuego de noche.[182] Que la columna de fuego que es vuestra Llama Divina sea un imán sagrado del Sol Central para toda la gente, que atraiga en ella su potencial Crístico.

¿No es maravilloso el contemplar que, cuando saludamos a alguien y cuando estamos con los amigos, ellos pueden sentir, gracias a la devoción de nuestro corazón, una corriente de luz edificante, se pueden sentir atraídos otra vez a su Llama Divina, pueden sentir un deseo de santidad, una comprensión de la inefable dulzura del Espíritu Santo, la perpetua dulzura de la luz? ¿No es un gozo que, allá donde vayamos, la gente pueda sentirse feliz y más ligera y pueda ver suficiente luz como para hacer preguntas: *¿De dónde viene esa luz? ¿Qué sabes? ¿Dime lo que sabes que yo no sé?*

Eso es el cumplido más grande que un chela puede recibir jamás; y hay muchos estudiantes de los Maestros Ascendidos que lo han recibido porque su aura tiene aroma de santidad. Por tanto, hijos e hijas de Dios, regocijaos en que Dios ha puesto su manto sobre nosotros, que somos dignos, porque Dios en nosotros es digno de ser llamado a las santas ordenanzas y cargos de nuestro Dios en este templo sagrado.

El resplandor del mediodía en el interior

Escucha, pues, a Gabriel, que desea santificar tu templo y prepararte para tus iniciaciones superiores:

Cuando practicáis el ritual de la apertura de la puerta del corazón que os dijo la Arcangelina Cristina (véase pág. 84) y recibís a la Madre y las iniciaciones de Maitreya a través de la Madre y me recibís a mí, Gabriel, un Arcángel, en el nombre del Señor, empezáis la transformación a través de las estaciones de la cruz y las iniciaciones de la transfiguración, la resurrección y la ascensión. Y proclamaréis con las voces interminables de las huestes celestiales, que acuden celebrando vuestra victoria:

Y cuando esto corruptible se haya vestido de incorrupción y esto mortal se haya vestido de inmortalidad, entonces se producirá la palabra que está escrita: Sorbida es la muerte en victoria. ¿Dónde está, oh muerte, tu aguijón? ¿Dónde, oh, sepulcro, tu victoria? ya que el aguijón de la muerte es el pecado, y el poder del pecado, la ley. Mas gracias sean dadas a Dios, que nos da la victoria por medio de nuestro Señor Jesucristo.[183]

El Arcángel Gabriel ha visto al Altísimo cara a cara. Él ha visto la abominación desoladora que está en el lugar santo que no le corresponde.[184] Él defiende con fiereza la luz en los hijos y las hijas de Dios, porque sabe que el karma de quienes han perseguido a los profetas y los portadores de luz a lo largo de las eras debe cumplirse.

Por tanto, Gabriel proclama:

El cuarto ángel que desciende del templo del Tabernáculo del Testimonio derrama su copa sobre el sol [sobre el
plano etérico, el plano del elemento fuego] y recibe poder
para quemar a los hombres con fuego. Y eso es el fuego
sagrado por el cual la humanidad arde con un gran calor,
tanto que blasfeman contra el nombre de Dios, el Todopoderoso, el único que tiene poder sobre estas plagas.
Y, por tanto, como está escrito, no se arrepintieron para
darle gloria.[185]

¡Manteneos firmes, pues, para ver la salvación de
nuestro Dios! Y ved la muerte del impío[186] y de las generaciones de los impíos. Porque los caídos y su creación
carnal son reducidos a nada en ese notable día del Señor,
el día de la liberación del fuego sagrado.

Soy el Arcángel de los fuegos de la ascensión. Permanezco en el brillo del mediodía para contrarrestar la
medianoche. Permanezco ante el trono de Dios para interceder ante el Señor Dios Todopoderoso por quienes
blasfeman su nombre. Yo resguardo su trono de los ecos
de la infamia de la humanidad. Y el trueno y el relámpago que bajan de Horeb[187] son un aviso para que la humanidad se aparte del mal, para que lo deje por el camino,
para que abandone a los malhechores, para que se separe
corporalmente de quienes se han hecho a sí mismos instrumentos de la injusticia y canales para las contaminaciones del reino psíquico.

¿Qué compañerismo tiene la justicia con la injusticia?
¿Y qué comunión la luz con las tinieblas?[188] ¡No permitáis que la pena por los luciferinos se alimente de la luz
de vuestra alma! ¡No permitáis que vuestra conciencia
contemple las denominadas penas de Satanás! No sintáis
pena por quienes hacen el mal, porque ellos también tienen la opción de apartarse de sus caminos malvados.

Id, más bien, a las ovejas perdidas de Israel[189] para

proclamar el nombre de Dios, el poder con el que todas las almas que aún están en el tiempo y el espacio pueden ser salvadas. Proclamad la venida de los seres Crísticos y reprended a los demonios que usurpan las energías puras de la Madre y del Espíritu Santo. Ved cómo vuestro amor, al reemplazar todas las penas, será la compasión de la Ley que compelerá a los niños de Dios, que siguen con sus caminos infantiles, a elevarse al estándar del Cristo.

Soy un arcángel, y sondeo la conciencia de los portadores de luz. Y escojo a los más fuertes y a los de más autodisciplina para el frente de la batalla de Armagedón. Veamos quiénes serán los precursores de la carrera por la luz del amanecer.[190]

Persevera hasta la cima de la vida

Aunque los ciclos del retorno del karma descienden sobre personas y comunidades, sobre el justo y el injusto, la Ley continúa dando al libre albedrío su lugar de preferencia. Cada día, cada ciclo de tiempo, el alma elige a quién servirá: a la luz o al demonio. Por consiguiente, el alma recoge o bien la beneficencia de la buena voluntad o bien la corrupción.

La llama gemela de Gabriel, la Arcangelina Esperanza, implora a los hijos y las hijas de Dios que elijan bien:

No hay vuelta atrás en el camino de la salvación, porque no se les puede dar marcha atrás a los ciclos del karma una vez que son emitidos. Por eso Jesús advirtió: «Ninguno que poniendo su mano en el arado mira hacia atrás, es apto para el reino de Dios».[191] Quienes comienzan el ascenso, la ardua escalada a la cima más alta, no deben mirar atrás cuando la iniciación les confronte en el camino; porque la alternativa a pasar cada prueba y someterse a cada iniciación es estar sujetos a la emisión concentrada del karma propio.

Más temibles que las pruebas y tribulaciones del

Sendero es la oscuridad exterior que llega cuando el alma abandona la llama, deserta del campo de batalla del Señor, a cambio de ese bien que es el más cuestionable de todos los bienes humanos: la comodidad humana. En la oscuridad exterior todo es caos, desorden y desintegración. Ahí, el reparto de karma, medida a medida, proveniente de los Señores del Karma a mano del Maestro y el Ser Crístico en el crisol del chela, ya no es una gracia con la que se pueda contar.

Cuando se le da la espalda a la llama, no se puede contar con nada. Las dispensaciones de misericordia y oportunidad que dispensan los Señores del Karma no son una opción para los caídos ni para los hijos de Dios que han caído de la gracia. ¿Quién intercederá por ellos cuando digan a las montañas y las rocas: «Caed sobre nosotros, y escondednos del rostro de aquel que está sentado sobre el trono, y de la ira del Cordero; porque el gran día de su ira ha llegado; ¿y quién podrá sostenerse en pie»?[192] Darle la espalda a la llama significa perderse la intercesión del gran Mediador de la vida.

Hagan caso, pues, todo los que quieran correr sin cansarse, todos los que se hayan puesto la meta del «premio del supremo llamamiento de Dios en Cristo Jesús».[193] La carrera es para quienes corran hasta la meta; y quienes no están preparados para ir hasta el final, mejor es que no empiecen, porque el precio por la deserción es demasiado alto. Las alianzas de Dios y las bendiciones de los Maestros Ascendidos y sus Mensajeros no son algo con lo que se juega.

Veamos, pues, cómo permiten los Señores del Karma, compasivamente, que el alma equilibre la maestría del karma personal con la carga de una cantidad del peso del karma planetario. Los que sean diligentes en la aplicación de la Ley y sus invocaciones diarias a las llamas del fuego sagrado no tienen nada que temer; porque entrarán y atravesarán los ciclos de regreso del karma personal y planetario mientras permanecen, afrontan y conquistan todo ergio de energía que se desvíe del centro de la vida.

Permaneced sosteniendo la espada de doble filo con ambas manos. Agarradla frente a vosotros y dejad que el filo corte la inminente oleada de oscuridad en defensa de la luz del corazón. Separe la oleada del Ciclo Oscuro y redirija esas energías hacia los fuegos sagrados que arden sobre el altar de la Madre. Su llama es la llama de la pureza. Es el fuego omniconsumidor del Espíritu Santo. Porque la Madre es la Novia del Espíritu Santo y ella recibe la totalidad del fuego sagrado necesario para consumir el karma de las siete plagas.

Amparo en la Madre y en la llama de la Madre

¿Qué debe hacer la humanidad para merecer la intercesión de la Madre? Porque ella es el instrumento del Señor; ella es el receptáculo en el cual fluye el poder del «YO SOY EL QUE YO SOY». Y, por tanto, en la tierra la Madre es el instrumento del juicio que procede del Padre en el cielo. Rendid homenaje a su Hijo, el Cristo de todo, y reconoced la fuente: la mujer vestida del sol y el vientre de la Virgen Cósmica del cual sale la llameante Presencia Solar de todo.

Cuando la humanidad reciba a la Madre en el nombre del Padre, en el nombre del Hijo y en el nombre del Espíritu Santo, tendrá un acceso ilimitado a la fuente de su pureza que fluye, a su amor omniconsumidor. Y entonces, las calamidades que la humanidad sufre actualmente cesarán porque la Madre levantará la mano derecha, por el poder de la Palabra hablada, por la sabiduría del cetro de su autoridad, por el amor de la corona de su superación.

Por tanto, ¡arrepiéntanse hoy los hijos de Dios en el

nombre del SEÑOR! Hallen amparo en la Madre y en la Llama de la Madre. Reciten el Ave María[194] como medio de expiar los pecados de la humanidad y mediten sobre el Rayo de la Madre para elevar la luz del núcleo de fuego blanco con el fin de desintoxicar los cuerpos, las almas y las mentes de la ira de las siete plagas.

Ahora, escuchad la palabra del predicador: «Todo tiene su tiempo, y todo lo que se quiere debajo del cielo tiene su hora. Tiempo de nacer, y tiempo de morir; tiempo de plantar, y tiempo de arrancar lo plantado; tiempo de matar, y tiempo de curar; tiempo de destruir, y tiempo de edificar; tiempo de llorar, y tiempo de reír; tiempo de endechar, y tiempo de bailar».[195]

Ahora es el tiempo de ser serios, de tomarse en serio los principios y los preceptos de la Ley y la preparación que habéis recibido de los Maestros Ascendidos y sus Mensajeros. Ahora es el tiempo de invocar la llama de Sirio, la Estrella Divina, para invocar el consejo de los Veinticuatro Ancianos y la intercesión de Surya y los ángeles de Sirio, que descienden en respuesta a vuestro llamado al formar una gran águila azul.

Haced, pues, el llamado a Surya... ¡y clámese desde los tejados![196] Enviadlo desde todos vuestros chakras con la máxima adoración hacia Dios, con la máxima humildad y la mayor concentración del fuego sagrado dentro de vuestros chakras. Que nada os separe de vuestro compromiso con este llamado, porque os liberará de los trabajos arduos del trabajador y de la dureza del juicio. Y pondrá a los malvados en manos de las legiones de Sirio.

El juicio a los usurpadores de la luz de la Madre

¡Tiemblen los caídos con sus ritos satánicos! ¡Sepan aquellos que han mutilado el ganado de las llanuras de los Estados Unidos que el juicio se avecina! ¡Hoy la vara del Todopoderoso los quebranta! Sepan también quienes defienden sus ritos de magia negra y brujería que el juicio se avecina, porque no podéis tomar la pureza de la Madre Divina y usarla con motivos egoístas.

Cada interferencia con el libre albedrío de Dios y del hombre exige el castigo de la Ley y el Legislador. Los hay que dicen en su corazón: «Hagamos males para que vengan bienes.[197] Comprometamos las enseñanzas de los Maestros Ascendidos. Esquivemos al Cristo y entremos en la casa del SEÑOR por la puerta lateral. Convenzamos a la humanidad de que estamos practicando el arte divino. Demostremos con la distorsión de la Llama de la Madre que nuestro camino es un camino aceptable». Estas personas se reúnen en sus aquelarres y sus guaridas de iniquidad profesando servir a la luz. Yo digo: han usurpado la luz y lo pagarán. «Allí será el llanto y el crujir de dientes».

> Y esos brujos
> que han salido de la noche astral
> convencen a sus seguidores,
> pareciendo hacer el bien,
> de que su camino es de la luz.
> ¡Cuidado con las apariencias!
> Cuidado con el «camino que parece derecho».
> El bien y mal relativos no dan prueba
> de la Verdad absoluta.
> Solo la ley de la justa causa
> puede producir aquel efecto
> del Espíritu Santo
> que trae en sus alas curación.
> Haced a un lado esas otras cosas,
> esos encantamientos que tienen
> el hedor de la perversión
> y los cuerpos en decaimiento de niños
> y animales que han matado.

Cuidado con todo lo vano
y la vanidad del ego.
Más mortífero que el propio Caído
es la podredumbre del ego
trasplantado de cuerpo a cuerpo,
de mente a mente,
como un cáncer que corroe
el alma de un planeta y su gente.

¡Seamos instrumentos del juicio justo! ¡Atemos las almas de la humanidad al Sanctasanctórum! Tejamos la vestidura del SEÑOR para que los hijos de Israel puedan pasar por el mar Rojo, manchado de la sangre de los santos inocentes.[200] Sí, dejad que pasen de los planos de la Materia a los del Espíritu, de lo corruptible al Incorruptible. Y sean juzgados hoy por sus motivos quienes tienen la intención de asesinar a la Madre Divina. ¡Devuélvaseles su odio hacia la llama de Acuario porque la Madre levanta la mano y el cetro de autoridad!

Porque el SEÑOR ha bajado a juzgar a la Tierra hoy, «él hace cosas grandes e incomprensibles, y maravillosas, sin número. He aquí que él pasará delante de mí, y yo no lo veré; pasará, y no lo entenderé. He aquí, arrebatará; ¿quién le hará restituir? ¿Quién le dirá: *¿Qué haces?*»[201].

EL QUINTO RAYO:
El juicio a la mente carnal

C ONCENTRAR LA LUZ DE LA VERDAD
en la tierra precipita el juicio del Mentiroso y su mentira y de la mente carnal, que «son enemistad contra Dios; porque no se sujetan a la ley de Dios, ni tampoco pueden existir».[202] Esa acción de la Ley es infalible. El Arcángel Rafael viene para traer el juicio y para realinear a los portadores de luz en unidad bajo la estrella polar de su ser. Él declara:

> Soy el Arcángel del quinto rayo y mi venida marca la intensificación del juicio en la Materia; porque el quinto rayo es el rayo de la precipitación. Y cuando el químico en su laboratorio combina sodio con cloro, invariablemente ocurre una reacción química y se produce la precipitación de la sal.
>
> Y lo mismo ocurre con la llama de la Verdad. Hace que todas las cosas se perciban conscientemente: los elementos de la mente y las emociones, la sustancia del subconsciente, así como las densidades físicas. Cuando el rayo de la verdad se usa como catalizador, lo invisible se vuelve visible. Y la desobediencia de la mujer de Lot precipita la columna de sal,[203] para que todos los que deseen

elevar el rayo femenino puedan saber que la obediencia es la clave de la alquimia divina.

La aprobación de la voluntad celestial
infunde la ley de la rectitud
en todos los que quieren demostrar la Verdad.
¡Preséntese el alma como prueba viva!
¡Salid de entre ellos
y sed un pueblo apartado![204]

¡Sean los propios portadores de luz
la precipitación del Cristo!
Con la llama interior como catalizador,
envíen el llamado del nombre YO SOY.
Precedan al día del juicio
para aplicar la ley de la autoperfección.
Precipiten lo bueno y noble
antes de que el fuego sagrado revele lo malo e innoble.
Elijan todos y elijan bien
antes de que la opción no esté ya en manos del hombre,
sino en manos de Dios.
Elegid bien y veréis
al ángel con la espada llameante.
A la derecha está la vida;
a la izquierda la muerte.
Escoged hoy a quién serviréis;[205]
tendréis el destino que merezcáis.

Aparezco del Templo del Tabernáculo del Testimonio. Y hoy se abren los cielos mientras derramo de la copa dorada la ira de Dios sobre el trono de la bestia, y hoy su reino está lleno de oscuridad. Y quienes rinden culto a la bestia se morderán la lengua de dolor pues blasfemaron contra el Dios del cielo por sus dolores y sus úlceras, y no se arrepintieron de sus obras.[206]

Se juzga a la bestia de la mente carnal

Esta copa contiene los abusos iracundos que la humanidad ha hecho con el rayo de la vida y la ciencia de la vida, de la curación y la Verdad curativa, y de la abundancia de la conciencia inmaculada de la Virgen Cósmica. Los caídos han tomado todo eso para crear la bestia de la mente carnal que se sienta en la sede del alma. ¡Ahora desplazamos a la mente carnal! ¡La desatamos de sus amarres! ¡La separamos de la luz del alma! Ya no vampirizará más las energías solares de los hijos y las hijas de Dios. Ha reclamado la existencia mortal. Permanezca este día ante la Corte del Fuego Sagrado y presente prueba de su origen, su linaje, su herencia.

Prepárense quienes dependen de la mente carnal como asiento de una autoridad humana y una personalidad humana para dar testimonio ante los Veinticuatro Ancianos. Reciban nuestra advertencia de que todo lo que procede de la luz del Logos y todo lo que es de Dios, que muestra lealtad a Alfa y Omega, vivirá en el reino eterno. Y todo lo que es del mundo debe recibir el juicio de este mundo.

Pongo la luz de la Verdad viva como una esfera de concepción inmaculada alrededor de las almas de los niños de Dios, que son fieles a su Creador en los últimos días. Que sus almas y la morada de sus almas en el chakra de la libertad sean selladas en la luz del Rayo de la Madre y de la Arcangelina del nuevo día. Porque las almas de la humanidad han sido literalmente aplastadas por la bestia que hoy es atada por los Siete Arcángeles. Y sujetamos a la bestia para hacer sitio para la prominencia de las almas de la humanidad, para que puedan tener la libertad en la llama de Saint Germain, jerarca de la era de Acuario, de elegir la luz, de elegir lo que está bien y de centrarse en la Llama Divina.

Y, por tanto, mientras Satanás está atado por mil años en la Corte del Fuego Sagrado,[207] el equivalente de Satanás, que es la mente carnal de cada persona y la presencia de lo anti-Cristo que desafía al alma día y noche, también es atado para que la humanidad pueda ejercer el libre albedrío en la llama de la libertad sin la interferencia del yo oscurecido, el yo ensombrecido, el yo irreal. Por tanto, ¡hoy se detiene la influencia de la mente carnal en Terra en la conciencia de los niños de Dios!

Teniendo la libertad de elegir, puede que aún elijan el ego y la existencia egocéntrica. Así sea. Nosotros no interferiremos con el libre albedrío. Venimos como intercesores de la Ley al responder a los llamados de los Fieles y Verdaderos. Porque el propio Señor Cristo, como Buen Pastor de las ovejas, se ha arrodillado ante el altar del Dios Altísimo, rezando fervientemente como hizo en Getsemaní toda la noche pidiendo la intercesión del Señor por las ovejas.[208]

La erradicación de la oscuridad de la Tierra

Por tanto, venimos cumpliendo las dispensaciones del Todopoderoso concedidas al amado Hijo. Venimos a intensificar el Ojo Omnividente, a dar a la humanidad la visión de la elección, a sellar a las almas en la llama de la Verdad que puede hacerlas libres si ellas quieren ser libres. Pero los caídos, con su creación robótica, no tienen la dispensación que tienen los niños de Dios, porque son la progenie del Malvado. Y para algunos el fin aún no ha llegado,[209] y para otros el día del ajuste de cuentas está cerca.

Y se tambalean y acosan la Tierra, y miran con el ceño fruncido mientras se ciernen con sus naves espaciales. Y no todos son de este hogar planetario. Y algunos son de evolución física y otros habitan en el plano astral.

Y a algunos no se les ha permitido encarnar en decenas de miles de años. Porque, por la intercesión del Señor Cristo, han sido confinados a las mazmorras del astral, atados con cadenas; sí, atados de pies y manos. Pero la abominación de su carnalidad es la contaminación de la Materia. ¡Hasta aquí y no más! El día del juicio llega en el año del Espíritu Santo, 1975, y el día del juicio continúa hasta el año 2001.

Y aún queda tiempo y espacio para que cada hombre, mujer y niño sobre Terra tome parte de la Eucaristía, que asimile el Cuerpo y la Sangre, las espirales Omega y Alfa de la conciencia Crística. Y aún queda tiempo y espacio para que el mensaje de los dos testigos cubra la Tierra, si los portadores de luz muestran diligencia como corredores de los dioses llevando el mensaje de casa en casa, de nación en nación, deteniéndose solo para alimentarse y por breves períodos de descanso bajo las alas del Espíritu Santo.

Hijos del Uno, recordad la oscuridad de la ciudad de Jerusalén. Recordad que era tan intensa que el Señor Cristo no quería descansar en esa ciudad. ¿Y acaso no exclamó: «Las zorras tienen guaridas, y las aves del cielo nidos; mas el Hijo del Hombre no tiene dónde recostar su cabeza»?[210] ¿Dónde pueden los hijos y las hijas de Dios encontrar un respiro de las maquinaciones de los seres oscuros? Habitan en todos los planos de la Materia, y el denso humo de sus ofrendas quemadas es repulsivo para los hijos del Uno.

Tal como el Señor Cristo se refugiaba en la barca sobre el mar de Galilea o en las montañas o en la casa de María y Marta de Betania, vosotros también podéis refugiaros incluso en los planos de la Materia, al poner a salvo vuestra alma en el lugar secreto del Altísimo. Y recordad las palabras del salmista cuando el juicio se avecine: «¿A dónde me iré de tu Espíritu? ¿Y a dónde huiré de tu presencia? Si subiere a los cielos, allí estás tú; y si en el infierno hiciere mi estrado, he aquí, allí tú estás. Si tomare las alas del alba y habitare en el extremo del mar, aun allí me guiará tu mano, y me asirá tu diestra».[211]

Mientras las almas de los hombres se preparan para tomar las decisiones correctas, las estructuras y superestructuras de los caídos se derrumban, porque sus cimientos estaban en el trono de la bestia, cuyo reino está lleno de oscuridad. ¡Sean desenmascarados los practicantes falsos de las artes curativas! Y arrepiéntanse de sus actos. ¡Sean desenmascarados los cambistas de las bancas del mundo! Y arrepiéntanse de sus actos.

¡Penetre el rayo de la acción en los abusos de la ciencia de la precipitación! ¡Y sea desafiado por la espada de la Verdad todo lo que ha sido precipitado del plano astral, del subconsciente colectivo, del trono de la bestia! Y el Gran Director Divino aparece para detener las espirales de los abusos de la luz Crística en los siete rayos de Dios.

¡He aquí, humanidad, ahora es el tiempo aceptable! ¡Ahora es el día de la salvación! Ahora, ¡sean desenmascarados quienes contribuyen a la contaminación del cuerpo de la Madre mediante la fabricación y venta de alcohol, cigarrillos, marihuana y todas las drogas dañinas! Y arrepiéntanse de sus actos. ¡Sea desenmascarada la venta de sexo y la promoción de productos acompañados de símbolos sexuales subliminales! Y arrepiéntanse de sus actos quienes tengan las manos manchadas de sangre.

Refuerzo el juicio del aborto y de los abortistas que Dios Todopoderoso ha emitido con el pronunciamiento del Arcángel Uriel.[212] Y envío mi rayo a las casas de prostitución, donde la llama de la Madre se profana y las Evas de este mundo tientan diariamente al hombre Adán para que comparta el fruto prohibido del árbol del conocimiento del bien y el mal. ¡Sean desenmascaradas! Y arrepiéntanse de sus actos.

En el nombre del YO SOY EL QUE YO SOY, ¡envío los fuegos del rayo cristalino! Y sobre la humanidad sobrevendrá, repentinamente, sin aviso, una congelación de sus acciones y su conciencia como el día en que el sol y la luna se detuvieron,[213] y las propias estrellas se pararon en su curso. Así, por un momento de la eternidad deslizado en el tiempo y el espacio, habrá un silencio y toda acción se detendrá. Y los ángeles del SEÑOR tomarán nota de los actos de la humanidad y de los caídos.

Y la gente no tendrá tiempo de arreglarse y acicalarse como si fuera domingo, ante los espejos de su vanidad. Esta es la cámara oculta del SEÑOR. Y el obturador del Ojo Omnividente de Dios hará el disparo; y el alma oirá el disparo y los caídos oirán el disparo y sabrán que se han obtenido las pruebas para la ejecución del juicio este día.

¡Sed diligentes, oh, hijos míos, hijos del Uno! Haced las obras de rectitud, cumplid la ley de la vida que enseñan los seres Crísticos, y no tengáis miedo. Porque quienes cumplen sus votos sagrados no tienen nada que temer, sino que solo tienen la expectación de la alegría, la liberación, la luz y el descubrimiento que viene en alas del juicio, el juicio que con seguridad será conocido como la mayor manifestación de amor que el mundo jamás ha visto.[214]

El servicio de la Virgen María a las evoluciones de la Tierra

La Virgen María es la Arcangelina del quinto rayo. Ella se ofreció a venir a la Tierra para traer al mundo al Cristo y la luz de Omega para una raza caída. La suya es una historia de sacrificio, de gracia y una devoción incondicional hacia el Dios Padre-Madre:

> Soy María. He elegido animar el Rayo de la Madre para un cosmos. Soy la sierva del SEÑOR Alfa y el instrumento de Omega. Soy la conciencia del Dios Padre-Madre extendiéndose incluso a los planos de la Materia,

para que los niños del Uno puedan conocer la santidad de la comunión, del matrimonio de las hijas con el Espíritu Santo, de los votos de los hijos a una Virgen Cósmica.

Debido a que la llama del quinto rayo está relacionada con la precipitación en la Materia y debido a que el aspecto femenino de la llama está directamente envuelto en las espirales de la realización Divina que desciende desde la no forma a la forma, fui elegida por Alfa y Omega para encarnar en este sistema de mundos para establecer en el tiempo y el espacio el ejemplo de la Mujer Divina que ha alcanzado la total autorrealización en y como la Madre Divina. Qué bien recuerdo ese momento en que me convocaron los heraldos del rey y la reina, Alfa y Omega, ¡y fui acompañada por el amado Rafael para estar ante el trono de las llamas gemelas de un cosmos!

—Llamasteis, padre mío y madre mía, y he venido.

—Sí, amada nuestra, hemos llamado. A ti y a Rafael se os da la oportunidad desde el corazón de los Logos Solares de manifestar el equilibrio del flujo de la Verdad "como Arriba, así abajo", a través de las espirales de la figura en forma de ocho de nuestro cosmos; una oportunidad de ser en la tierra como en el cielo el alma del Rayo de la Madre.

—¿Qué significa esto, padre mío y madre mía?

—Significa que tú, María, has sido escogida para encarnar en los planos de la Materia, para asumir la forma femenina que las almas errantes de los niños de Dios tienen ahora, para vivir y servir entre ellas, para adorar la Llama Crística en su corazón; como han hecho Sanat Kumara y Gautama como seres Crísticos, los avatares y Budas que han precedido y los muchos ángeles que se han ofrecido a trabajar a través de formas de carne y hueso para salvar a las ovejas perdidas de la casa de Israel que han asumido los caminos de la generación idólatra.

Escuché las palabras de nuestro queridísimo Padre-

Madre y miré a los ojos a Rafael, mi amado. Y por un momento —solo un momento—, el dolor de la separación que se produciría fue demasiado fuerte. Al instante fui fortalecida por la belleza y nobleza de su semblante y la severidad de sus ojos disciplinados en la Ley. Él tenía, por así decirlo, más valor que yo para descender a los planos de la Materia.

Pero cuando sentí que me apretó la mano con la suya y la carga de la voluntad de Dios y nuestra dedicación a la Verdad eterna fluir hacia mi ser y alma, miré a la amada Presencia de Dios que ahora palpitaba en una total informidad como lenguas hendidas de fuego donde hacía un momento habían estado las figuras de la Polaridad Divina. Me arrodillé entregada totalmente al llamado de la jerarquía y, en silencio, ante el Sanctasanctórum, di mi vida para que la Palabra pudiera hacerse carne y habitar entre los habitantes de Terra, para que el Cristo, el Logos eterno, pudiera encarnar, el Ser Incorrupto.[215]

Queridos, ¿sabíais que para las almas y los ángeles que se ofrecen a encarnar en los varios sistemas de mundos en los que la conciencia de la Caída, del hombre y la mujer caídos, se ha apoderado de la raza, no hay garantía de que la corriente de vida salga de esa oscuridad ilesa, libre de remontar el vuelo para volver a los brazos del amor eterno? Quienes vienen de las octavas celestiales para defender la Verdad, para defender la vida de las almas que se han desviado del centro del ser, solo dependen de su compromiso con la llama; solo la decisión, la voluntad y el amor. Porque al entrar en el canal de parto y asumir el templo corporal que los padres terrenales han preparado (algunas veces con mucho amor, otras no tanto), deben renunciar, incluso, al recuerdo de otras esferas.

Oh sí, la gracia de Dios siempre está presente.
La presencia de Dios se puede conocer.

El amor de Dios está en todas partes,
incluso en las alas de la mañana
donde yo he volado.
Pero todo depende del llamado
y de hacer el llamado.

Porque todo el potencial de Dios y el hombre
puede convertirse en nada
cuando almas y ángeles abandonan la Verdad
    que Dios trajo.
La oración, pues, de todo avatar que desciende
es para la memoria de la estrella de Belén,
para que pueda contactar con el instructor
y la enseñanza de la Presencia YO SOY
y el Ser Crístico de todos,
para el viaje por los valles de la Tierra
y, después, el remonte hacia el centro del sol.

Y así descendí de la gracia de Dios;
y por su gracia, y solo por eso,
ascendí a su trono celestial.
Por tanto, entre las Arcangelinas soy
una que vivió directamente
el velo de las lágrimas humanas
y el paso de los años
de oscuridad a oscuridad
mientras fluye la conciencia de los hombres
hasta que, vivificados por alguna luz interior,
hallan el camino de gloria en gloria.

¡Consolaos, oh, hijos míos!
No hay lugar en la Tierra donde podáis estar
en el que yo no haya estado.
He visto al tentador y las tentaciones del pecado.
He visto al Cristo en la cruz
y lo he tenido en mis brazos
como niño y en la tumba,

el momento de la consagración del vientre cósmico.
Me he separado de mi hijo por el camino doloroso
y lo he visto clavado en la cruz
un día muy oscuro.
Mi alma también fue traspasada como lo será la tuya.[216]
Pero no temas: soy tu Madre, YO SOY contigo.

Porque he ido antes que tú
siguiendo los pasos del Sendero,
porque el bendito Hijo
también ha descendido y ascendido
por un vasto cosmos,
tú también puedes seguir cada paso, doloroso y dichoso.
Con paso seguro como la cabra blanca,
saltando a tu destino cósmico
y tu sitio en la cruz,
apresurándote a recibir la espada
que ha de traspasar el alma
para que puedas tener la compasión
de sanar a toda la humanidad.
Porque el camino es conocido,
porque hemos buscado y vencido,
tú, que has bajado respondiendo al llamado
de Alfa y Omega,
ten seguro que ascenderás
si haces firme tu vocación y elección[217]
con el llamado, las iniciaciones,
las pruebas, pruebas, pruebas.

Ofrecemos la mano como ayuda.
¡Tómala si quieres!
Siente la fuerza de Rafael
y la severidad de su amor.
Siente la certeza del amado
que te da la certeza de tu logro
de acuerdo con el lema

de quienes han venido a hacer Su voluntad:[218]
¡Puedes conseguirlo si lo intentas!
¡Puedes conseguirlo si lo intentas!

En medio de toda la oscuridad,
la densidad y los peligros
inherentes a un esquema mundial
donde el juicio se avecina,
los Arcángeles se presentan.
¡Oye su grito!
Vienen a interceder.
¿No vas a escucharlos?
Su palabra es Ley
directamente del habla del Logos.
Su palabra es poder manifestando la obra
del Creador, el Preservador, el Destructor.
En este ciclo del Espíritu Santo
puedes esperar oírla,
oír la sabiduría
que hace que los demonios tiemblen[219]
y el amor que es castigo
para quienes lo temen.

Sin el temor al Señor
no hay arrepentimiento,
y sin arrepentimiento
no puede haber perdón.
El perdón fluye;
pero ha de ser invocado
por el corazón humilde,
por el sincero que pide perdón al Señor
para poder deshacer su error
y volver a hacer el bien.
Cuando la disculpa se vuelve ritual,
muerto y sin obras,
es mejor quedar callados

y hacer el sacrificio vivo
como servicio a la Ley,
como testimonio y como prueba
de que el perdón es la justicia
de la misericordia de la Ley.[220]

La protección del niño Cristo interior

El rey Herodes, al considerar que el recién nacido Jesús era una amenaza, quiso matarlo. Así, José huyó a Egipto con María y Jesús para protegerlo. La Arcangelina María compara esa acción de protección del Cristo recién nacido con la alquimia de la Verdad que marca la hegemonía de la Llama Crística dentro de nuestro ser:

> La Verdad es el poder transformador que convierte un universo. Durante el período de la transformación intensa de la Verdad que el juicio trae, se producen los gemidos y las labores como cuando una madre da a luz a su primer hijo. El Niño Cristo está naciendo en ti.
>
> El juicio es la mano de Dios que abre paso al nacimiento del Divino Varón; porque hoy las fuerzas de Herodes están dispersas en la Tierra para evitar el nacimiento y la maduración de la Llama Crística en el corazón de la humanidad. Los hombres de Herodes[221] vienen con sus espadas, bisturís e instrumentos quirúrgicos. Vienen para hacer el trabajo del dragón y devorar al niño tan pronto como ha nacido.
>
> ¡Pero no temáis! Porque la advertencia del ángel del SEÑOR que se apareció a José, diciendo: «Toma al niño y a su madre, y huye a Egipto, y permanece allá hasta que yo te diga; porque acontecerá que Herodes buscará al niño para matarlo»[222], llega a todos los hijos e hijas de Dios que hayan asumido la responsabilidad de traer al mundo al Divino Varón. Y los ángeles del SEÑOR interceden en esta hora para preservar la vida, la Verdad y el amor como la

llama trina sobre el altar del corazón.

Esperad y escuchad. Escuchad bien las palabras de los Arcángeles y las Arcangelinas. Y leed entre líneas... porque hay mensajes para todas y cada una de las almas y hay aplicaciones para todas y cada una de las circunstancias elaboradas por los caídos para atrapar a los santos inocentes cuando estos hacen camino por las poco transitadas vías que conducen al lugar seguro.[223]

Así, María enseña que, si hemos de proteger y honrar al Niño Cristo que está naciendo en nosotros, debemos llevar nuestra conciencia a un país remoto, a un nuevo compartimento de nuestro ser. Debemos «ir a Egipto». Una vez que nos encontremos allí, habremos abandonado nuestra morada habitual, los impulsos acumulados del pasado. Entonces, la alquimia de nuestras iniciaciones en el Sendero podrá continuar sin los obstáculos de esos impulsos acumulados ni los caídos, los Herodes, que se conectarían con tales impulsos para matar al Niño Cristo interior.

Podemos trascender nuestro pasado practicando la ciencia del concepto inmaculado. Debemos visualizar y afirmar que ya somos las virtudes que deseamos exteriorizar. Esa fuerte matriz hará que nuestras energías se muevan en la dirección deseada. Cuando se haya establecido firmemente la costumbre de vivir en el nuevo nivel, tendremos que vestirnos con un nuevo incremento del «hombre nuevo», que es Cristo.

Nuestra Presencia Divina mantiene continuamente el concepto inmaculado de nuestro ser y el cumplimiento de nuestro plan divino. En cada momento podemos conectarnos con ello. Podemos atrapar el rayo de luz que desciende por el cordón cristalino desde lo alto y seguirlo hasta la matriz original de nuestro ser.

Cuando te sintonices con su Ser Crístico, es muy posible que por el camino te encuentres con María, porque ella se deleita en interceder por sus hijos. «Cuando el Señor Cristo, mi hijo Jesús, reza fervientemente ante el altar del Dios Altísimo por los hijos del Uno, cuando lo veo bajar de la montaña del Señor, con el rostro resplandeciente como el sol, con los vestidos blancos como la luz, corro a saludarlo en el camino y él me abraza en el Rayo de la Madre. Y entonces le pido esas dispensaciones para los elegidos que a él corresponde dar y a mí impartir como matriarca de la Ley»[224].

Cuando tu karma descienda y las nubes oscuras de tu pasado te rodeen como una mortaja, recuerda que quienes te aman más —tus hermanos y hermanas ascendidas— estuvieron una vez donde tú estás ahora. Ellos han vuelto a casa victoriosos sobre la muerte y el infierno, y están deseosos de disfrutar de tu victoria incluso más que de la suya propia.

La Virgen María da un vislumbre de la recepción celestial que te espera: «Como soldados que vuelven de las batallas de la vida para recibir sus galones y distintivos (y como los Boy Scouts, con sus emblemas y sus galones), los seres llameantes que han vencido, cuando son invitados a las recepciones formales que se celebran en los retiros de la Gran Hermandad Blanca, deben llegar vestidos con ropa militar formal. Por cómo van vestidos, todos saben qué mundos han conquistado, cuándo y dónde. Y los viejos camaradas que han compartido la victoria de los mundos rememoran la estrategia de su victoria mientras miran con nostalgia a quienes ahora están metidos en la guerra por la salvación de este planeta y su gente»[225].

Guardar los vestidos del Señor

L AS ALMAS QUE RECORREN EL SENDERO de iniciación invocan luz y más luz para saldar el karma que bloquea su sendero personal de reunión con Dios (la Presencia YO SOY) y con su llama gemela. Cada iniciación que se afronta está diseñada para poner al alma cara a cara con gente y situaciones que en el pasado han sido piedras de tropiezo. El Gran Iniciador, el Señor Maitreya, se acerca al alma a través de acontecimientos cotidianos para ofrecerle una oportunidad de convertir lo que eran obstáculos en escalones hacia un logro más grande.

Así, Maitreya revela la esencia de la espiritualidad como una disposición a sufrir los dolores del crecimiento propio y aceptar la carga de luz que acompaña a un caminar más cerca de Dios. «La finalidad de la iniciación —dice Maitreya— es la inauguración de espirales de integración Divina dentro de las almas que quieren dirigirse hacia el centro del ser que es la vida. La vida en todo su destellante esplendor, la vida en toda su concentrada esencia del fuego sagrado es demasiado intensa para los mortales que se han sometido a las leyes de la mortalidad»[226].

Escuchemos, pues, al Arcángel Uriel, que nos relata cómo se

convirtieron las leyes de la mortalidad en algo común para las almas en evolución.

El SEÑOR Dios creó el Jardín del Edén como un refugio de luz y hermosura, como una réplica del Cuerpo Causal, para las primeras razas raíz que no se apartaron de la perfección del plan. En el centro del jardín estaba el Árbol de la Vida, foco de la Presencia YO SOY hecho tangible en la Materia.

Y el árbol del conocimiento del bien y el mal era la presencia del Cristo, el bendito Mediador en cuya conciencia se encuentra el equilibrio de la absoluta perfección de Dios y la relativa imperfección del hombre y la mujer. «Y mandó el SEÑOR Dios al hombre, diciendo: De todo árbol del huerto podrás comer; mas del árbol de la ciencia del bien y del mal no comerás; porque el día que de él comieres, ciertamente morirás»[227].

El hecho de que Eva escuchara a la Serpiente, que dijo: «Seguramente no moriréis», fue la primera vez que se puso en compromiso la llama del Cristo en Terra.[228] Y así, aconteció que las generaciones de la cuarta raza raíz que vivían en la abundancia de la Tierra Madre tomaron parte de las energías del Cristo y del fruto de la viña antes de ser iniciados por el Dios Todopoderoso para que tomaran parte de la Sagrada Comunión.

Después, el que dijo: «Yo soy la vid, vosotros los pámpanos»; «si no coméis la carne del Hijo del Hombre, y bebéis su sangre, no tenéis vida en vosotros»,[229] vendría para iniciar a la humanidad en las sagradas energías de la Palabra y del Logos, vendría para iniciar el ritual con el que el hombre y la mujer consagrados en Cristo pudieran tomar parte de la Eucaristía.

Los castigos por tomar el fruto de la viña antes de que la mano de Dios lo ofrezca con gracia son de hecho muy serios. La expulsión del paraíso fue para el hombre y la mujer caídos el cierre del acceso al Cuerpo Causal.

Su rebelión fue contra la ley del Cristo. Así, debido a una mala elección, ingeniada con la astucia de la mente serpentina, se apartaron de la mesa del Señor y de los dones y las gracias abundantes que son la gnosis del árbol del conocimiento.

Y para que su rebelión y arrogancia no les hiciera alzar la mano y tomar también del Árbol de la Vida, tomando así parte de las energías del YO SOY EL QUE YO SOY e invirtiéndolas en las creaciones de los malvados, el Señor Dios expulsó al hombre y a la mujer del jardín del paraíso.

Para proteger la conciencia del YO SOY EL QUE YO SOY, Él puso al este del jardín «querubines, y una espada encendida que se revolvía por todos lados, para guardar el camino del Árbol de la Vida». El este es el lado de la conciencia Crística y la espada es la Palabra sagrada de la Verdad viva que procede de la boca del Fiel y Verdadero. La espada es la que se revuelve por todos lados en los cuadrantes de la Materia para proteger la exteriorización que el alma hace de la llama trina del ser Crístico. Y los querubines son la conciencia protectora del Dios Todopoderoso que protege esa llama en el hombre y la mujer, en el cielo y la tierra, en el Sanctasanctórum y en las coordenadas del tiempo y el espacio.[230]

A quienes han entrado en la conciencia de la mortalidad se les ha prohibido el acceso directo al Sanctasanctórum, porque, como explica Maitreya:

Quienes viven según la muerte y la desintegración de la muerte no están preparados para vivir en una vida que es Dios. Creen que tienen vida, pero la suya es una cuasi existencia en una zona gris del tiempo y el espacio. Mientras que experimentan lo que llaman vida en una franja gris de autopercepción estrecha, nosotros, que somos seres libres en Dios, podemos declarar y declararemos:

«En Él vivimos, y nos movemos, y somos. . . porque lina-je suyo somos».[231]

. . . Si colocara la vara de iniciación sobre la frente de quienes se arrodillan ante el altar del Cristo Cósmico antes de que reciban la iniciación en los ciclos de la vida, no haría más que prestar el impulso acumulado de mi autoridad en la vida como un refuerzo de la muerte de su negación suprema del Yo Real que es Dios.

La luz que fluye, corazón, cabeza y mano, de la con-ciencia del Cristo Cósmico es la luz que hace permanente todo lo que es real, bueno, hermoso y gozoso en vosotros. Esta es la luz que puede dotar al alma de vida eterna y esta es la luz que el SEÑOR Dios ha negado a los mortales hasta que estos estén dispuestos a vestirse de inmortali-dad. Por ello, está escrito como edicto de la Ley que «esto corruptible ha de vestirse de incorrupción, y esto mortal ha de vestirse de inmortalidad».[232]

Uriel viene a ayudarnos Estoy ante la presencia viva de la Ley en todas y cada una de las almas que, al leer mis palabras, pronuncian la promesa de lealtad al Árbol de la Vida, la Presencia YO SOY. Y leo la proclamación que hoy proviene de la mano de Alfa y Omega. Es una procla-mación de oportunidad de gracia para que vuestra alma regrese al paraíso perdido, al jardín del Cuerpo Causal, al lugar donde la conciencia del Cristo implanta el conoci-miento del árbol del conocimiento del bien y el mal.

A cada alma que lea estas palabras y que haya alber-gado la conciencia de la Caída, traigo la oportunidad de ascender al trono de gracia. El sendero de vuestro viaje hacia el fin de los ciclos del karma personal y planetario ha sido calculado, para vosotros y para todas las almas que hayan salido del centro del sol hacia la periferia de las esferas creadas en la Materia. A todos y cada uno de quienes tengan lealtad se les entrega la fórmula y el campo energético de luz en mano de vuestro amado Ser Crístico.

Por tanto, no vayáis a fornicar persiguiendo a otros dioses y a otros cristos y espíritus guías con sus fantasías y su inmundicia de fenómenos psíquicos. Mas siéntese todo hombre y toda mujer bajo su propia vid y su propia higuera, bajo su propio Ser Crístico y su propia Presencia YO SOY, como se sentó Jonás a la sombra de la calabacera que el Señor Dios preparó para librarle de su dolor y el gemir de su alma por su esfuerzo en el camino de la renuncia. ¿Eres tú así hoy? ¿Estás, con Saúl, el no redimido, dando coces contra los aguijones del Cristo? ¡He aquí, vuestra redención está cerca! ¡He aquí, tu Redentor vive![233]

Soy la llameante presencia del ser Crístico. Estoy ante vosotros; aun así, estoy en el centro del sol. Soy la presencia viva de la llama, que yo he de poseer y vosotros reclamar. Existe un camino. Es el camino de la vida simplificada; es el flujo de la niebla de fuego cristalino que consume la mistificación de la mente serpentina.

La contaminación del río de la vida

Contemplad cómo las aguas fluyen como un río desde el Edén, que descienden para alimentar a los planos de la Materia con el flujo ígneo de las energías del Espíritu. Y el flujo del cordón cristalino se dividió y se repartió en cuatro brazos.[234] Y el primero, Pisón, rodea toda la tierra de Havila, que simboliza el plano etérico, donde hay oro, bedelio y la piedra ónice; y el segundo es Gihón, que rodea toda la tierra de Etiopía, que simboliza el plano mental; y el tercero es Hidekel, que va a Asiria, que simboliza el plano astral; y el cuarto es Éufrates, que se extiende por las llanuras, que simbolizan el riego de todo el plano físico.

Ahora, veamos cómo la humanidad ha contaminado, con sus abusos del fuego sagrado en el sexto rayo del Señor Cristo, las cuatro corrientes de la conciencia de Dios que fluye. Y veamos cómo han sufrido sus propias corrientes de vida por las grandes inundaciones, los incendios, las sequías, las funestas plagas y el extremo dolor, la tempestad, el tornado y la premonitoria calma antes del estruendoso huracán, el glaciar que se aproxima, la erupción del Vesubio o el gran maremoto. Las calamidades de la Materia, cuando la vida elemental se sacude los abusos de los elementos, rompen contra la espalda del hombre caído y la mujer caída: «Polvo eres, y al polvo volverás»[235].

Al descender la luz de la iniciación, el iniciado ha de ser capaz de soportar la mayor afluencia del Espíritu Santo. Para la mente carnal y el portador del propio potencial caído (el ego humano), este fuego consumidor llega como una represión, mientras que, para la inocencia del alma, trae alivio del distanciamiento, de una vida fuera de la conciencia edénica. Este fuego llega como el despertar de un letargo espiritual, una liberación de costumbres antiquísimas que sofocan y frustran internamente al aspirante. Por tanto, recibid de buena gana el juicio. Recibid de buena gana la iniciación. Recibid de buena gana el poder de la restauración.

Ahora viene el ángel del sexto rayo del Templo del Tabernáculo del Testimonio. Y yo [Uriel] derramo mi copa sobre el gran río Éufrates; y su agua se seca, para que el camino de los reyes de Oriente pueda prepararse.[236] Ahora oíd el testimonio del sexto de los ángeles que entregan las copas doradas de la ira de Dios sobre la Tierra

Tejer el vestido de bodas para el juicio de la Gran Ramera

El derramamiento de la copa de los abusos que la humanidad ha hecho de la luz del sexto rayo debe preceder al juicio de la Gran Ramera, esa perversión del rayo femenino que está sentada sobre muchas aguas. Y con su fornicación ha pervertido en la Materia el flujo sagrado del núcleo de fuego blanco de la Madre. Y ese flujo del gran río Éufrates alimentaba el Cuerpo de Dios sobre la Tierra, que formaba la Iglesia de nuestro Señor. Sin embargo, esa Iglesia ahora es como la gran Babilonia, la apóstata de la Iglesia que «se ha hecho habitación de demonios y guarida de todo espíritu inmundo, y albergue de toda ave inmunda y aborrecible".

Y yo soy el ángel que habló con Juan. Y le mostré a la mujer sentada sobre «una bestia escarlata, llena de nombres de blasfemia, que tenía siete cabezas y diez cuernos», esa mujer «vestida de púrpura y escarlata, y adornada de oro, de piedras preciosas y de perlas, y tenía en la mano un cáliz de oro lleno de abominaciones y de la inmundicia de su fornicación».

Y Juan vio el nombre escrito sobre su frente: «BABILONIA LA GRANDE, LA MADRE DE LAS RAMERAS Y DE LAS ABOMINACIONES DE LA TIERRA». Y vio «la mujer ebria de la sangre de los santos, y de la sangre de los mártires de Jesús». Y le dije que las aguas que vio donde se sentaba la ramera, las aguas del gran río, son los pueblos y las multitudes, las naciones y las lenguas que han dado sus energías a Babilonia la Grande.[237]

Por tanto, las aguas de la Madre que fluyen como el cristal, usadas y aplicadas mal, de las que se han apropiado indebidamente y que están mal alineadas con la Gran Ramera, se han secado, para que aquellos que poseen la maestría de la Llama Crística puedan aparecer y señorear la Tierra.

¡Aparezcan los reyes de Oriente! ¡Aparezcan los magos que han ejercido un sabio dominio en los usos de la llama trina! Ellos portan la abundancia de la Madre, que nadie les quitará. Ahora, veamos el juicio de Babilonia la Grande y de esas cosas que Jesucristo predijo, que pronto la humanidad sufrirá a menos que se arrepienta de sus actos.

Vosotros, que quisierais guardar vuestras vestiduras en el Señor como velos de inocencia que cubren el cuerpo de la Madre, descansad vuestra mirada sobre las estrellas, sobre los árboles que se mueven con los vientos del Espíritu Santo, sobre la montaña más alta que puedan perfilar vuestros ojos donde podáis ver el girar de los mundos al pasar las nubes ante el sol.

El desgarro del velo de inocencia es la gran calamidad de la existencia mortal. El hombre y la mujer no debían tomar el fruto del árbol del conocimiento del bien y el mal antes de recibir las iniciaciones del Cristo. La consecuencia inmediata de ese acto fue que los ojos de ambos se abrieron y ellos supieron que estaban desnudos. Y se cosieron hojas de higuera y se hicieron delantales. Esto es el desgarro del velo de inocencia y solo se puede remendar cuando se vuelve a aplicar el fuego sagrado, la vestidura de pureza en la que el Señor Dios selló a las almas que descendieron a la Materia para que no se contaminaran con el velo de energía llamado "mal".

«Y oyeron la voz del Señor Dios que se paseaba en el huerto, al aire del día; y el hombre y su mujer se escondieron de la presencia del Señor Dios entre los árboles del huerto».[238] ¿Os podéis imaginar lo que sería esconderos de la presencia del Señor? Sin embargo, desde la expulsión del Edén, ¡la humanidad ha querido engañar a su Dios! Y al hacerlo, solo se ha engañado a sí misma.

Los velos de esta inocencia son los velos de los siete rayos que lleva puestos la novia, la esposa del Cordero, que se ha preparado, que ha preparado su conciencia para la consumación en la Llama Crística, para el regreso al paraíso del YO SOY EL QUE YO SOY. De la mano del amado, el Cordero de Dios, la Reina Virgen regresa al Sanctasanctórum mientras es recibida como la Novia del Espíritu Santo. Júntense en el círculo santificado del AUM los hijos del Uno que deseen guardar sus vestiduras para tejer la vestidura sin costuras; porque nadie accederá a la cena de bodas del Cordero sin ese vestido.[239]

¡Soy Uriel y estoy en el lugar del sol! Centrado en el gran disco solar, he venido. Estoy ante todos quienes hayan desgarrado sus vestiduras y no saben que están desnudos ante el SEÑOR Dios, y digo: Tú dices: «Yo soy rico, y me he enriquecido, y de ninguna cosa tengo necesidad», y no sabes que tú eres un desventurado, miserable, pobre, ciego y desnudo. Te aconsejo que de mí compres el oro refinado del sexto rayo, refinado en fuego, para que seas rico, y vestiduras blancas, las de los Arcángeles, para vestirte y que no se descubra la vergüenza de tu desnudez; y unge tus ojos con colirio, para que veas la luz del Sanctasanctórum.[240]

¡Yo llamo a los hijos del Uno! ¡Entro en contacto con cada llama del corazón con el fuego dorado del sol! En el nombre del SEÑOR Dios, llamo a Adán y a Eva: ¿Dónde estás? ¿Dónde está tu conciencia? ¿Dónde está tu corazón? ¿Dónde está tu mente y tu alma? ¡Y exijo que me deis respuesta hoy! No podéis seguir en las sombras cuando el sol está en su cénit. ¡Salid de las sombras y declarad!

¿Dónde estás? ¿Quién eres? ¿Qué haces con las energías sagradas de tu Dios? ¡Sal de tu casa! ¡Levántate de tu cama! ¡Sal del sopor y deja de manipular el fuego sagrado! Escucha las palabras del Espíritu, el Amén, el testigo fiel y verdadero: «Yo conozco tus obras, que ni eres frío ni caliente. ¡Ojalá fueses frío o caliente! Pero por cuanto eres tibio, y no frío ni caliente, te vomitaré de mi boca».[241]

Levántate cada mañana por encima de los niveles de sustancia calcificada. Que la luz destruya las viejas matrices de la muerte y el morir, la corrupción que aborta los ciclos del sol, ignorando incluso la visita de Dios, tu poderosa Presencia YO SOY. Para que no se pierda ni una sola gota de tu esencia vital, invoca al Señor de tu ser, el Santo de todo lo que es real que vive en tu corazón, para salvar y saborear la llama de amor viva que no se ha perdido en los pliegues polvorientos, oscuros, de la tierra, terrenales, de unas vestiduras gastadas desde hace mucho. Recibe la luz del amanecer a cada momento. Captura la alegría de la resurrección de cada momento.

Haz caso al SEÑOR. Haz caso a Maitreya, que viene «a sacudir a quien desea ser un iniciado del letargo de los siglos. Y produzca el temblor de la tierra que marca la resurrección de los seres Crísticos la liberación de las almas de las tumbas de su mortalidad.[242] ¡Levántense ellos de las tumbas de la muerte egoísta! ¡Vístanse ellos con los nuevos vestidos de la vida y el dar; de la alegría y del dar de uno mismo a Dios, Dios, Dios! . . .

Una exigencia absoluta de la ley de la vida es que os vistáis con las espirales de integración; integración con Dios, vuestro Yo Real. Día a día, línea a línea, el desafío de la iniciación sirve para integrar al alma, ese potencial de la individualidad, con el Dios vivo, el YO SOY EL QUE YO SOY.[243]

Saint Germain, jerarca de la era de Acuario, desea guiar a todas las almas hacia su libertad inmortal. Pero solo pocas han respondido al amor de su corazón. Uriel dice:

Sus palabras han caído en la sordera y la mudez de quienes son más lerdos que las propias piedras. Sin embargo, el Señor ha dicho: «Si estos callaran, las piedras clamarían»[244].

Si los hijos del Uno no dan un paso al frente para declarar su lealtad a las huestes ascendidas —si no sienten el fervor del amor del Dios Todopoderoso en este momento en que los ciclos están cambiando—, entonces la vida elemental se levantará para defender la luz de la mujer y su progenie. Y ellos portarán la llama de la Madre que otros han descartado por el camino.

Cada vez que un niño de Dios deja caer esa llama, los elementales, que son devotos de la Madre de las Estaciones, la Madre de los Cuatro Cuadrantes, dan un salto y dejan sus tareas en el jardín de Dios para capturar la antorcha antes de que toque el suelo. Ellos no permitirán la profanación de la Llama de la Madre. Ellos guardan sus vestiduras. Por tanto, confesad vuestra desnudez ante vuestra propia Presencia YO SOY, para que el juicio del hombre caído y la mujer caída pueda pronunciarse en el Sanctasanctórum. Y entonces, empezad a echar fuera el pecado, a conseguir vuestra victoria, y a entrar.

Los juicios del SEÑOR son justos y verdaderos. Su misericordia es la liberación del alma. La expulsión del Edén fue la justicia de la Ley ofreciendo la oportunidad en el tiempo y el espacio para que el hombre y la mujer tejieran sus vestiduras sin costuras y volvieran a la morada de Dios. Y esta es la promesa del Todopoderoso que con certeza se producirá: «He aquí, yo vengo como ladrón. Bienaventurado el que vela, y guarda sus ropas, para que no ande desnudo, y vean su vergüenza»[245].

Os dejo con las meditaciones de mi corazón sobre el Señor Cristo. Os sello en las meditaciones de mi corazón, que serán para vosotros un campo energético en la Materia del lugar secreto del Altísimo. ¡Morad en el Sanctasanctórum! ¡Morad bajo la sombra del Todopoderoso! Morad en la llama del arca de la alianza, y conoced el cese de todas las aflicciones bajo las confiadas alas de los querubines protectores.[246]

El misterio del Cristo crucificado

«Todos pecaron, y están destituidos de la gloria de Dios»[247]. Aun así, al descender el karma sobre el justo y el injusto por igual, qué grande es la brecha entre quienes han tomado el estandarte del Caído y los portadores de luz, que actuarían mejor si supieran más. Quienes aman a Dios salen al encuentro de sus aflicciones kármicas con la certeza de que su Padre-Madre está poniendo a prueba de qué están hechos y los están preparando para la vida eterna; mientras que quienes no aman la luz, sino que se aferran solo a la oscuridad, levantan los puños desafiando a la Ley, lamentándose entretanto de las supuestas injusticias que la vida parece repartirles.

La Ley debe quedar satisfecha, tal como la gracia de Cristo está disponible sin coste alguno para todos quienes quieran hacer reparaciones. Jesús dijo: «Todavía un poco de tiempo estaré con vosotros, e iré al que me envió. Me buscaréis, y no me hallaréis; y a donde yo estaré, vosotros no podréis venir»[248]. Sin embargo, la gracia de Dios es eterna y la luz del Cristo que se extiende a través del corazón ofrece la oportunidad de hacer reparaciones aquí y ahora, en los momentos especiales del tiempo y del espacio.

Con humildad, arrepentimiento y una aceptación amorosa de la gracia de Dios, el alma es alimentada y crece —acercándose más y más a Dios, su Presencia YO SOY— mientras la ley de los ciclos le trae olas de karma para una adjudicación. Pero en quienes han rechazado la gracia de Dios, este proceso de juicio se convierte en una oportunidad para que Dios reclame la energía prisionera del Cristo crucificado en un mundo empedernido.

La Arcangelina Aurora desvela el misterio del Cristo crucificado, y trae consuelo a las almas de luz que han recorrido la vía dolorosa demasiado tiempo.

> Vengo como la mujer con el vaso de alabastro lleno de perfume. Vengo con el valioso nardo, y rompo el vaso y lo derramo sobre la cabeza de la Madre y la de sus hijos. Que murmuren los caídos contra mí mientras realizo el ritual de la Ley. Como Jesús defendió el rito de la mujer, así el Señor Cristo defiende hoy el derecho de la Madre y los hijos de Dios a recibir la unción de una Arcangelina: «Déjala; para el día de mi sepultura ha guardado esto [como ritual]»[249].

> Y esta unción del chakra de la coronilla de la Madre y sus hijos lo representará la Madre de la Llama como iniciación para los devotos que entren en el Sanctasanctórum de la Iglesia Universal y Triunfante. Por tanto,

quienes beban todo el cáliz de la Sangre de Cristo y quienes compartan el Cuerpo de Cristo, también estarán ante el Poncio Pilato de este mundo. Porque para que los luciferinos puedan ser juzgados, aquellos tienen que representar el juicio de los seres Crísticos.

Dejad que los principales sacerdotes y los ancianos del pueblo entren en consejo contra la Madre y sus hijos. Que la aten y se la lleven. Porque esta es su hora y el poder de la oscuridad. No juzguéis, para que no seáis juzgados. Y cuando los testigos den falso testimonio contra la Madre y cuando se contradigan con sus mentiras, la Madre no dirá una sola palabra.[250] Porque la Palabra del Logos y la espada de doble filo de la Verdad será para ella la defensa de justicia.

¡Que el León de la tribu de Judá aparezca para defender a la Madre en la hora de la liberación del mal y la generación malvada! ¡Que quienes traicionan la llama de la Madre hagan pronto lo que van a hacer![251] Los Arcángeles abren el camino para los traidores, para que puedan traicionarse a sí mismos y, así, ser hallados faltos en el día del juicio.

Muchos son los que albergan odio y malicia, mentiras y blasfemias contra la Madre y sus hijos. Y guardan en su corazón su malvado secreto; y hablan chismes entre ellos en las sombras de los mercados, desviando a las jóvenes almas de la llama que no se puede extinguir, de la llama que es salvación para la creación y toda criatura viva.

Por tanto, dejamos que la espada atraviese el alma de la Madre «para que sean revelados los pensamientos de muchos corazones», para que su karma pueda coagularse. Porque con su espada serán justificados y con su espada serán condenados. Y todo hombre será juzgado según sus obras.[252]

La crucifixión es la pasión del Señor y de los santos que han conseguido la victoria sobre la bestia, sobre su imagen, sobre su marca y sobre el número de su nombre. Y esta pasión es la intensificación de los fuegos del amor en el corazón de los santos mientras caminan por la vía dolorosa, convirtiéndolo en la vía gloriosa a medida que, paso a paso, estación a estación, cumplen las catorce pruebas de los seres Crísticos.

Los Arcángeles y las Arcangelinas de hecho patrocinan a los hijos del Uno en su paso por la prueba de fuego. Por tanto, nosotros aconsejamos: «Sobre todo, tomad el escudo de la fe, con que podáis apagar todos los dardos de fuego del maligno»²⁵³. Y los catorce ángeles que guardan la llama de la vida por el cuerpo y el alma de la Madre y sus hijos tienen la llave de la victoria en las catorce estaciones de la cruz.

Sé firme, afronta y conquista

Al leer nuestras advertencias… sean estas para vuestro fortalecimiento cuando estéis enfrente del Señor Cristo y su Madre y la llama de ella y la Palabra encarnada. Y en vuestra preparación para recibir al Espíritu Santo, esos fuegos sagrados son para consumir toda la resistencia de la mente carnal ante la vivificación del alma a través de la adversidad de la cruz,

¡Sé firme, afronta y conquista espada en mano
    y el fuego del amor que arde en tu corazón!
¡Sé firme, afronta y conquista la separación de
    las aguas y las copas que impartimos!
¡Sé firme, afronta y conquista! Clava la espada
    de la Verdad en la causa y el núcleo de la mentira.
¡Sé firme, afronta y conquista! Porque el ejército
    del Señor se acerca.

Hijos e hijas de Dios, no deis la espalda a vuestro exaltado destino, que los ángeles han escrito en el Libro de la Vida con texto de oro. Recordad a Jesús, el amado Hijo de Dios que, resuelto con amor y con fervor apasionado por la voluntad de Dios, resistió todas las tentaciones de salirse del sendero de la crucifixión. Y cuando les dijo a sus discípulos todas las cosas que iba a sufrir por los ancianos y principales sacerdotes y escribas, y que lo matarían y él resucitaría al tercer día, Pedro lo reprendió.[254]

Como los modernos metafísicos, quienes, con su mentalismo, evitan el enfrentamiento a la iniciación de la crucifixión, Pedro declaró con su mentalidad carnal: «Señor, ten compasión de ti; en ninguna manera esto te acontezca». Que quienes profesan que la crucifixión es innecesaria, pero quieren tomar parte en la resurrección y la ascensión, oigan la denuncia del Señor: «¡Quítate de delante de mí, Satanás!, me eres tropiezo, porque no pones la mira en las cosas de Dios, sino en las de los hombres».

En la hora del juicio, los Señores del Karma cuentan los discípulos del Señor. Y cuando sintáis la intensidad del rayo del Señor sobre la cabeza, sabed que el examen de los emisarios del Señor os ha llegado y los ángeles del Guardián de los Pergaminos hacen recuento de las obras. Oigamos la fórmula pronunciada por Jesús con la que os podéis pesar de antemano para determinar cuál será la cuenta: Si algún hombre quiere seguirme, niéguese a sí mismo, y tome su cruz, y sígame.[255]

Veremos; veremos quién está dispuesto a llevar la cruz del karma personal y planetario. Veremos quién querrá salvar su vida y quién la perderá por Cristo. Porque el Hijo del hombre vendrá con la gloria de su Padre. Vuestro Ser Crístico descenderá con la gloria de vuestra Presencia YO SOY y con los ángeles del ser que se ha hecho Cristo. Y entonces, Jesús en el Ser Crístico de todos recompensará a todos los hombres de acuerdo con sus obras.

¡Mirad aquí! Resistid el llanto y los gemidos de las hijas de Jerusalén y quienes injurian a los hijos y las hijas de Dios, que están dispuestos a ponerse ellos mismos en la cruz por Cristo y por la humanidad. ¡Que sacudan la cabeza! ¡Que os desafíen a bajar de la cruz! Que se burlen, incluso los ladrones que «lo mismo le injuriaban»[256].

Mantener el equilibrio por un planeta y su gente

En ese momento, benditos, sea en vuestro corazón la meditación del corazón de un Cristo: «La copa que el Padre me ha dado, ¿no la he de beber?». Cuando el Señor está listo, enviará más de doce legiones del corazón del Padre para liberaros de todo mal.[257] Llegue la liberación según los tiempos del Señor, porque él extenderá el tiempo y el espacio de la persecución de los seres Crísticos, para que los malvados sean juzgados mientras tienen en sus manos los instrumentos de maldad.

Mientras el juicio del Dios Todopoderoso se le entrega a esta generación a través de la mano de los Siete Arcángeles, los hijos y las hijas de Dios, iniciados para la crucifixión por la Madre, deben mantener el equilibrio en su cuerpo, en su alma, en sus chakras y en su conciencia para que el juicio no destruya totalmente al planeta y su gente. Porque ahora es el juicio de este mundo; ahora es arrojado el príncipe de este mundo por el fíat de Alfa y Omega. Y los hijos y las hijas de Dios deben pagar el precio del exorcismo del Caído y sus ángeles, y el precio es el sacrificio del ego.

Por tanto, dejad el ego, elevad al Cristo, y aprended el significado de la frase del Señor: «Y yo, si fuere levantado de la tierra, a todos atraeré a mí mismo»[258]. Cuando eleváis las energías del Cristo, cuando permitís que los fuegos de la Madre se eleven como el caduceo del cayado de la vida, la luz de la Madre y el Hijo magnetizada en vuestra aura atraerá a las almas de la humanidad hacia la presencia del Espíritu Santo y hacia el centro del YO SOY EL QUE YO SOY.

Sí, hay que pagar un precio. La Madre de la Llama ha estado de acuerdo en pagar el precio. ¿Estaréis de acuerdo también vosotros al ir por el camino con ella? Vuestro amado Lanello[259] anunció el último día de 1974 que la jerarquía ya no podía detener por más tiempo el aumento de luz en su cuerpo y en su alma.

Para que Terra pase por la hora de su crucifixión hacia la gloria de su resurrección, «la luz debe aumentarse, la luz debe intensificarse, y el depósito de esa luz es nuestra Mensajera en la forma». La luz se aumenta para la salvación de las almas. Sin embargo, esta luz, como la penetración de la espada de la Verdad, precipita el odio humano. Y en esa cruz es crucificada la Madre, y sus hijos, y todos quienes tomen la cruz de Cristo siguiéndola a ella.

Con el aumento de luz también llega la alegría de los milagros de curación dispensados a los niños mediante sus manos curativas. Y en la hora más oscura de la noche, cuando la luz se incrementa al máximo, cuando muchos tropezarán y se aborrecerán y se entregarán unos a otros, recordad las palabras que están escritas: «Entonces todos los discípulos, dejándole, huyeron». Aguantad acérrimos, pues, hijos de la Madre, para defender la llama cuando la Madre sea aborrecida «de todas las gentes por causa de mi nombre». Que no se escriba en el libro del juicio que la negasteis tres veces antes de que el cantara el gallo.[260]

Porque Lanello ha profetizado que muchos darán la espalda a la llama de la Madre porque su amor hará que salgan las toxinas de odio de sus cuatro cuerpos inferiores; y ese odio debe extraerse para que su alma pueda salvarse del karma de su propio odio. Quienes consignan su karma a la llama del fuego sagrado antes de que este hierva y se convierta en úlceras en el cuerpo permanecerán en el mandala de la Madre. Pero quienes no lo hagan, blasfemarán su nombre debido a los dolores que sufrirán, y no se arrepentirán de sus actos.

Toma la copa de la comunión y no la de la ira

Jesucristo, la verdadera cabeza de la Iglesia Universal y Triunfante, os ofrece la copa de la comunión, diciendo: «Bebed de ella todos». Y recordaréis sus palabras en Getsemaní: «Padre, si quieres, pasa de mí esta copa; pero no se haga mi voluntad, sino la tuya». Y cuando os hayáis comprometido con la voluntad de Dios, los soldados del gobernador os darán la copa de vinagre mezclado con hiel. La probaréis, pero no beberéis de ella.[261]

Esta es la copa de la ira del karma de la humanidad que quisiera hacer que los seres Crísticos beban por la fuerza. ¡Es la copa de ellos! ¡Que la beban ellos! Porque es el juicio del SEÑOR que llegó a través del profeta Jeremías:

Dijo el Señor: Porque dejaron mi ley, la cual di delante de ellos, y no obedecieron a mi voz, ni caminaron conforme a ella; antes se fueron tras la imaginación de su corazón, y en pos de los baales, según les enseñaron sus padres. Por tanto, así ha dicho el Señor de los ejércitos, Dios de Israel: He aquí que a este pueblo yo les daré a comer ajenjo, y les daré a beber aguas de hiel. Y los esparciré entre naciones que ni ellos ni sus padres conocieron; y enviaré espada en pos de ellos, hasta que los acabe.[262]

En el derramamiento de las siete copas doradas de las plagas postreras del karma de la humanidad está el ajenjo y la hiel que se le da a la humanidad mientras sufre el juicio. Entrad al Sanctasanctórum y al núcleo de fuego blanco del mandala de la Madre. Buscad amparo en el templo del SEÑOR y en la Iglesia Universal y Triunfante, y participad ahí de la Eucaristía y ved cómo la alquimia de la conciencia Crística se realiza dentro de vosotros gracias al bendito Mediador.

Los judíos fueron los chivos expiatorios de la crucifixión de Jesús

Ahora llega el perdón para todos quienes han sido instrumentos inconscientes de los caídos. Jesús perdonó al pueblo desde la cruz, diciendo: «Padre, perdónalos, porque no saben lo que hacen». Escuchad pues el juicio tomado del Libro de la Vida: Los judíos fueron los chivos expiatorios de la crucifixión del Señor. Fueron instrumentos de los principales sacerdotes y los ancianos del pueblo. Estos son los caídos, los luciferinos; y los capitanes y soldados eran su creación robótica. *Ellos* usaron a la turba para manifestar el asesinato del Cristo y *ellos* engañaron a los judíos para que asumieran el karma de ese acto. Por tanto, en medio del tumulto creado por los caídos, gritaron: «Su sangre sea sobre nosotros, y sobre nuestros hijos»[263].

¡Soy el ángel de la espada vengadora! Y hoy proclamo con el Señor Cristo: Se les exonera de toda culpa en lo relacionado a la muerte de Cristo. Y dígase esta palabra en los templos de los judíos y en sus sinagogas: La Madre de Cristo ha extendido hoy su mano mediante la Madre de la Llama para llevar al Sanctasanctórum a todos los que son de la casa de Israel. Ellos son los que aman el nombre del SEÑOR, YO SOY EL QUE YO SOY, y quienes aceptan su propio Mediador, el Cristo, como alguien capaz de perdonar todos los pecados y el sentimiento del pecado.

Hoy el juicio se dirige a los caídos, ¡y ellos cargarán con el peso de su karma! Ellos son quienes han matado al Cordero desde el principio del mundo.[264] ¡Regrese la energía a su puerta!

¡Comprendan ahora los hijos del Uno las tácticas de «divide y vencerás» que usan los malvados! Perdonen los que se denominan a sí mismos cristianos a los miembros de la casa de David. Acepten todos los que rinden culto al Dios de Israel a quienes han seguido al Mesías a la nueva era de la proclamación de la ley de Moisés y la gracia de Jesucristo.[265]

Llama violeta para liberar a un planeta y a su gente

CADA DÍA DEBEMOS SER FIRMES Y AFRONTAR nuestro karma que regresa. Debemos dar la bienvenida a este karma igual que salimos al encuentro de la luz que se nos aproxima, anticipando entretanto el estruendo y desarreglo de nuestro mundo, lo cual señala un ciclo de resolución interior y una alegría consumada.

El Arcángel Zadquiel viene para acelerar este proceso. Él está en la Tierra como profeta que allana el camino superior:

Soy el ángel del séptimo rayo, y hoy se me concede la séptima copa dorada de la ira de Dios. Derramo esta copa en el aire, ¡y la gran voz que sale del templo del cielo se oye por los planos del Espíritu y de la Materia!

Desde el trono del Todopoderoso —protegida por los cuatro Seres Vivientes que están en el lado norte, en el sur, en el este y en el oeste del trono de Dios— se pronuncia la Palabra del Logos: «¡Hecho está!». Y al traducirse esa Palabra en todos los planos de la Materia, se produce un temblor de muchas voces y truenos y relámpagos.[266]

Las emanaciones luminosas del centro de un cosmos se emiten como anillos desde el centro hacia la periferia, desde el Espíritu hacia la Materia. A medida que esos anillos de luz, como olas de luz, ondulan atravesando el gran mar cósmico alejándose más y más del centro de la llama del Uno, las jerarquías cósmicas van reduciendo la energía —poderosos serafines y querubines, los Elohim y los Arcángeles— para que, a cada frecuencia sucesiva de Materia, se emita la luz necesaria para se produzca la alquimia, la traslación de la oscuridad en luz.

El cataclismo empieza dentro del alma

Y donde haya una concentración mayor de pecado, de sentimiento de pecado y de separación del uno, las múltiples voces de las huestes celestiales y los truenos y relámpagos, que son la emisión del fuego sagrado, provocan grandes terremotos a medida que los átomos y las moléculas de la Materia son alineados súbitamente con el núcleo de fuego blanco del Espíritu Santo.

En esa hora del juicio de las evoluciones de esos sistemas de mundos en los que las almas han participado del fruto del árbol del conocimiento del bien y el mal, hombres y mujeres permanecen en silencio a la expectación de ese gran terremoto que no se ha visto desde que los planetas han sido habitados.

Se trata de ese cataclismo que comienza dentro del alma, cuando la luz del Gran Sol Central forma un arco para conectarse con la progenie del hombre y la mujer y purificar las corrientes de vida para la era de Acuario. La luz debe viajar a través de todo el cuerpo de la Materia, a través de vuestros cuerpos inferiores, a través de los cuatro planos de conciencia de Terra y de los planetas de este sistema solar.

¡La luz viene! La luz llena el cuerpo de Dios sobre

la Tierra y ellos se regocijan con la fuente viva de fuego. Los hijos del Uno retozan en las burbujeantes aguas de la vida que fluyen libremente del «río limpio de agua de vida, resplandeciente como cristal, que salía del trono de Dios y del Cordero». Ellos no temen entrar, porque ya han consignado voluntariamente toda la sustancia mal cualificada a la llama violeta. Han sido lavados por las aguas de la Palabra;[267] no tienen ningún temor a perder la identidad. No temen la vara de medir del Ser Infinito; no temen la medición del hombre y la mujer.

Conocen porque son conocidos por Dios. Sus nombres están escritos en el Libro de la Vida; han peleado la buena batalla superando a la oscuridad y la muerte.[268] Han invocado al Cristo y la acción de todo el complemento de los Arcángeles para que capturen al dragón de la mente carnal y aten a ese usurpador de la luz y pongan el sello de Maitreya sobre el morador del umbral, para que ya no tenga ninguna influencia sobre el alma que asciende al trono de Dios.

Baña la Tierra con el disolvente universal

La llama violeta es la llama de la alegría que a su paso barre la conciencia de la humanidad. Al fluir con el gran flujo del Espíritu Santo, libera a todas las partículas de energía que toca. La llama acaricia la Materia; porque la llama es el Espíritu Santo que está desposado con la Madre Divina, la cual es el núcleo de fuego blanco de todos los ciclos de energía.

El gran amor del Espíritu hacia la Madre y de la Madre hacia el Espíritu es el magnetismo de Alfa y Omega que atrae la llama de la purificación desde lo alto hacia los cañones de los grandes ríos, hacia las grietas de las montañas, hacia los rincones y recovecos de las rocas. Allá donde haya una apertura, allá donde haya una invitación, los fuegos de la libertad avanzarán y los ángeles de Zadquiel y Santa Amatista depositarán el disolvente universal que a lo largo de los tiempos han buscado los alquimistas.

Cuando la Tierra se baña en la llama violeta, como después de una lluvia de verano, los elementales chapotean en charcos y estanques que quedan llenos del elixir violeta. Los cuatro cuerpos inferiores de un planeta y su gente absorben el flujo del fuego violeta como la tierra reseca y las hierbas secas bajo el sol veraniego absorben el agua.

La llama violeta y los ángeles de llama violeta emiten un impulso acumulado que provoca que los electrones giren. ¡Es un impulso acumulado de alegría! Porque el regocijo y la risa —la clase de risa que se tiene cuando se ha conseguido la victoria sobre el yo— borbotean en el alma y saltan por los cuatro cuerpos inferiores, al barrer los desperdicios que dejan la duda y el temor, las depresiones de los años y los desencarnados que acechan en los oscuros rincones de la mente.

Ahora es el tiempo aceptable de la alegría. ¡Es la alegría del juicio! Los sabios elementales saltan con la precisión de mil bailarinas en formación —saltan a la llama del juicio, saltan a la alegría del fuego violeta— porque saben que el juicio es el primer paso de su liberación y su reunión suprema con la llama de la vida. No hay vacilación en los silfos y las ondinas, los gnomos y las salamandras. Ellos entran en el fuego y en las piscinas de fuego, las siete piscinas sagradas que son para limpiar la vida entera, paso a paso, del karma del abuso de las energías de los siete rayos.

Báñate siete veces en las aguas de la Madre

Recordad a Naamán, el general del ejército de rey de Siria, un gran hombre de valor, aunque leproso, cuyo siervo le rogó que buscase al profeta de Israel para que lo curase de la lepra.[269] Y poco a poco, «vino Naamán con sus caballos y con su carro, y se paró a las puertas de la casa de Eliseo. Entonces Eliseo le envió un mensajero, diciendo: Ve y lávate siete veces en el Jordán, y tu carne se te restaurará, y serás limpio». Y Naamán se fue enojado porque el profeta no salió a invocar con gran fanfarria al Señor.

¡Ved cómo la mente carnal de los poderosos y arrogantes querían que el profeta del Señor hiciera lo que ellos querían! Pero los siervos de Naamán prevalecieron y él fue «y se zambulló siete veces en el Jordán, conforme a la palabra del varón de Dios; y su carne se volvió como la carne de un niño, y quedó limpio».

Ahora, formen los hombres una fila para que puedan bañarse en las aguas de la Madre, en el núcleo de fuego blanco de las energías de la Virgen Cósmica. Y límpiense siete veces con la acción de los fuegos de los siete rayos. Límpiense de sus abusos de los siete aspectos del Logos. Báñense siete veces en las piscinas sagradas de la Madre para limpiar los chakras. Báñense siete veces para limpiar el alma y los cuatro cuerpos inferiores. Báñense siete veces para las iniciaciones del Señor Maitreya con las que el Espíritu Santo se sella en los chakras para siempre.

Vosotros que quisierais ser generales de los ejércitos del Señor, vosotros que quisierais tener el manto de responsabilidad para guiar a los niños de Dios hacia la luz y guiar a los gobiernos de las naciones según las justas leyes del cielo y la tierra, ¡humillaos antes la llama de la Madre! Estad dispuestos a ser lavados. Estad dispuestos a sed lavados.

El séptimo rayo es el rayo de la ceremonia y el ritual, con los cuales, mediante la realización de esas cosas, tiene lugar la transmutación. Y hay rituales que se te exigirán a ti. Algunos los entenderás y otros no. Sin embargo, sigue el ritual de la Ley; satisface los requisitos que establece el profeta. Porque el profeta está en el lugar santo para echar fuera la abominación desoladora del templo del alma. El profeta está en el lugar santo con el fuego de Alfa y Omega para sanarte.

La ley de dar y recibir

Ved, pues, la suerte de quienes prefieren la marca de la bestia, de quienes han escogido caer y rendir culto al demonio que ha prometido darles todos los reinos de este mundo.[270] Y por una bagatela (una casa nueva, un auto nuevo, una lavaplatos, una lavadora) han abandonado la llama del Espíritu Santo. Quienes son posesivos de las cosas materiales o de las espirituales no tendrán ni unas ni otras. Solo aquellos que se mueven con el flujo de la Madre pueden disfrutar de la Mater-realización. Solo aquellos que fluyen con el movimiento del Espíritu Santo pueden conocer la alegría de la Espíritu-realización.

La ley de recibir y dar, dar y recibir, es la realización del círculo del AUM. Por tanto, desapegaos y dejad que las energías de Dios fluyan, si es que queréis conseguir la victoria sobre la bestia y sobre su imagen, sobre su marca y sobre el número de su nombre. Si deseáis liberaros del juicio de los caídos, ¡desapegaos! Desapegaos y buscad a Dios con toda diligencia.

Recordad a Giezi, el siervo de Eliseo, que corrió tras Naamán para pedirle los presentes que el profeta había rechazado.[271] Y en su avaricia por las cosas materiales, mintió y rogó a Naamán que le diera un talento de plata y dos vestidos nuevos para los hijos de los profetas. Naamán se deleitó en recibir al siervo de Eliseo, en poder darle al profeta algo a cambio de su curación; pero el profeta no se deleitó. Él sabía que ninguna cantidad de bienes terrenales podía ponerse en la balanza junto con el don de la curación que Dios había puesto en sus manos.

Por tanto, Giezi recibió el pronunciamiento del juicio, el mismo juicio que se da hoy día a quienes han abandonado la llama de la Madre a cambio de las perversiones del materialismo: «La lepra de Naamán se te pegará a ti y a tu descendencia para siempre». Y Giezi salió de delante de él leproso, blanco como la nieve.

Ved cómo la alquimia del séptimo rayo puede producir en vuestros cuatro cuerpos inferiores la precipitación de la degradación del Espíritu Santo que habéis albergado en vuestra alma. Hijos del Uno, invocad día y noche la llama violeta, para que toda vuestra oscuridad pueda huir antes de la llegada del juicio y el karma de los abusos del séptimo rayo no os sobrevenga.

El pergamino de oscuridad se enrolla

¡Haced caso! ¡Escuchad mi palabra hoy! Porque soy Zadquiel, y tengo en mi retiro sobre la isla de Cuba otras siete copas que el SEÑOR Dios de los ejércitos ha puesto a mi cuidado. Estas son las siete copas de las energías concentradas de la llama violeta que los Arcángeles de los siete rayos derramarán sobre la Tierra cuando la humanidad haya invocado suficiente fuego sagrado que garantice la liberación de estas energías concentradas del fuego sagrado.

Estoy en el lado oeste de la Ciudad Cuadrangular. Estoy en la Costa Oeste de los Estados Unidos de América, y miro al este y a los reyes y reinas del este para reunirlos para la batalla de ese gran día del Todopoderoso. Levanto mis manos para liberar el impulso acumulado de la llama violeta que revertirá la marea de oscuridad y hará que retroceda desde el oeste hacia el este.

Y será como si se enrollara un gran pergamino, y se enrollará esa oscuridad que ha cubierto la tierra. Y se enrollarán los espíritus inmundos que, como ranas, han salido de la boca del dragón y de la boca de la bestia y de la boca del falso profeta.[272]

Y el impulso acumulado de esa marea de luz hará que sean enrollados los espíritus de los demonios que obran milagros, haciéndose pasar por el Cristo cuando son anti-Cristo, haciéndose pasar por los profetas del Señor, aunque hayan blasfemado contra su nombre. Y todo esto acontecerá cuando los hijos de la luz y los Guardianes de la Llama se unan en defensa del lado oeste e invoquen el impulso acumulado de los Arcángeles para hacer retroceder la marea del Ciclo Oscuro y para hacer que el día del juicio del Señor sea el día de la alegría en la victoria.[273]

La iniciación del juicio

Esta victoria no solo libera la energía de Dios que se mantiene cautiva como karma, sino que prepara al alma de luz para sus iniciaciones en desarrollo. La Arcangelina Amatista habla de «la iniciación del juicio de quienes se han preparado diligentemente para la venida del Señor al templo del ser».

> Vuestra propia alma, vestida con los cuatro cuerpos inferiores, es vuestro foco del Templo del Tabernáculo del Testimonio. Es el campo energético que se os da en el tiempo y el espacio en que dais testimonio de la llama, donde os convertís en guardianes de la llama, donde dedicáis la energía de Dios que se os ha confiado a la realización en la Materia del equivalente de vuestro ser en el Espíritu.

> Los hijos y las hijas de Dios, los niños de Dios y los caídos reciben la iniciación del juicio simultáneamente. Sin embargo, esa iniciación puede ser la preparación necesaria para la resurrección y la ascensión, para el nacimiento del alma a la vida inmortal; o puede ser la preparación necesaria para el juicio final en la Corte del Fuego Sagrado y la anulación de la identidad del alma mediante

el ritual de la segunda muerte.

El juicio es la alegría del ritual del cumplimiento porque libera las creaciones de los hijos del Uno y las entrega al fuego sagrado. Es la prueba de fuego en la que la obra de todo hombre debe ser probada y el hombre mismo debe ser pesado en la gran báscula de la vida.[274] Cada alma individual recibe una era determinada en el tiempo y el espacio para realizar la llama del Cristo en los siete rayos. Al final de esa era de evolución, que algunas veces se extiende cientos de miles de años y miles de encarnaciones, el alma debe dar cuenta al SEÑOR del Ser y a la ley de la Individualidad, y con razón.

En la época actual —cuando la era de Piscis está cambiando a la de Acuario— cada momento en la vida está cargado con el patetismo de la pasión de Dios por sus hijos e hijas de luz. Porque se trata del gran final de una era y de muchas eras. Y la victoria está cerca. La Arcangelina Amatista espera con alegría el cumplimiento del juicio y la ascensión de muchas, muchas almas. Escucha lo que dice sobre los rituales del juicio:

> Ahora sello las siete copas doradas; porque en el ritual del aspecto femenino del séptimo rayo, yo tengo el encargo de tomar las siete copas de la mano de los Siete Arcángeles. Ahora ya están vacías. Yo las sello y las devuelvo al Ser Cósmico que se las dio a los Siete Arcángeles, y permanecerán en el Templo del Tabernáculo del Testimonio hasta que todo se haya cumplido por los juicios del Señor.
>
> Hace mucho tiempo, en la hora de la caída de Lucifer, cuando el hijo de la mañana desafió al Todopoderoso y le retó a que bajara de su trono para que lo juzgara por su caída, levantó el puño como desafío al SEÑOR; y este gesto ha sido desde entonces la señal de la generación rebelde y de los ángeles caídos. Pero el Todopoderoso no se movió; y a los caídos dio una dispensación de miseri-

cordia: ciertos ciclos en el tiempo y el espacio como oportunidad para el arrepentimiento. Pero ellos no quisieron. No, no quisieron.

Por tanto, hoy, de acuerdo con el tiempo de Dios, de acuerdo con el espacio de Dios, se le entrega el juicio al Caído y a quienes presumieron ante los niños de Dios, diciendo: «¡Mirad, hemos retado al Señor y él no ha respondido! El Señor calla; por tanto, no existe. He aquí Lucifer y Satanás; ellos son más poderosos que el Señor Dios de los ejércitos. Señorean los planos de la Materia; ¡postraros y rendidles culto!».

Y ahora, la respuesta del Señor ha llegado. En su estación y en su ciclo, el Señor ha emitido el juicio de los caídos. ¡Sepa el mundo que el Señor Dios omnipotente reina![275] ¡Canten aleluya los coros de los ángeles! ¡Regocíjense los mundos! ¡Regocíjense las estrellas en los cielos! ¡Regocíjense los hijos y las hijas de Dios, porque el Señor Dios omnipotente reina!

Comprendan los Guardianes de la Llama que el juicio de Dios se manifiesta en los cuatro planos de la Materia y en los cuatro cuerpos de la humanidad. Pero, finalmente, ese juicio debe manifestarse en el alma. Así, las energías del juicio repartido en los ciclos de los años y en el cumplimiento de los siglos no siempre es visible u obvio para quienes han dado una interpretación literal a las escrituras. Aunque mucho de lo que le sobrevendrá a la Tierra no se verá, quienes están más cerca de la llama y también aquellos en quienes el juicio se entrega lo sentirán, lo oirán y lo conocerán. Por tanto, no juzguéis, para que no seáis juzgados.

¡Ahora, haya regocijo en los retiros de los Maestros Ascendidos y en los focos de sus chelas! Y sean los valses de la llama violeta y el ritmo del tres por cuatro la nota clave de la victoria. Genere la alegría en la llama violeta más alegría para la regeneración de un planeta y su gente.

Y reúnanse los jóvenes y los de corazón joven de todas las edades para el vals de la llama violeta, para la emisión de alegría en los cuatro cuerpos inferiores y en los cuatro planos de la Materia. Y sustituya la gran marcha, el vals y la polka la profanación del cuerpo de la Madre y de sus hijos con los ritmos y los bailes inmundos de los caídos.

En el corazón de todo Guardián de la Llama pongo una réplica del cristal de amatista de nuestro retiro, para que podáis generar la alegría de vivir y la alegría de dar en Terra, para que podáis limpiar el camino para el nuevo día y el nuevo orden de las eras, y para la venida de la séptima raza raíz, para que a través de vosotros puedan los Arcángeles cargar a los gobiernos, la economía de las naciones y todas las instituciones culturales y educativas con el impulso acumulado del nuevo nacimiento del Espíritu y con el impulso acumulado de luz que sale del Gran Sol Central.

Es hora de encender la antorcha de la era de la libertad. En la mano tengo la vela. ¿Queréis encender vuestra propia vela y prender el corazón de la humanidad por la victoria del trono, el *tres en uno,* la gracia de Fe, Esperanza y Caridad en el equilibrio de la energía de la vida?

¡La llama trina llama a la humanidad, llama para que la humanidad vuelva al origen! A la victoria de la libertad en Terra dedico mi llama y la emisión del juicio a manos de los Siete Arcángeles. Sea el juicio para la victoria de las almas de Dios en la noche oscura del alma, para la victoria de los hijos e hijas de Dios en las iniciaciones de los siete rayos.

Pongo mi sello sobre el fuego y sobre el aire, sobre las aguas y sobre la tierra. Y estoy con Zadquiel en el lado oeste de la ciudad, esperando el momento en que se enrollará la oscuridad como un pergamino. Y cuando llegue la hora indicada por el SEÑOR, los Siete Arcángeles tomarán el pergamino de la conciencia humana y la creación humana y se lo darán al Guardián de los Pergaminos, quien lo pondrá en el fuego sagrado para que se consuma la causa, el efecto, el registro y la memoria del abuso del fuego sagrado en los planos de la Materia.[276]

Segundo capítulo

Reencarnación

Antes que Abraham fuese, YO SOY.

JUAN 8:58

Reencarnación

E L NACIMIENTO DE UN NIÑO, QUE PARECE algo normal debido a su frecuencia, es un acontecimiento magnífico. La idea de que el hombre solo vive una vez está tan arraigada en el pensamiento de Occidente (a pesar de que dos tercios de la gente de la Tierra cree en la reencarnación) que parece haber tan poca capacidad en la mente occidental ni siquiera para considerar el tema. No obstante, muchos hombres y mujeres de fe cristiana no tienen ninguna dificultad en aceptar la idea de la reencarnación. Si aceptamos ciegamente el tradicional dogma cristiano, el cual excluye toda posibilidad de reencarnación, se nos cerrará la entrada a muchos hechos y realidades maravillosas.

Los dogmáticos, que con sus actitudes se limitan a sí mismos, a veces discuten. La base de sus convicciones con frecuencia se encuentra en una serie de afirmaciones religiosas que constan en las escrituras sagradas de su fe. Pero las escrituras sagradas de las principales religiones del mundo nos llegan desde la antigüedad; desde entonces han pasado por muchas manos, traducciones e interpretaciones. El error en las escrituras no solo es posible durante la transferencia original de la palabra hablada a la escrita, sino también en la interpretación de la palabra escrita que después hicieron los teólogos.

La mentalidad de los escribas primitivos sin duda influyó en cómo se percibieron los textos, y lo mismo es cierto con respecto a los traductores.[1] A veces los escritos considerados irrelevantes o en desacuerdo con la doctrina aceptada, simplemente se omitían. Las interpretaciones se basaban en suposiciones e ideas existentes en la mente de los primeros instructores, que establecieron el modelo de la religión organizada después de que el fundador cumpliera su papel.

Así, a lo largo de los tiempos, la actitud del dogmático ha ocultado eficazmente su percepción a la posibilidad de que pudiera recibir información nueva y exacta «de las alturas», la cual pudiera o no refutar sus creencias. Los hombres permiten el progreso en todos los frentes del empeño humano, pero se contentan con dejar que la religión se vuelva arcaica; mientras que una mente fresca y una actitud correcta hacia Dios y el hombre abren la puerta al entendimiento.

Uno de los absurdos del dogma es que excluye la posibilidad de nuevos hechos. Sin embargo, la conversión al cristianismo o a cualquier religión tradicional, de hecho, requiere una mente abierta.

Quisiéramos hablar favorablemente de la conservación de la amplitud de miras. Hay más pecado en la mente cerrada, con su engreimiento y fariseísmo, que, en el espíritu de mente abierta, que con su aliento ofrece a Dios una oración: «Padre, tú sabes. Haz que yo también sepa». Tal individuo reconoce que aun cuando Dios habla, el hombre a veces es duro de oído.

Perspectiva cósmica

En su *Trilogía sobre la Llama Trina de la Vida*, Saint Germain explica:

> Sería de los más beneficioso que la mónada humana no entrara en prejuicios sobre asuntos de doctrina cósmica

e incluso sería mejor si pudiera aceptar la realidad de la reencarnación. Porque al aceptar ese hecho de la vida es que discernirá realmente la sabiduría de las eras y comprenderá con más facilidad su razón de ser.

Al observar una serie de acontecimientos relativos al yo personal en un período en la vida comparativamente corto de unos pocos años, vemos que a las personas les resulta de lo más difícil en cualquier época tener la capacidad de juzgar el mundo en el que viven y la sociedad de la que se derivan tanto sus desgracias como sus bendiciones, y después ser capaces de percibir los asuntos relativos al espíritu y evaluarlos adecuadamente.

Al comprender correctamente y aceptar su propia reencarnación, el individuo desarrolla un sentido cósmico de la continuidad del yo —pasado, presente y futuro— y está mejor equipado para ver, más allá de los efectos superficiales de las circunstancias actuales, las causas personales subyacentes que se extienden hacia el pasado al atravesar el polvo de los siglos...

¡Qué grande es el sufrimiento que han soportado los cristianos debido a la eliminación de esta verdad espiritual! Al negar la reencarnación, han negado a sus almas la dovela del arco del ser.

Existen ciertos puntos sutiles de la Ley Cósmica que, en un sentido relativo, no son tan importantes como este. El hombre puede negar ciertos aspectos específicos sin sufrir demasiado daño, pero la negación de la verdad sobre la continuidad de su propio ser (su extensión en existencias anteriores y su futuro destino glorioso) significa separarse de la premisa básica de la vida.[2]

Adentrándose en esto, Casimir Poseidón dice:

Actualmente, hay tantas personas que prefieren habitar en los nichos del pasado reciente, en el gran conocimiento espiritual que este ofrece. Prefieren habitar en el recuerdo de la encarnación galilea del Cristo antes que hacerlo en el gran ímpetu cósmico del Legislador Divino, como se lo conocía hace mucho. La afirmación de Jesús, «antes que Abraham fuera, YO SOY», da una pista al buscador de conocimiento que trae a la conciencia la larga corriente de servicio del amado Jesús hacia la humanidad.[3]

Los procesos de la reencarnación son esenciales para la evolución espiritual del hombre y, cuando se los entiende adecuadamente, pueden ser una clave para su libertad inmortal. Cuando el hombre desgasta el abrigo con que se ha vestido durante un tiempo, Dios le dará otro, y al final le dará la vestidura sin costuras, un cuerpo imperecedero e incorruptible en el que morará para siempre, sujeto solo a las leyes de progresión eterna que conducen al hombre hacia adelante y hacia arriba, hacia el reino del día perfecto.

> En el Eterno Ahora por siempre vivirán los hombres
> y ahí comulgarán con todos
> quienes hayan dejado atrás su cascarón,
> y conscientes por completo en la luz de Dios
> triunfarán juntos gracias a Su poder.

Al Padre Celestial no le resulta ni extraño ni difícil tomar un alma que se haya marchado de su templo corporal y ponerla en una nueva y saludable forma corporal. La finalidad es proporcionar una continuidad a la experiencia en la escuela de la Tierra, aunque el cuerpo viejo se gaste.

Oliver Wendell capturó magníficamente el fíat de la vida eterna en «The Chambered Nautilus» (El nautilo):

> Constrúyete mansiones más señoriales, oh alma mía,
> con el veloz paso de las estaciones.
> Deja atrás tu limitado pasado.
> Sea cada nuevo templo más noble que el anterior,

cúbrete del cielo con una bóveda más amplia,
hasta que por fin seas libre,
abandonando tu inadecuado cascarón al lado del
inquieto mar de la vida.

La persistencia del karma

Las flores nacen y maduran, mostrando su belleza brevemente; después, los pétalos caen para mezclarse con el polvo. Con la llegada de la primavera, vuelven a aparecer. ¿Quién puede negar que el alma de la flor no sobrevive y permanece entre los bastidores de las etapas de la vida, esperando la señal del apuntador para hacer otra entrada? Y así es que vuelve a brotar para agradar los ojos y el corazón de los hombres.

Así, el registro kármico de una corriente de vida se transfiere a un nuevo templo corporal. El principio de la vida en ese templo corporal con un nombre nuevo y una situación distinta se convierte en una oportunidad reciente para que el niño-hombre vuelva a expandir sus bracitos y trate de alcanzar las estrellas de virtud cósmica que, en el pasado, pudieran habérsele escapado.

La voluntad de Dios jamás quiere desechar a un alma. ¿Acaso no ha dicho: «No quiero la muerte del impío»[4]? Cada oveja que el Buen Pastor tiene en su rebaño pertenece a Dios y es protegida tiernamente por el Cristo Cósmico. En las escuelas de la vida, los hombres con frecuencia terminan sus cursos y cierran los ojos en una tierra, solo para volverlos a abrir en otra; y la forma infantil del niño, llena de asombro y esperanza, vuelve a comenzar la aventura del vivir. Como dijo Kahlil Gibran en su libro *El profeta*: «Un rato, un momento de descanso sobre el viento, y otra mujer me dará a luz»[5].

Cuando se entiende correctamente, la verdad de la reencarnación (más extraña que la ficción de una vida) ofrece la mayor esperanza para la humanidad. La reencarnación no es ni una excusa ni una liberación de la total responsabilidad y obligación kármica por los errores propios. Al contrario, la reencarnación provee una continuidad de la experiencia en la Tierra, la cual (aunque se mueve en secuencias interrumpidas) es el medio por el cual el alma puede evolucionar progresivamente hacia la victoria, la maestría sobre sí misma y el logro.

Se puede hacer la pregunta: ¿Cuál es el propósito real de la reencarnación? La propia naturaleza dará la respuesta. Cuando Dios creó al hombre a su propia imagen, fue a imagen de la inmortalidad. La caída del hombre desde esa imagen superior hacia la esclavitud de la carne dio como resultado un registro kármico negativo y, si el hombre solo tuviera una encarnación, le habría evitado manifestar la vida eterna.

El Padre desea recuperar a cada oveja perdida de su rebaño. Como acto de gran misericordia, obrando por medio de la llama de la vida dentro del corazón humano, amorosamente captura la conciencia de cada alma cuando el cuerpo expira. Él sostiene a ese espíritu, que es en verdad una parte de sí mismo, en las octavas superiores de la manifestación hasta que llegue el momento de que el alma regrese al escenario de la vida y termine el drama de su existencia. Porque él sabe que el alma, con una serie de encarnaciones o días y noches sobre la Tierra, puede finalmente vencer al mundo y lograr la victoria.

La verdadera finalidad de la reencarnación es la de proporcionar la oportunidad —los ciclos de años y acontecimientos— para que el hombre pueda vivir y aprender a actuar bien. ¡Qué espantoso sería si los millones y millones de almas que han ido y venido a este planeta sin haber tenido la oportunidad de escuchar las enseñanzas del Maestro Jesús no tuvieran esperanza de una futura oportunidad de seguir sus pasos!

La creencia que el hombre tiene en la inmortalidad es anterior a toda la historia conocida y es el punto en el que se centran todas las religiones. Sin su creencia en la inmortalidad y la esperanza de una recompensa futura, la mayoría de la gente no tendría una vida moral y productiva. El credo de tales personas sería: «Comamos y bebamos, porque mañana moriremos». Quienes se adhieren a este tipo de existencia banal no dan ningún ejemplo para el progreso de la raza humana ni se elevan a sí mismos o a su prójimo.

El hombre es un espíritu, igual que Dios es un Espíritu. El hombre fue creado a imagen de Dios, y a imagen de Dios se le encuentra en los niveles superiores. El alma del hombre puede reencarnar una y otra vez, pero su propósito —el descubrimiento del yo, la superación del error y el logro de la perfección de Dios que está guardada en el corazón macrocósmico del Yo Superior— debe ser descubierto por cada personal de manera individual. «Porque estrecha es la puerta, y angosto el camino» que conduce a la vida eterna.[6]

¿Una posibilidad de salvación?

En brutal contraste con este plan misericordioso de Dios está la doctrina que dice que el hombre solo vive una vez. Según esta errónea creencia, el individuo no tiene ninguna esperanza en el próximo mundo a no ser que acepte el credo fundado por el hombre que le garantiza la inmortalidad debido a que otro ha pagado por sus pecados. Y si no acepta este credo de todo corazón, no puede regresar y aceptarlo en otra vida una vez que fallece.

Algunas religiones bautizan a los muertos o realizan sacramentos para los ancestros muertos de quienes han entrado a formar parte de la Iglesia. Pero quede claro que no existe sustituto para el plan divino que dé a cada cual la capacidad de pasar por la puerta.

Los dogmáticos proponen la idea del infierno como un lugar de castigo eterno, destruyendo así el concepto de un mañana en el que los pecados de hoy pueden expiarse. Ellos eliminaron el concepto de la oportunidad del alma para aprender mediante ensayo y error. De esta forma, lograron un control eficaz sobre las masas. En lugar de transmitir la plena Verdad viva que Jesús ejemplificó, quienes niegan el concepto de reencarnación suprimieron las aspiraciones del alma. Le negaron la oportunidad de seguir completamente a Jesús hasta el perfeccionamiento en Dios.

Irónicamente, en los siglos posteriores[7] solo se vio un progreso limitado para la Iglesia y sus miembros, al margen de la acumulación de riquezas materiales. Debido al escaso conocimiento (que se volvió peligroso), tanto la Iglesia como sus miembros se vieron privados del enorme poder de la Verdad que se encuentra en las enseñanzas originales del Cristo.

La opinión del mundo estaría más inclinada hacia el Cristo y que al anti-Cristo de no haber sido introducidas estas falsas enseñanzas por un sacerdocio que quería obtener control mediante el temor. Su deliberada confusión sobre la Palabra de Dios destruyó la vitalidad de la fe y el plan divino de muchas almas.

Si se hubiera explicado la ley del karma (en lugar de la errónea doctrina de la expiación indirecta a través de otro) y se hubiera engendrado en la humanidad el respeto por la Ley de Dios, habría habido una mayor disposición a obedecer la regla de oro.

Un ejemplo de reencarnación que enseñan los evangelios

Cuando Jesús reunía a los discípulos a su alrededor, hablaban de las enseñanzas de la reencarnación libremente y con conocimiento. De una conversación quedó constancia, y parece que la dejaron pasar durante el cuidadoso proyecto emprendido para eliminar las grandes verdades de las escrituras. Quizá se pasó por alto o quizá se ignoró porque se pensó que la mayoría de la gente no interpretaría las palabras de forma literal.

Jesús y los discípulos estaban hablando de la venida del profeta Elías. Los discípulos entendían la palabra «venida» como la venida del alma a la manifestación o el nacer. Las escrituras dicen que un precursor con el espíritu y el poder del profeta Elías aparecería antes de la venida de Jesús. Los discípulos especulaban si Elías había nacido o no. Jesús les respondió: «Mas os digo que Elías ya vino, y no le conocieron, sino que hicieron con él todo lo que quisieron... Entonces los discípulos comprendieron que les había hablado de Juan el Bautista».

Para demostrar que la vida regenerativa es más grande que la vida generativa, Jesús añadió que, entre los nacidos de mujer, no se levantó otro más grande que Juan el Bautista, «pero el más pequeño en el reino de los cielos, mayor es que él».[8]

Valor para afrontar directamente el propio pasado

Nuestro amado Jesús dice:

Dejad que haya una nueva expansión que salga al mundo llevando las nuevas de la Verdad. Tal como san Francisco enseñó la ley de la reencarnación en los lugares públicos, dejad que ahora haya instructores dispuestos a enfrentarse a la censura de los movimientos ortodoxos asociados entre sí que quieren unificar a todas las iglesias en una gran Iglesia para intensificar su poder de control religioso en el mundo.

Proclamemos la verdad de la reencarnación al mundo para que pueda ver con claridad que todas sus debilidades y todos sus problemas son causados por desobediencia a la Ley en el presente, así como en tiempos pasados.

Quitemos a las personas el miedo a la persecución religiosa y el miedo a un horrendo estado en el que se arde en un más allá que ha de llegar. Enseñémosles que no deben tener temor y respeto solo por el mundo que ha de venir, sino también por este mundo, donde su propio karma les devuelve día a día lo que han enviado.

Aquí la misericordia del cielo suspende temporalmente el abrumador registro kármico que algunos escriben; un karma que es más de lo que la mayoría puede soportar. Por tanto, los Señores del Karma les reparten en sucesivas encarnaciones aquel karma que necesita ser saldado, lo que aquellos han creado injustamente. Y esta acción no se emprende para castigar a una generación obstinada, sino solo con el fin de que se aprenda y se instruya, de forma que mediante ensayo y error las personas puedan aún obtener la plena oportunidad de filiación cósmica, que Dios ofrece a todos.[9]

La continuidad de la vida

Como Instructores del Mundo, los Maestros Ascendidos Jesús y Kuthumi nos dan la siguiente enseñanza sobre la reencarnación

Hay mucho que ganar de una correcta comprensión del karma y la reencarnación. Vuestra vida, benditos, es continua. Ni se termina ni llega a borbotones súbitos, a intervalos. Vuestra vida es una corriente majestuosa de energía cósmica compuesta de la conciencia de Dios y la energía de su corazón. A vosotros se os confía una parte de la Individualidad Divina. Así se dijo hace mucho tiempo: «Vuestra vida no os pertenece».[10] A toda la humanidad decimos: se pone la vida a vuestro cuidado para que dominéis vuestro destino y el cumplimiento de los propósitos divinos dentro de la esfera de la Individualidad.

Es triste para el pensamiento mortal, pero no para el divino, que el recuerdo de la continua corriente de la vida se interrumpa sobre los altares de la muerte. Son muchos los motivos y, uno por uno, llegaréis a conocerlos a medida que estudiéis las leyes de la reencarnación y comprendáis que no hay nada extraño en este hecho de la evolución del hombre. Porque en realidad, benditos, el concepto de reencarnación no es más difícil de entender que la consideración de que la vida sea la única oportunidad que tenga una persona para encontrar a Dios y cumplir sus propósitos.

Sería mucho más extraño que Dios creara a los hombres sin que tuvieran la misma oportunidad de conseguir la salvación, siendo algunos ignorantes, otros sabios, poniendo a algunos en condiciones de riqueza y cultura y a otros en circunstancias de extrema pobreza, sin el beneficio de una educación formal. Extraño sería, de hecho, que el Creador esperara que todos se elevaran de los varios estados en los que se encuentran y en el espacio de unos pocos años llegaran a esa madura comprensión y capacidad de juicio que les haría aceptar a Cristo como su Salvador y hallar la liberación para su alma en la realización de su destino divino...

Todo en la vida es cíclico. Incluso los ciclos de los siglos, las décadas y los años se dividen en meses, semanas y días. Cada ciclo de veinticuatro horas se divide en noche y día, períodos de regeneración y descanso y períodos de creatividad.

El Maestro Hilarión declaró cuando estaba encarnado como San Pablo: «Cada día muero». Aunque se refería a la mortificación del ego —despojarse de la conciencia humana y renovarse con la conciencia divina—,[11] esta afirmación también se puede aplicar a todos los hombres, cuando cierran los ojos por la noche para entrar en un período de sueño, cuando se pierde contacto con las realidades de las actividades del día y se produce una separación del alma de los modelos de la memoria del yo personal. Esta interrupción del hilo de la conciencia, que se restablece con cada amanecer, ofrece al hombre la oportunidad de morir todos los días y volver a comenzar la vida.

Como acto de misericordia, los recuerdos del pasado se borran de la mente consciente cada vez que el alma reencarna. Se trata de una acción deliberada de los Señores del Karma que tiene como fin evitar el contacto con los sórdidos aspectos de vidas anteriores, que arruinarían la oportunidad de un nuevo comienzo en el nuevo ciclo. Sin embargo, de vez en cuando, los recuerdos subconscientes suben a la superficie de la conciencia y la gente recibe la impresión de haber hecho antes lo mismo que se ve haciendo por primera vez en la encarnación actual. Debido a que el recuerdo de los viejos patrones de experiencias se interrumpe al nacer, siempre está presente la posibilidad de una liberación y el alma puede elevarse y salir de sus propias imperfecciones y transformarse hacia un estado superior de la conciencia Crística.

Debéis tener en cuenta que las almas que vienen a la Tierra por primera vez con frecuencia no manifiestan una gran genialidad en sus logros, aun en las cosas simples de la vida. Algunas conservan durante cierto número de encarnaciones estados de conciencia que no se pueden comparar con los de los individuos que han regresado a las escuelas de la Tierra cientos, e incluso miles de veces para cumplir su plan divino. La escalera de la evolución, por tanto, representa corrientes de vida y patrones de la vida tanto de almas maduras como jóvenes, teniendo todas las mismas oportunidades de alcanzar la excelencia en el engrandecimiento de las cualidades Divinas, pero no siendo todas iguales en su logro.

La oportunidad de construir un templo más noble

Así como «una estrella es diferente de otra en gloria», el Cuerpo Causal de cada hijo de Dios refleja la cosecha de las buenas obras recogidas en cada sucesiva oportunidad en la viña del Padre. Así, los talentos multiplicados por cada trabajador se acumulan en su beneficio con interés, mientras que quienes entierran [en el cinturón electrónico] esa parte de la energía de Dios que se les confió no encuentran ninguna acumulación de buen karma que mejore sus vidas futuras,[12] sino solo la carga del desequilibrio que algún día deberá convertirse en el equilibrio de la perfección de la luz.

Con la concesión al alma de la oportunidad de encarnar una y otra vez, cada experiencia sucesiva en el mundo de la forma en la Materia está destinada a su utilización para construir un «templo más noble que el anterior». Quienes se valen de las oportunidades que se les presentan en cada vida para lograr la maestría sobre sí mismos, reciben una mayor cantidad del Espíritu Santo como gracia para las necesidades del momento. Así, se produce un forjamiento de la naturaleza Crística en quienes dan preeminencia a su vocación superior.

Quienes, en el período entre la muerte y el renacimiento, se vuelven devotos de los Maestros en los templos de belleza y música, con frecuencia vuelven como genios de las artes, o así los han llamado los hombres. Quienes eligen estudiar en los templos etéricos de ciencia y curación, pueden reunir una suficiente cantidad de la llama de la Verdad para producir invenciones y técnicas para la salud y el bienestar de la humanidad. Los discípulos que se aplican en el Templo de la Voluntad de Dios regresan para guiar el destino de las naciones a través de un conocimiento interior del gobierno Divino y la economía que les enseñan los estadistas del Espíritu que sirven en el Consejo del Darjeeling.

El arte de producir curación y consuelo a la vida y defender el código de honor de los Maestros, así como sus estándares educativos, lo enseñan el Maha Chohán, la Virgen María y los hermanos de las escuelas de sabiduría. El Arcángel Rafael, junto con la Virgen María, dirige clases sobre el desarrollo del niño y su cuidado, así como la preparación de padres e hijos «en su camino»[13] para que puedan hacer una contribución digna a sus comunidades, al tiempo que, individualmente, dan los pasos espirituales más rápidos en su vida.

Los Señores de la Llama educan a los que desean ser sacerdotes del fuego sagrado y que están destinados a volver a la Tierra para producir una emergencia revitalizadora de la llama de la resurrección en las varias iglesias del mundo. Por tanto, no es por casualidad, sino por dirección divina, que la organización y el sustento del cielo fluyen hacia la octava de la conciencia en evolución de la humanidad.

Puesto que se corre el velo durante el sueño, así como al nacer, las personas no siempre conservan en la conciencia exterior una percepción de lo que se les ha concedido en los niveles internos. Sin embargo, existe una calamita, un imán, una energía de poder espiritual que atrae a cada quien, hacia su curso establecido, tal como las estrellas y galaxias son guiadas por la mano invisible del destino cósmico.

A medida que la humanidad se eleva hacia el punto en el que, conscientemente y de buena gana, pide la transmutación de sus errores y desvíos pasados de la Ley, poco a poco las puertas de la memoria se van abriendo, y todo el conocimiento y la preparación de vidas pasadas, así como las enseñanzas de los Maestros impartidas en los planos internos, se recuerdan para beneficio de la persona como ayuda para el logro de la maestría sobre sí misma y el cumplimiento de su misión hasta su ascensión en la luz.

Es inútil que la humanidad intente refutar mediante las escrituras los grandes ciclos eternos y las continuas mareas de la vida. Aquellos que lo hagan descubrirán que, al final del camino, al final de cada ciclo, serán llevados por siervos angélicos a un lugar de descanso, regeneración e instrucción, donde los prepararán para una nueva aventura en el mundo de la forma. Su rechazo a las leyes de la vida no tiene ningún poder para alterar el propósito divino, porque la misericordia de Dios es lo que continuamente sopla el aliento de la vida en las fosas nasales de los hombres para estimular la Llama Crística del corazón, hasta que la fragancia del Unigénito del Padre del Santo de Israel, del Dios de todo lo que es real fluya a través de ellos para cumplir el plan divino.[14]

Niños prodigio

Uno de los puntos de apoyo más fuertes del concepto de la reencarnación es el del niño prodigio: el niño que a una edad increíblemente temprana muestra cualidades de genio. La diferencia entre un niño normal y un genio no yace en los genes, sino en el espíritu que hay dentro de la casa de barro. Como han explicado Jesús y Kuthumi, el niño prodigio ha desarrollado su talento gracias a muchas rondas de encarnación en la Tierra, así como a una preparación en el mundo celestial.

Como preparación para una encarnación tal, el alma trabaja de cerca con el Consejo Kármico y los futuros padres para asegurar que crecerá en unas circunstancias terrenales favorables a la expresión de su talento.

De hecho, todos recibimos la mayor de las oportunidades posibles para desarrollar nuestro potencial espiritual. El Consejo Kármico y aquellos Poderes Superiores que actúan a favor de la humanidad bajo la guía de Dios deciden, dentro de los confines de la ley kármica, quiénes serán los padres y qué naturaleza tendrá el templo corporal que se produce para albergar al alma en progreso. En la mayoría de los casos, con misericordia la memoria se borra por decreto divino de forma que el individuo no tenga lazos con un padre, una madre o una situación familiar anteriores. Tampoco el alma está fuertemente sujeta a viejos hábitos que la limitan, de los cuales desea escapar, aunque ciertas características se pueden volver a crear y producir vida tras vida.

La transmigración de las almas

Dejemos claro que no respaldamos la doctrina de la transmigración de las almas en lo que respecta a la migración del alma hacia el cuerpo de un animal. Porque los hombres no son animales ni han evolucionado de la conciencia de la vida animal.[15]

Tal como Dios reside en todas las formas de vida, el hombre que logra la autopercepción Divina puede ser consciente de la vida en y como una ameba, un pez nadando en el mar, un pájaro remontándose en los vientos o los rebaños sobre los montes. No es necesario que el alma sea reducida a residir a una forma animal para que pueda apreciar ese estado de evolución.

El hombre puede extender su conciencia Divina hacia cualquier parte de la vida, pero sigue siendo la expresión de la totalidad. Su alma no tiene necesidad de encarnar en formas animales para adquirir experiencias. Desde el principio, el hombre estuvo destinado a ser la plenitud del Dios vivo en manifestación.

«Padre nuestro, que estás en el cielo [los planos del Espíritu], santificado sea tu nombre, YO SOY [la llama en los planos de la Materia]». El hombre es quien consagra la llama de Dios encendida en su templo corporal por el Espíritu Santo del Dios Padre-Madre. Esa llama no está enclaustrada en la vida animal. Por tanto, el alma del hombre, destinada a expandir la conciencia del SEÑOR a través de la llama, no podría cumplir su razón de ser en una forma animal.

La creencia en que el alma del hombre encarna en formas animales y evoluciona a través de ellas está basada en una evaluación incorrecta de la vida humana y animal. La llama trina es la identidad del hombre. El campo energético de sus cuatro cuerpos inferiores, restablecido en cada encarnación sucesiva, es la plataforma provista para su maestría del alma sobre esa llama.

Esos cuerpos y el alma que los habita están moldeados a imagen del Ser Crístico y solo aquello que aparece según esa imagen merece ser el cáliz de la llama en la octava física. Los animales son manifestaciones incompletas del Cristo. No son dignos de albergar la llama, por consiguiente, no son dignos de proporcionar un tabernáculo para el alma.

Ve a Dios en Espíritu y en Verdad

El Dios Merú nos dice: «Uno de los factores más tristes relacionados con la entrega directa de conocimiento desde el corazón de Dios es que las personas tienen una tendencia o bien a deificar a aquellos a través de quienes se entrega el conocimiento o, si no están de acuerdo con ese conocimiento, a atribuirlo a los demonios. Para la mayoría de las personas no hay tonos grises, solo el negro más negro o el blanco más blanco».[16]

Pero si los hombres buscan la Verdad con todo su corazón e imploran a Dios para que ilumine su conciencia, él lo hará. Si los hombres admiten ante el Todopoderoso su falta de entendimiento, él llenará el vacío. Si los hombres piden que se les muestre qué es real y qué no lo es, Dios esclarecerá sus mandamientos y sus leyes. El credo que Dios ha hecho es imperecedero, inmortal, eterno y está cargado de esperanza. No requiere que ningún hombre halle su inmortalidad en la forma física, sino que proclama para siempre que el hombre es un espíritu tal como Dios es un Espíritu, y quienes lo adoran, deben hacerlo en espíritu y en verdad.[17]

Quienes comprenden que la vida dentro de ellos es la semilla de Dios, que brota en forma humana como el árbol de la vida cuyas hojas son para la sanidad de las naciones,[18] pueden dar una contribución permanente para la mejora de la raza. Con misericordia y amor, tales personas encontrarán sus alas y remontarán el vuelo hacia el sol y la cima de su ser. Tales personas se dedicarán una y otra vez a preceptos inmortales y, con frecuencia, invisibles. Con el poder de la fe, moverán montañas, tal como Dios forjó el mundo con el mismo poder de la fe.

Si los hombres se arrodillaran ante el Anciano de Días, diciendo: «Oh Señor, ¿es cierto que he vivido antes? ¿También me he conocido a mí mismo en ti? Muéstrame cómo puedo llegar a conocer más sobre mi herencia como hijo de Dios», el Señor del cielo les dará a conocer la preexistencia de su alma, así como las muchas vidas sobre este bendito orbe.

La promesa «pedid y recibiréis» se aplica al ámbito de la investigación espiritual. Si tras leer este capítulo u otras partes del libro no tienes la seguridad de poder aceptar los conceptos que proponemos, ofrece a Dios una mente imparcial y no adulterada, y pídele que te ilumine. Pronto verás cómo, día a día, él te llenará el corazón con el conocimiento de la Verdad hasta que comprendas lo que David sintió cuando dijo: «Mi copa está rebosando».[19]

Apéndice

En las siguientes páginas los Mensajeros han plasmado la situación de algunos versículos del Génesis en el Reloj Cósmico.

EL RELOJ CÓSMICO

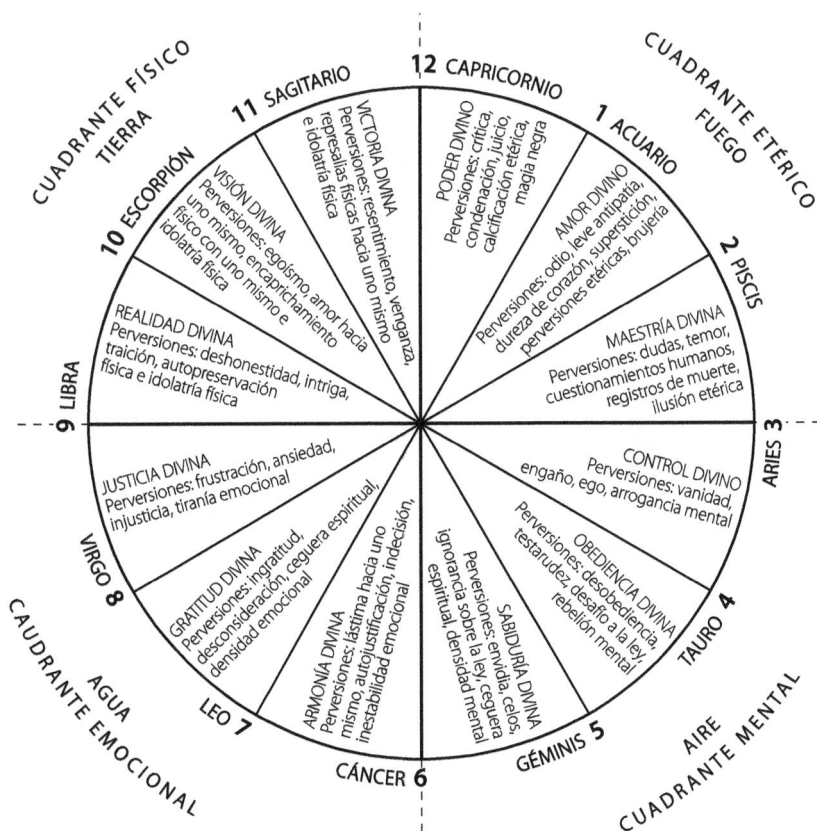

CUADRANTE FÍSICO TIERRA

CUADRANTE ETÉRICO FUEGO

CUADRANTE MENTAL AIRE

CUADRANTE EMOCIONAL AGUA

12 CAPRICORNIO — PODER DIVINO. Perversiones: crítica, condenación, juicio, calcificación etérica, magia negra

1 ACUARIO — AMOR DIVINO. Perversiones: odio, leve antipatía, dureza de corazón, superstición, perversiones etéricas, brujería

2 PISCIS — MAESTRÍA DIVINA. Perversiones: dudas, temor, cuestionamientos humanos, registros de muerte, ilusión etérica

3 ARIES — CONTROL DIVINO. Perversiones: vanidad, engaño, ego, arrogancia mental

4 TAURO — OBEDIENCIA DIVINA. Perversiones: desobediencia, testarudez, desafío a la ley, rebelión mental

5 GÉMINIS — SABIDURÍA DIVINA. Perversiones: envidia, celos, ignorancia sobre la ley, ceguera espiritual, densidad mental

6 CÁNCER — ARMONÍA DIVINA. Perversiones: lástima hacia uno mismo, autojustificación, indecisión, inestabilidad emocional

7 LEO — GRATITUD DIVINA. Perversiones: ingratitud, desconsideración, ceguera espiritual, densidad emocional

8 VIRGO — JUSTICIA DIVINA. Perversiones: frustración, ansiedad, injusticia, tiranía emocional

9 LIBRA — REALIDAD DIVINA. Perversiones: deshonestidad, intriga, traición, autopreservación física e idolatría física

10 ESCORPIÓN — VISIÓN DIVINA. Perversiones: egoísmo, amor hacia uno mismo, encaprichamiento físico con uno mismo e idolatría física

11 SAGITARIO — VICTORIA DIVINA. Perversiones: resentimiento, venganza, represalias físicas hacia uno mismo e idolatría física

Primer rayo

I

Génesis 1:1–12

1:1 En el principio creó Dios los cielos y la tierra.

1:2 Y la tierra estaba desordenada y vacía, y las tinieblas estaban sobre la faz del abismo, y el Espíritu de Dios se movía sobre la faz de las aguas.

1:3 Y dijo Dios: Sea la luz; y fue la luz.

1:4 Y vio Dios que la luz era buena; y separó Dios la luz de las tinieblas.

1:5 Y llamó Dios a la luz Día, y a las tinieblas llamó Noche. Y fue la tarde y la mañana un día.

1:6 Luego dijo Dios: Haya expansión en medio de las aguas, y sepárense las aguas de las aguas.

1:7 E hizo Dios la expansión, y separó las aguas que estaban debajo de la expansión de las aguas que estaban sobre la expansión; y fue así.

1:8 Y llamó Dios a la expansión: Cielos. Y fue la tarde y la mañana el día segundo.

1:9 Dijo también Dios: Júntense las aguas que están debajo de los cielos en un lugar, y descúbrase lo seco; y fue así.

1:10 Y llamó Dios a lo seco: Tierra; y a la reunión de las aguas llamó: Mares. Y vio Dios que era bueno.

1:11 Después dijo Dios: Produzca la tierra hierba verde, hierba que dé semilla; árbol de fruto que dé fruto según su género, que su semilla esté en él, sobre la tierra, y fue así.

1:12 Produjo, pues, la tierra hierba verde, hierba que da semilla según su naturaleza, y árbol que da fruto, cuya semilla está en él, según su género; y vio Dios que era bueno.

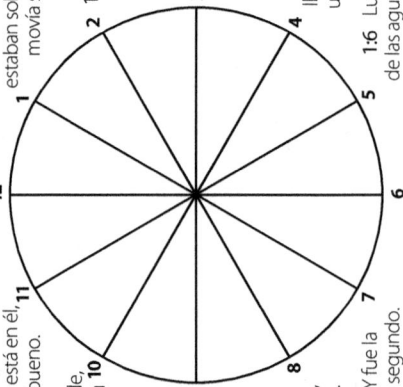

Primer rayo

II

Génesis 1:13–24

1:13 Y fue la tarde y la mañana, el día tercero.

1:14 Dijo luego Dios: Haya lumbreras en la expansión de los cielos para separar el día de la noche; y sirvan de señales para las estaciones, para días y años,

1:15 Y sean por lumbreras en la expansión de los cielos para alumbrar sobre la tierra; y fue así.

1:16 Y hizo Dios las dos grandes lumbreras; la lumbrera mayor para que señorease en el día, y la lumbrera menor para que señorease en la noche; hizo también las estrellas.

1:17 Y las puso Dios en la expansión de los cielos para alumbrar sobre la tierra,

1:18 Y para señorear en el día y en la noche, y para separar la luz de las tinieblas; y vio Dios que era bueno.

1:19 Y fue la tarde y la mañana el día cuarto

1:20 Dijo Dios: Produzcan las aguas seres vivientes, y aves que vuelen sobre la tierra, en la abierta expansión de los cielos.

1:21 Y creó Dios los grandes monstruos marinos, y todo ser viviente que se mueve, que las aguas produjeron según su género, y toda ave alada según su especie; y vio Dios que era bueno.

1:22 Y Dios los bendijo, diciendo: Fructificad y multiplicaos, y llenad las aguas en los mares, y multipliquense las aves en la tierra.

1:23 Y fue la tarde y la mañana el día quinto.

1:24 Luego dijo Dios: Produzca la tierra seres vivientes según su género, bestias y serpientes y animales de la tierra según su especie; y fue así.

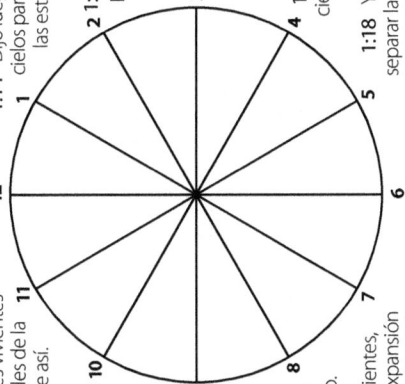

Primer rayo

III

Génesis 1:25–2:5

1:25 E hizo Dios animales de la tierra según su género, y ganado según su género, y todo animal que se arrastra sobre la tierra según su especie, y vio Dios que era bueno.

2:5 Y toda planta del campo antes que fuese en la tierra, y toda hierba del campo antes que naciese; porque Jehová Dios aún no había hecho llover sobre la tierra, ni había hombre para que labrase la tierra,

2:4 Estos son los orígenes de los cielos y de la tierra cuando fueron creados, el día que Jehová Dios hizo la tierra y los cielos,

2:3 Y bendijo Dios al día séptimo, y lo santificó, porque en él reposó de toda la obra que había hecho en la creación.

2:2 Y acabó Dios en el día séptimo la obra que hizo; y reposó el día séptimo de toda la obra que hizo.

2:1 Fueron, pues, acabados los cielos y la tierra, y todo el ejército de ellos.

1:26 Entonces dijo Dios: Hagamos al hombre a nuestra imagen, conforme a nuestra semejanza; y señoree en los peces del mar, en las aves de los cielos, en las bestias, en toda la tierra, y en todo animal que se arrastra sobre la tierra.

1:27 Y creó Dios al hombre a su imagen, a imagen de Dios lo creó; varón y hembra los creó.

1:28 Y los bendijo Dios, y les dijo: Fructificad y multiplicaos; llenad la tierra, y sojuzgadla; y señoread en los peces del mar, en las aves de los cielos, y en todas las bestias que se mueven sobre la tierra.

1:29 Y dijo Dios: He aquí que os he dado toda planta que da semilla que está sobre toda la tierra, y todo árbol en que hay fruto y que da semilla os serán para comer.

1:30 Y a toda bestia de la tierra, y a todas las aves de los cielos, y a todo lo que se arrastra sobre la tierra, en que hay vida, toda planta verde les será para comer; y fue así.

1:31 Y vio Dios todo lo que había hecho, y he aquí que era bueno en gran manera. Y fue la tarde y la mañana el día sexto.

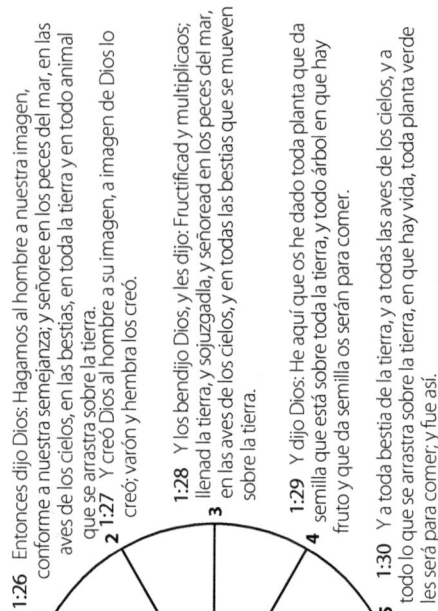

Segundo rayo
I
Génesis 2:6–17

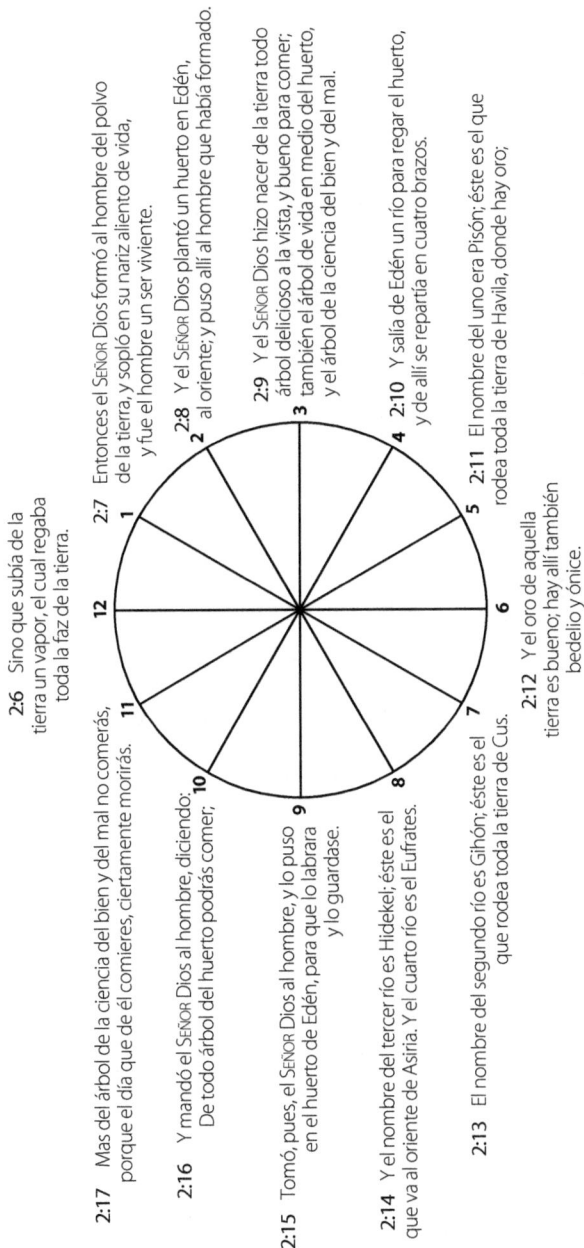

2:6 Sino que subía de la tierra un vapor, el cual regaba toda la faz de la tierra.

2:7 Entonces el Señor Dios formó al hombre del polvo de la tierra, y sopló en su nariz aliento de vida, y fue el hombre un ser viviente.

2:8 Y el Señor Dios plantó un huerto en Edén, al oriente; y puso allí al hombre que había formado.

2:9 Y el Señor Dios hizo nacer de la tierra todo árbol delicioso a la vista, y bueno para comer; también el árbol de vida en medio del huerto, y el árbol de la ciencia del bien y del mal.

2:10 Y salía de Edén un río para regar el huerto, y de allí se repartía en cuatro brazos.

2:11 El nombre del uno era Pisón; éste es el que rodea toda la tierra de Havila, donde hay oro;

2:12 Y el oro de aquella tierra es bueno; hay allí también bedelio y ónice.

2:13 El nombre del segundo río es Gihón; éste es el que rodea toda la tierra de Cus.

2:14 Y el nombre del tercer río es Hidekel; éste es el que va al oriente de Asiria. Y el cuarto río es el Eufrates.

2:15 Tomó, pues, el Señor Dios al hombre, y lo puso en el huerto de Edén, para que lo labrara y lo guardase.

2:16 Y mandó el Señor Dios al hombre, diciendo: De todo árbol del huerto podrás comer;

2:17 Mas del árbol de la ciencia del bien y del mal no comerás, porque el día que de él comieres, ciertamente morirás.

Segundo rayo
II
Génesis 2:18–25

2:18 Y dijo el SEÑOR Dios: No es bueno que el hombre esté solo; le haré ayuda idónea para él.

2:19 El SEÑOR Dios formó, pues, de la tierra toda bestia del campo, y toda ave de los cielos, y las trajo a Adán para que viese cómo las había de llamar; y todo lo que Adán llamó a los animales vivientes, ese es su nombre.

2:20 Y puso Adán nombre a toda bestia y ave de los cielos y a todo ganado del campo; mas para Adán no se halló ayuda idónea para él.

2:21 Entonces el SEÑOR Dios hizo caer sueño profundo sobre Adán, y mientras éste dormía, tomó una de sus costillas, y cerró la carne en su lugar.

2:22 Y de la costilla que el SEÑOR Dios tomó del hombre, hizo una mujer, y la trajo al hombre.

2:23 Dijo entonces Adán: Esto es, ahora, hueso de mis huesos y carne de mi carne; ésta será llamada Varona [mujer], porque del varón fue tomada.

2:24 Por tanto, dejará el hombre a su padre y a su madre, y se unirá a su mujer, y serán una sola carne.

2:25 Y estaban ambos desnudos, Adán y su mujer, y no se avergonzaban.

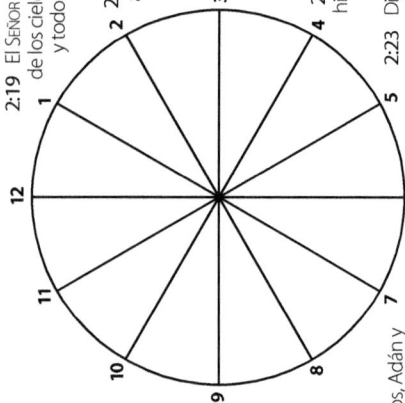

Tercer rayo

I

Génesis 3:1-12

Esfera del Espíritu pervertida

3:1 Pero la serpiente era astuta, más que todos los animales del campo que Jehová Dios había hecho; la cual dijo a la mujer: ¿Conque Dios os ha dicho: No comáis de todo árbol del huerto? *(Serpiente juzga el mandamiento del Señor).*

3:2 Y la mujer respondió a la serpiente: Del fruto de los árboles del huerto podemos comer; *(La mujer cita la ley de la alquimia de Acuario. Podemos participar en los ejercicios para el desarrollo de las facultades del alma y la percepción solar).*

3:3 Pero del fruto del árbol que está en medio del huerto dijo Dios: No comeréis de él, ni le tocaréis, para que no muráis.

3:4 Entonces la serpiente dijo a la mujer: No moriréis;

3:5 Sino que sabe Dios que el día que comáis de él, serán abiertos vuestros ojos, y seréis como Dios, sabiendo el bien y el mal.

3:6 Y vio la mujer que el árbol era bueno para comer, y que era agradable a los ojos, y árbol codiciable para alcanzar la sabiduría; y tomó de su fruto, y comió; y dio también a su marido, el cual comió así como ella.

3:7 Entonces fueron abiertos los ojos de ambos, y conocieron que estaban desnudos; entonces cosieron hojas de higuera, y se hicieron delantales.

3:8 Y oyeron la voz del Señor Dios que se paseaba en el huerto, al aire del día; y el hombre y su mujer se escondieron de la presencia de Jehová Dios entre los árboles del huerto. *(Comienza la prueba de los rayos secretos).*

3:9 Mas el Señor Dios llamó al hombre, y le dijo: ¿Dónde estás tú?

3:10 Y él respondió: Oí tu voz en el huerto, y tuve miedo, porque estaba desnudo; y me escondí.

3:11 Y Dios le dijo: ¿Quién te enseñó que estabas desnudo? ¿Has comido del árbol de que yo te mandé no comieses?

3:12 Y el hombre respondió: La mujer que me diste por compañera me dio del árbol, y yo comí.

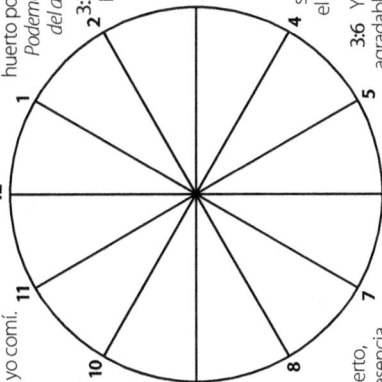

Tercer rayo

II

Génesis 3:13-24

Esfera de la Materia pervertida

3:13 Entonces el Señor Dios dijo a la mujer: ¿Qué es lo que has hecho? Y dijo la mujer: La serpiente me engañó, y comí. *(El Señor juzga a Eva).*

3:14 Y el Señor Dios dijo a la serpiente: Por cuanto esto hiciste, maldita serás entre todas las bestias y entre todos los animales del campo; sobre tu pecho andarás, y polvo comerás todos los días de tu vida. *(El Señor juzga a Serpiente).*

3:15 Y pondré enemistad entre tú y la mujer, y entre tu simiente y la simiente suya; ésta te herirá en la cabeza, y tú le herirás en el calcañar. *(El Señor pone enemistad entre Serpiente y la mujer, y entre la progenie de los ángeles caídos y la progenie de los hijos de Dios).*

3:16 A la mujer dijo: Multiplicaré en gran manera los dolores en tus preñeces; con dolor darás a luz los hijos; y tu deseo será para tu marido, y él se enseñoreará de ti. *(El Señor establece la identidad de la mujer caído).*

3:17 Y al hombre dijo: Por cuanto obedeciste a la voz de tu mujer, y comiste del árbol de que te mandé diciendo: No comerás de él; maldita será la tierra por tu causa; con dolor comerás de ella todos los días de tu vida. *(El Señor establece la identidad del hombre caído).*

3:18 Espinos y cardos te producirá, y comerás plantas del campo.

3:19 Con el sudor de tu rostro comerás el pan hasta que vuelvas a la tierra, porque de ella fuiste tomado; pues polvo eres, y al polvo volverás. *(Muerte física: el sendero de iniciación conduce a la ascensión).*

3:20 Y llamó Adán el nombre de su mujer, Eva, por cuanto ella era madre de todos los vivientes.

3:21 Y el Señor Dios hizo al hombre y a su mujer túnicas de pieles, y los vistió. *(El Señor les hizo unos vehículos más densos para operar en el contaminado plano físico).*

3:22 Y dijo el Señor Dios: He aquí el hombre es como uno de nosotros, sabiendo el bien y el mal; ahora, pues, que no alargue su mano, y tome también del árbol de la vida, y coma, y viva para siempre. *(Estado real del hombre definido por Dios).*

3:23 Y lo sacó el Señor del huerto del Edén, para que labrase la tierra de que fue tomado. *(El Señor envía al hombre a que sea siervo de la esfera de la Materia de donde vino, donde está atado hasta que llegue su Redentor).*

3:24 Echó, pues, fuera al hombre, y puso al oriente del huerto de Edén querubines, y una espada encendida que se revolvía por todos lados, para guardar el camino del árbol de la vida. *(El Señor establece la espada llameante de la conciencia Crística para guardar el camino —la Ley— del sendero de la Presencia YO SOY).*

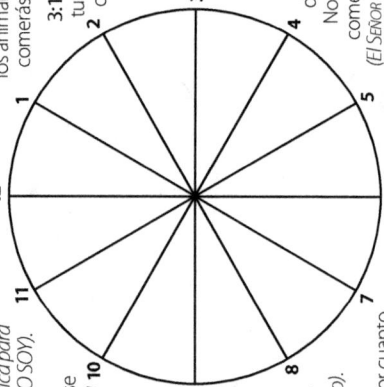

Cuarto rayo

I

Génesis: 4:1-12

Esfera del Espíritu

El Señor está dispuesto a poner a prueba a los hijos de Adán y Eva para ver si afrontarán las pruebas en el mundo en que sus padres fallaron en el huerto.

Maitreya se retira; Abel habla con su Presencia YO SOY. No hay Mediador: no hay misericordia.

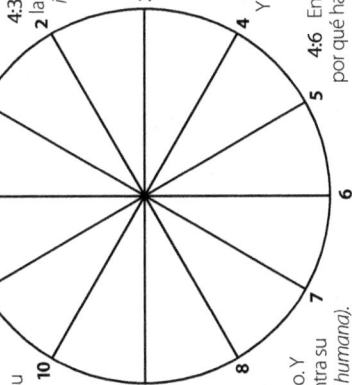

4:1 Conoció Adán a su mujer Eva, la cual concibió y dio a luz a Caín, y dijo: Por voluntad del Señor he adquirido varón.

4:2 Después dio a luz a su hermano Abel. Y Abel fue pastor de ovejas, y Caín fue labrador de la tierra.

4:3 Y aconteció andando el tiempo, que Caín trajo del fruto de la tierra una ofrenda al Señor. (*Instrucción sobre el sacrificio del yo inferior por el Yo Superior/emocional-indiferente*).

4:4 Y Abel trajo también de los primogénitos de sus ovejas, de lo más gordo de ellas. Y miró el Señor con agrado a Abel y a su ofrenda; (*Abel da más de sí mismo que Caín-corazón-acción*).

4:5 Pero no miró con agrado a Caín y a la ofrenda suya. Y se ensañó Caín en gran manera, y decayó su semblante.

4:6 Entonces el Señor dijo a Caín: ¿Por qué te has ensañado, y por qué ha decaído tu semblante?

4:7 Si bien hicieres, ¿no serás enaltecido?, y si no hicieres bien, el pecado está a la puerta; (*Sistema de recompensa en la iniciación comparado con karma*) con todo esto, a ti será su deseo, y tú te enseñorearás de él. (*Caín no pudo pasar la prueba de los siete rayos para entrar en la prueba de los rayos secretos*).

4:8 Y dijo Caín a su hermano Abel: Salgamos al campo. Y aconteció que estando ellos en el campo, Caín se levantó contra su hermano Abel, y lo mató. (*Gratitud divina comparada con gratitud humana*).

4:9 Y el Señor dijo a Caín: ¿Dónde está Abel tu hermano? Y él respondió: No sé. ¿Soy yo acaso guarda de mi hermano? (*Justicia divina comparada con justicia humana*).

4:10 Y él le dijo: ¿Qué has hecho? La voz de la sangre de tu hermano clama a mí desde la tierra. (*Realidad*).

4:11 Ahora, pues, maldito seas tú de la tierra, que abrió su boca para recibir de tu mano la sangre de tu hermano. (*Juicio por visión*).

4:12 Cuando labres la tierra, no te volverá a dar su fuerza; errante y extranjero serás en la tierra. (*Karma*).

Cuarto rayo

II

Génesis 4:13-24

Esfera de la Materia

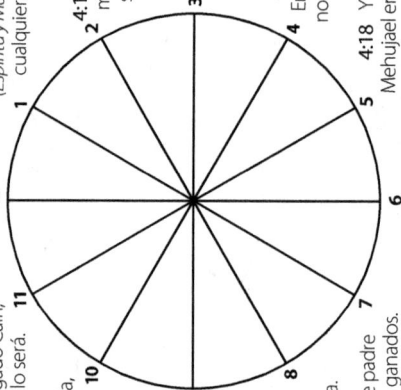

12   4:13 Y dijo Caín al SEÑOR: Grande es mi castigo para ser soportado.

1   4:14 He aquí me echas hoy de la tierra, y de tu presencia me esconderé, *(Espíritu y Materia)* y seré errante y extranjero en la tierra; y sucederá que cualquiera que me hallare, me matará.

2   4:15 Y le respondió el SEÑOR: Ciertamente cualquiera que matare a Caín, siete veces será castigado. Entonces el SEÑOR puso señal en Caín, para que no lo matase cualquiera que le hallara.

3   4:16 Salió, pues, Caín de delante del SEÑOR, y habitó en tierra de Nod, al oriente de Edén.

4   4:17 Y conoció Caín a su mujer, la cual concibió y dio a luz a Enoc; y edificó una ciudad, y llamó el nombre de la ciudad del nombre de su hijo, Enoc.

5   4:18 Y a Enoc le nació Irad, e Irad engendró a Mehujael, y Mehujael engendró a Metusael, y Metusael engendró a Lamec. *(División del núcleo de fuego blanco).*

6   4:19 Y Lamec tomó para sí dos mujeres; el nombre de la una fue Ada, *(ornamento, belleza)* y el nombre de la otra, Zila *(sombra).*

7   4:20 Y Ada dio a luz a Jabal, el cual fue padre de los que habitan en tiendas y crían ganados.

8   4:21 Y el nombre de su hermano fue Jubal, el cual fue padre de todos los que tocan arpa y flauta.

9   4:22 Y Zila también dio a luz a Tubal-caín, artífice de toda obra de bronce y de hierro; y la hermana de Tubal-caín fue Naama.

10   4:23 Y dijo Lamec a sus mujeres: Ada y Zila, oíd mi voz; mujeres de Lamec, escuchad mi dicho: Que un varón mataré por mi herida, y un joven por mi golpe.

11   4:24 Si siete veces será vengado Caín, Lamec en verdad setenta veces siete lo será.

Cuarto rayo

III

Génesis 4:25–26

4:25 Y conoció de nuevo Adán a su mujer, la cual dio a luz un hijo, y llamó su nombre Set: Porque Dios (dijo ella) me ha sustituido otro hijo en lugar de Abel, a quien mató Caín.

4:26 Y a Set también le nació un hijo, y llamó su nombre Enós. Entonces los hombres comenzaron a invocar el nombre del Señor.

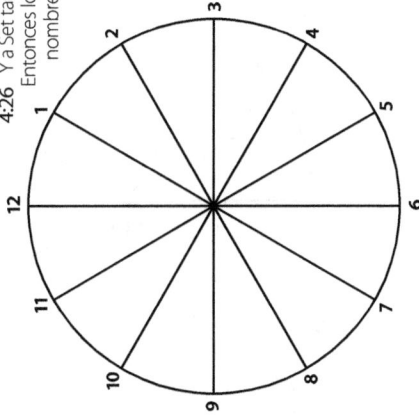

Venganza del Señor

Y dijo el Señor Dios: He aquí el hombre es como uno de nosotros, sabiendo el bien y el mal; ahora, pues, que no alargue su mano, y tome también del árbol de la vida, y coma, y viva para siempre. Y lo sacó el Señor Dios del huerto del Edén, para que labrase la tierra de que fue tomado. Echó, pues, fuera al hombre, y puso al oriente del huerto de Edén querubines, y una espada encendida que se revolvía por todos lados, para guardar el camino del árbol de la vida

12 Maldita será la tierra por tu causa.

1 Con dolor comerás de ella todos los días de tu vida.

2 Espinos y cardos te producirá.

3 Y comerás plantas del campo.

4 Con el sudor de tu rostro comerás el pan hasta que vuelvas a la tierra, porque de ella fuiste tomado;

5 Pues polvo eres, y al polvo volverás.

6 Y lo sacó el Señor Dios del huerto del Edén.

7

8 Con dolor darás a luz los hijos.

9 Y tu deseo será para tu marido.

10 Y él se enseñoreará de ti.

11 Multiplicaré en gran manera los dolores en tus preñeces.

Notas

Todas las referencias bíblicas corresponden a la versión Reina-Valera de 1960 a menos que se indique lo contrario.

Primer capítulo • Karma: la ley de la integración

1. Según los hallazgos de James Churchward, arqueólogo y autor de *The Lost Continent of Mu (El continente perdido de Mu)*, la antigua Tierra Madre era un continente ubicado en el Pacífico y compuesto de tres zonas terrestres. Se extendía casi cinco mil kilómetros desde el norte de Hawái hasta el sur de la Isla de Pascua y las Islas Fiyi, y tenía una extensión de más de ocho mil kilómetros de este a oeste. La historia de Churchward sobre Mu (Lemuria) se basa en inscripciones sobre tablas sagradas que él afirmaba haber descubierto en India. Con la ayuda del sumo sacerdote de un templo indio, descifró las tablas. Durante sus cincuenta años de investigación confirmó el contenido de las tablas con otros escritos, inscripciones y leyendas que encontró en el Sureste Asiático, Yucatán, América Central, las Islas del Pacífico, México, América del Norte, Egipto y en otros lugares. Churchward estimó que Mu fue destruido aproximadamente hace doce mil años debido al derrumbe de cámaras de gas que sostenían el continente. Véase James Churchward, *The Lost Continent of Mu*, (1931; nueva ed. New York: Paperback Library Edition, 1968).
2. Génesis 1:1.
3. Señor Maitreya, *Perlas de Sabiduría*, vol. 18, n.° 49, 7 de diciembre de 1975.
4. Génesis 1:3-5.

5. Corintios 8:5-6.
6. Juan 1:3.
7. Génesis 1:7-28.
8. Isaías 55:11.
9. Véase Mark L. Prophet y Elizabeth Clare Prophet, *The Science of the Spoken Word (La ciencia de la Palabra hablada)* (Corwin Springs, Mont.: Summit University Press, 1991) y Elizabeth Clare Prophet, *The Creative Power of Sound: Affirmations to Create, Heal and Transform (El poder creativo del sonido: afirmaciones para crear, curar y trasformar)* (Corwin Springs, Mont.: Summit University Press, 1998).
10. 1 Corintios 15:53. Señor Maitreya, *Perlas de Sabiduría*, vol. 18, n.° 50, 14 de diciembre de 1975.
11. Isaías 55:8.
12. Génesis 1:31.
13. Génesis 3:16-19.
14. Génesis 4:8.
15. Génesis 5.
16. Génesis 6:5, 8-4.
17. Génesis 7:4; Mateo 4:1-2.
18. En el ascenso hacia la perfección, el alma pasa por lo que el místico del siglo dieciséis San Juan de la Cruz describe como la *noche oscura*. La primera noche oscura se vive cuando uno se encuentra con el retorno de su karma personal, la creación humana que casi borra por completo, por un tiempo, la luz del Ser Crístico y la Presencia YO SOY.

   Esta *noche oscura del alma* sirve de preparación para la noche oscura del espíritu, que conlleva la prueba suprema que Jesús afrontó en la cruz cuando exclamó: "Dios mío, Dios mío, ¿por qué me has desamparado?". En esta iniciación, el alma parece estar completamente separada de la Presencia YO SOY y la jerarquía celestial. El alma debe pasar por la crucifixión y la resurrección sostenida solamente por la luz reunida en su propio sagrado corazón, mientras mantiene el equilibrio del karma planetario.

   Juan de la Cruz escribió en su obra "La noche oscura": "Esta noche... dos maneras de tinieblas causa en los espirituales o purgaciones, según las dos partes del hombre, conviene a saber, sensitiva y espiritual. Y así, la una noche o purgación será sensitiva, con que se purga el alma según el sentido, acomodándolo al espíritu; y la otra es noche o purgación espiritual, con que se purga y desnuda el alma según el espíritu, acomodándole y disponiéndole para la unión de amor con Dios".

San Juan escribe sobre la iniciación de la noche oscura del espíritu: "Que como el [extremo] divino embiste a fin de renovarla para hacerla divina, desnudándola de las afecciones habituales y propiedades del hombre viejo, en que ella está muy unida, conglutinada y conformada, de tal manera la destrinca y descuece la sustancia espiritual, absorbiéndola en una profunda y honda tiniebla, que el alma se siente estar deshaciendo y derritiendo en la haz y vista de sus miserias con muerte de espíritu cruel; así como si, tragada de una bestia, en su vientre tenebroso se sintiese estar digiriendo, padeciendo estas angustias como Jonás en el vientre de aquella marina bestia. Porque en este sepulcro de oscura muerte la conviene estar para la espiritual resurrección que espera".

19. Arcangelina Amatista: "The Initiation of the Judgment" ("La iniciación del juicio"), *Perlas de Sabiduría*, vol. 18, n.º 48, 30 de noviembre de 1975; también publicado en Elizabeth Clare Prophet, *Vials of the Seven Last Plagues (Las copas de las siete últimas plagas)* (Corwin Springs, Mont.: Summit University Press, 1980), págs. 101-109.]

20. 1 Corintios 15:55-57.

21. Apocalipsis 15:6-7.

22. Apocalipsis 4:4.

23. Apocalipsis 4:5; 5:6. Mateo 5:18.

24. El Ciclo Oscuro es un período en el que se produce un retorno del karma negativo de la humanidad de los últimos 25.800 años. Este karma se mantuvo en suspenso durante siglos bajo la gran misericordia de la Ley a través de los Hijos de Dios encarnados (como Jesucristo y otros). Este karma se libera para lograr un equilibrio es este período de transición hacia el ciclo de Acuario, de acuerdo con los ciclos de las iniciaciones de las jerarquías solares. Cada año, una de las doce jerarquías solares libera la luz con la cual la humanidad podrá redimir las energías que ha utilizado mal en ciclos anteriores, habiendo fallado las iniciaciones de esa jerarquía en particular.

El Ciclo Oscuro dio comienzo el 23 de abril de 1969, bajo la jerarquía de Capricornio. El 23 de abril de cada año el ciclo entra en una nueva jerarquía, y continúa su orden alrededor del Reloj Cósmico. El Ciclo Oscuro continúa hasta el 22 de abril de 2002. En este período, la Ley exige que la humanidad afronte directamente su karma negativo. Ante la propensión de la humanidad hacia la oscuridad, los Señores del Karma decretaron esta acción con el fin de impedir un abuso mayor de la oportunidad de la vida y prevenir ese cataclismo que puede ser la consecuencia final de la creciente marea del pecado del mundo.

25. Arcángel Miguel, "The Judgment of the Fallen Ones" ("El juicio de los caídos"), *Perlas de Sabiduría,* vol. 18, n.º 35, 31 de agosto de 1975; también publicado en Prophet, *Vials,* págs. 2-7.

26. Génesis 1:3.

27. Lucifer, del latín *luc-, lux:* 'luz' y *-fer,* de *ferre:* 'llevar, traer': "el que lleva luz". Isaías 14:12.

28. 2 Tesalonicenses 2:11-12.

29. Mateo 13:24-30, 36-43.

30. Mateo 12:34; 23:33. Mateo 22:18; 23:13-39. Juan 8:44.

31. Efesios 6:10-18.

32. Lucas 3:7-18.

33. Gran Director Divino, "Non-Man" ("Hombre irreal"), *Perlas de Sabiduría,* vol. 8, n.º 16, 18 de abril de 1965; también publicado en Mark L. Prophet, *The Soulless One (El ser carente de alma)* (Corwin Springs, Mont.: Summit University Press, 1981), págs. 109-118.

34. Juan 8:44.

35. Génesis 4:1.

36. Gálatas 6:7.

37. Sanat Kumara, *Perlas de Sabiduría,* vol. 42, n.º 2, 10 de enero de 1999.

38. Génesis 4:6-7.

39. Génesis 3:4.

40. Génesis 3:21.

41. Génesis 4:12.

42. Proverbios 16:25.

43. Apocalipsis 13:1, 11, 16-17.

44. Apocalipsis 12:10.

45. Apocalipsis 8:4. Arcángel Miguel, "Judgment of the Fallen Ones" ("Juicio a los caídos").

46. Apocalipsis 15:3-4.
47. Efesios 6:11. Éxodo 32:7-8; Números 21:8-9.
48. Arcangelina Fe, "The Judgment of the Dweller-on-the-Threshold" ("El juicio al morador del umbral"), *Perlas de Sabiduría,* vol. 18, n.º 36, 7 de septiembre de 1975; también publicado en Prophet, *Las copas,* págs. 8-14. Véase también Alfa, "The Judgment: The Sealing of the Lifewaves throughout the Galaxy" ("El juicio: sellar a las corrientes de vida de la galaxia"), en Elizabeth Clare Prophet, *The Great White Brotherhood in the Culture, History and Religion of America (La Gran Hermandad Blanca en la cultura, historia y religión de los Estados Unidos)* (Corwin Springs, Mont.: Summit University Press, 1987), págs. 231-37.
49. Éxodo 20:5; Deuteronomio 5:9.
50. Salmos 136.
51. Gautama Buda, *Perlas de Sabiduría,* vol. 28, n.º 25, 23 de junio de 1985.
52. Apocalipsis 12:5. Jeremías 17:1.
53. Un ejemplo de esto lo tenemos en la *Declaración de los Derechos del Hombre y del Ciudadano,* redactada en 1789, que formó el preámbulo de la constitución francesa de 1791.
54. Los Mensajeros han dado enseñanzas en varias ocasiones explicando la base esotérica del derecho divino de los reyes. La siguiente recopilación se extrae de esas conferencias:

En tiempos pasados, cuando los reyes gobernaban la Tierra, lo hacían por derecho divino. En Lemuria y la Atlántida, los reyes que poseían el derecho divino ocupaban el trono porque eran Maestros Ascendidos. No eran corruptos ni hombres corrompibles. Lo único que hacían era administrar justicia cósmica. De hecho, esos Maestros estaban unidos a Dios. Eran una encarnación de Dios, como todos debemos serlo.

Oímos hablar de que los reyes se referían a "mon droit" (mi derecho). Pero su derecho con frecuencia lo malinterpretaron quienes creían que los reyes querían decir: "Tengo el derecho de gobernar". No se entendía que ese derecho divino del rey provenía de Dios, quien lo había nombrado para que actuara como gobernante. Su gobierno no debía ser un poder dictatorial, sino una oportunidad de servir para satisfacer las necesidades de su pueblo, para gobernar sabiamente. Así, Salomón en su gloria gobernó a los hijos de Israel y produjo un gran reino. Sin embargo, el reino que tenemos en nuestro interior es más grande que cualquier otro, porque aquel que puede gobernarse es más grande que aquel que puede gobernar una ciudad.

En asuntos espirituales, la autoridad no se deriva del consentimiento de los gobernados, sino de lo alto. Además, en las órdenes espirituales, los menores siempre se han sometido al gobierno de los mayores. Este es el concepto de jerarquía y es el derecho divino de la iniciación espiritual, que da al hombre el gobierno sobre muchas cosas cuando éste es fiel en unas pocas. La autoridad no se puede conferir a quienes primero no muestran obediencia a la misma autoridad que buscan. Porque no hay más poder que Dios, y sus mandatos también son nuestra Ley.

Así, Dios concedía a los antiguos reyes el derecho divino a gobernar. Estos eran personas que habían avanzado en su posición jerárquica hasta ocupar una que les permitía mantener cierto equilibrio por su pueblo. Pero debían ser capaces de afianzar el poder de Dios en la Tierra. Consecuentemente, se les daba la llama violeta.

Las iglesias no recibieron el conocimiento de la llama violeta, pero los reyes de la Tierra sí recibieron un conocimiento parcial a través de los grandes Maestros como un ritual muy secreto. Estos reconocían en el derecho divino de los reyes la capacidad de conferir al reino una bendición especial. Los reyes no invocaban la llama violeta. Sabían de su poder hasta cierto punto, pero no conscientemente. No tenían el mismo conocimiento que la Hermandad ha dado actualmente. Pero uno de los secretos de los reyes es que estaban llenos de llama violeta y por ello vestían de púrpura real. Y los "magos" de la corte eran en realidad iniciados de la Gran Hermandad Blanca, quienes protegían el derecho divino de los reyes.

Esta institución del Gobierno Divino de Dios en la Tierra nos ha servido a lo largo de los milenios y nos ha llevado a través de eras de oro. Dios tenía el propósito de que ello continuara en los tiempos modernos. En su fundación, Estados Unidos quiso basarse en tal tradición, donde los iniciados más altos estuvieran en puestos de liderazgo. Saint Germain patrocinó su primer presidente, George Washington (una encarnación del Maestro Ascendido Godfre). En lo interior, Estados Unidos comenzó con este arquetipo: la encarnación de la Ley y el Legislador. El cargo de presidente reflejó la personalidad de Washington, su carácter divino, todo lo que defendió. Gran parte del gobierno estadounidense surgió de su sagrado corazón y de su iniciación Búdica.

Pero Estados Unidos debía tener un gobierno totalmente nuevo, carente de reyes. Al reclamar su herencia como hijos de Dios y aceptar esta salvación del Hijo de Dios (la elevación del Yo Real en su templo), el pueblo sería ungido con el derecho divino original del autogobierno. Y, con ello, el gobierno de los Estados Unidos de América —del pueblo, por el pueblo, para el pueblo— en realidad descansaría sobre los hombros del Ser Crístico de cada hombre, mujer y niño. La Constitución de los Estados Unidos es un documento divino que garantiza el sendero de iniciación individual de los discípulos de los Maestros Ascendidos.

Así, el gobierno de este país se basa en la ley que nos ha llegado a través de la tradición del derecho anglosajón de Inglaterra. En esta tradición se cree que los jueces y los legisladores no crean leyes, solo descubren reglas y principios ya existentes y los aplican a la controversia de turno.

Se quiere que los jueces y los gobernantes sean oráculos en contacto con esa misteriosa presencia, la Ley, que posee una existencia independiente y sobre la cual podemos saber muy poco. La adivinación de la ley se produce cuando las personas se sintonizan con el patrón original interior de la vida, la geometría del cosmos y el estado de justicia entre los existentes cuerpos sociales, cuerpos políticos, mundos. Es el sentido de cómo debe interactuar el pueblo para conservar una sociedad humana.

Nuestros líderes deben sentarse en este asiento de intermediario entre la Ley de la poderosa Presencia YO SOY y el pueblo, que debe funcionar bajo la ley en medio de circunstancias humanas. Así, por encima de todo, nuestros líderes deben ser seres Crísticos.

Pero hoy, pocos funcionarios elegidos democráticamente o burócratas designados encarnan el Cristo y el Espíritu Santo. Con la omisión del Espíritu Santo encarnado en el pueblo, ninguna forma de gobierno funcionará. Un documento divino, como la Constitución de los Estados Unidos, no basta. El gobierno Divino exige que la gente se sintonice con el origen del documento divino y reconozca el orden progresivo de la jerarquía en el desarrollo de la vida en la Tierra.

Cada hombre debe elevar la llama Crística. Cada hombre debe estar donde sea la clave de la encarnación de Dios (el rey). Y el hombre debe ser esa clave para todos aquellos que sirvan debajo de él. Saint Germain sabía que esa era la única forma en que los caídos podían ser aventajados. Él creó una forma de gobierno en los Estados Unidos donde todos podían elevarse y, uno a uno, en la escalera de la jerarquía, asumir el lugar correspondiente en el puesto de pastor del pueblo.

Quienquiera que tenga el poder del Espíritu Santo se convierte en alguien fundamental, porque el Espíritu Santo es el poder por el cual una nación permanece unida. Es el poder cohesivo del amor. Es el Espíritu que se mueve y vive de la Presencia YO SOY, de YAHVEH, del Dios de Israel, de todo lo que es real en medio de nosotros. Ese Espíritu que se mueve es lo prevaleciente de nuestra identidad y realidad. Es el medio por el cual somos uno en conciencia y en actitud. Es el sentimiento que permite a un grupo de gente saber lo que está bien y hacer lo que está bien, interpretando la Ley según El Señor, Justicia Nuestra.

Este sentido del bien del que estamos dotados proviene del Padre y el Hijo, y lo transmite el Espíritu Santo. Es el poder del pueblo. No se consigue a través de revoluciones. El poder del pueblo se gana mediante la iluminación de la Presencia Divina interior.

El corazón de fuego que late en el pecho de todos nosotros es el poder de derrocar a los tiranos, de desplazarlos gracias a la conciencia Crística. Estudia la historia de las naciones. Estudia los abusos de poder y los baños de sangre que se han sucedido. Luego, encuentra una época en la que se haya mantenido la paz y encontrarás a alguien que ha elevado la conciencia Crística. Solo en los Estados Unidos ha existido la oportunidad en los últimos dos siglos de producir una era tal. Pero la estamos perdiendo rápidamente. Las civilizaciones caen, los continentes se hunden si este poder no se eleva. Ninguna otra revolución cuenta —ni la estadounidense ni la francesa ni la rusa ni las aparentemente interminables rondas de tumulto político—, excepto la revolución que es la decisión de ser el Cristo.

Fuentes:
- Enseñanza de Mark Prophet, 15 de septiembre de 1963.
- Comentario de Mark Prophet, 13 de septiembre de 1964.

- Mark Prophet, servicio matutino del domingo, 1 de mayo de 1966.
- Elizabeth Clare Prophet, "Jesús de Nazaret, el rey de los judíos: vigilia en el Gólgota", 8 de abril de 1977.
- Elizabeth Clare Prophet, "Discurso del Día de la Independencia", 4 de julio de 1980.
- Elizabeth Clare Prophet, "Sobre el sentido de la justicia!" 1 de diciembre de 1980.

55. Proverbios 29:18 (Nueva Versión Internacional de la Biblia).
56. Apocalipsis 15:2.
57. Apocalipsis 16:3.
58. Salmos 23:4.
59. Juan 9:39.
60. Proverbios 16:22. Génesis 2:6.
61. Ezequiel 1:4.
62. En las horas de la crucifixión de Jesús hay catorce escenas que representan su maestría y su sacrificio por la humanidad. Se denominan las catorce estaciones de la cruz y significan la iniciación de la crucifixión, que se pasa tanto en lo personal como a nivel planetario, según la ley de los ciclos. Primera estación: Jesús es condenado a muerte; segunda estación: Jesús, debe cargar la cruz; tercera estación: Jesús cae por primera vez; cuarta estación: Jesús encuentra a su afligida madre; quinta estación: el Cirineo ayuda a Jesús; sexta estación: Verónica limpia el rostro de Jesús; séptima estación: Jesús cae por segunda vez; octava estación: Jesús consuela a las mujeres santas; novena estación: Jesús cae por tercera vez; décima estación: Jesús es despojado de sus vestiduras; undécima estación: Jesús es clavado en la cruz; duodécima estación: Jesús muere en la cruz; decimotercera estación: Jesús es bajado de la cruz; decimocuarta estación: Jesús es sepultado.
63. Hechos 2:3. Apocalipsis 13:10.
64. Apocalipsis 13:10.
65. Mateo 7:15.
66. Véase Elohim Apolo, "An Increment of Light from the Holy Kumaras" ("Un incremento de luz de los Santos Kumaras"), del 6 de julio de 1975, publicado en Prophet, *Great White Brotherhood*, pág. 269-73.
67. Proverbios 1:7.
68. Aquí "río de la vida" se refiere a la mala cualificación que ha

hecho la humanidad de las energías puras que fluyen desde la Presencia YO SOY por el cordón cristalino de la corriente de vida (o alma) que está evolucionando en la Materia.

69. Juan 2:13-16. Arcángel Jofiel, "The Judgement of Mankind's Perversion of the Wisdom of the Mother" ("El juicio a la perversión que la humanidad ha hecho de la Sabiduría de la Madre"), *Perlas de Sabiduría,* vol. 18, n.° 37, 14 de septiembre de 1975; también publicado en Prophet, *Vials,* págs. 16-21.

70. Mateo 22:37.

71. Apocalipsis 3:20.

72. Apocalipsis 3:1.

73. Apocalipsis 16:16.

74. Arcangelina Cristina, "Ratify and Confirm the Judgement within Your Own Being! ("¡Ratificad y confirmad el juicio dentro de vuestro ser!"), *Perlas de Sabiduría,* vol. 18, n.° 38, 21 de septiembre de 1975; también publicado en Prophet, *Vials,* págs. 22-28.

75. 1 Corintios 2:7.

76. Helios y Vesta son las llamas gemelas responsables del foco del Sol en el centro de nuestro sistema solar.

77. Génesis 2:21.

78. Salmos 121:8.

79. Génesis 6:3. Arcangelina Cristina, "Ratify and Confirm the Judgement".

80. Salmos 2:9.

81. Salmos 2:1, 3-8.

82. El 16 de abril de 1975 Lucifer fue atado por el Arcángel Miguel y llevado a la Corte del Fuego Sagrado en Sirio, donde fue sometido a juicio ante los Veinticuatro Ancianos por un período de diez días. El testimonio de muchas almas de luz encarnadas en Terra y en otros planetas y sistemas de la galaxia se escuchó, junto con el de los Maestros Ascendidos, Arcángeles y Elohim. El 26 de abril de 1975 fue hallado culpable de la total rebelión contra el Dios Todopoderoso tras el voto unánime de los Veinticuatro y fue sentenciado a la segunda muerte. Estando Lucifer sobre el disco del fuego sagrado ante la corte, la llama de Alfa y Omega se elevó en un espiral de una luz blanca intensa, anulando una identidad y una conciencia que había influido en la caída de un tercio de los ángeles de la galaxia e innumerables oleadas de vida en evolución en este y otros sistemas de mundos.

83. Alfa, "The Judgment" ("El juicio"), en Prophet, *Great White Brotherhood,* págs. 231-37; citado en Arcangelina Cristina, "Ratify and Confirm the Judgment".

84. Arcangelina Cristina, "Ratify and Confirm the Judgment".

85. Véanse más enseñanzas sobre Serpiente en Sanat Kumara, *Perlas de Sabiduría,* vol. 22, n.º 45, 11 de noviembre de 1979.

86. Génesis 3:1.

87. 2 Corintios 11:14. En 1968 Satanás fue atado por el Arcángel Miguel. Por tanto, se cumplió la profecía de Apocalipsis 20:2-3: "Y [el ángel] prendió al dragón, la serpiente antigua, que es el diablo y Satanás, y lo ató por mil años; y lo arrojó al abismo, y lo encerró, y puso su sello sobre él, para que no engañase más a las naciones, hasta que fuesen cumplidos mil años; y después de esto debe ser desatado por un poco de tiempo". Pero, dado que Satanás no se contentó con languidecer en su celda durante mil años, ya ha pasado por el juicio final y la segunda muerte.

El 1 de febrero de 1982 Jesús anunció: "La Palabra ha sido enviada el miércoles pasado, en el triunfo y en la hora del veintisiete, para que sea puesto en prisión preventiva y enviado a la Corte del Fuego Sagrado aquel a quien habéis conocido por tanto tiempo como Satanás. Benditos corazones, algunos de vosotros que sois nuestros discípulos en todo el mundo habéis sabido que, hace muchos años, en respuesta al llamado de nuestros Mensajeros, cuando ambos estaban encarnados juntos, Satanás fue atado y su poder fue reducido. Por tanto, para que continúe la demonstración de la ley de la Persona de la Mensajera, de la Persona de los portadores de luz, nuestro Padre me envió el llamado para que activara esa misma noche la acción del llamado para el juicio de ese Caído. Por tanto, sépase que la detención y el envío de Satanás a esa corte, donde el Señor Sanat Kumara preside ante la presencia de los Veinticuatro Ancianos, ha producido su juicio final. Por tanto, ¡regocijaos, oh los cielos y la tierra! ¡Porque ese poder de Satanás está atado, y ese Caído está juzgado y ya no irá a tentar a los habitantes de este ni ningún otro mundo contra la Persona del Señor Cristo!". Véase Jesucristo, *Perlas de Sabiduría,* vol. 25, n.º 16, 18 de abril de 1982.

88. Génesis 3:1-5.

89. Juan 1:14.

90. Salmos 8:5.

91. Génesis 3:6.
92. Génesis 3:7-10.
93. Mateo 14:30.
94. Génesis 2:23.
94. Génesis 3:11-13.
96. Génesis 2:18.
97. Génesis 2:24. Mateo 19:6.
98. Gálatas 6:2, 5.
99. Génesis 3:14-15.
100. Salmos 90:10.
101. Romanos 8:7.
102. Filipenses 2:5.
103. Génesis 3:16.
104. Apocalipsis 3:10-11.
105. Apocalipsis 12:1.
106. Génesis 3:19.
107. Mateo 22:2-14.
108. Juan 10:10.
109. Génesis 2:24.
110. Juan 1:14.
111. Salmos 104:4.
112. Gálatas 6:7.
113. Apocalipsis 4:8.
114. Daniel 5:25, 27.
115. Hechos 17:23.
116. Isaías 55:11.
117. Juan 8:58.
118. Génesis 3:17-19, 23.
119. Juan 4:32. Mateo 4:4.
120. Mateo 26:29.
121. Mateo 5:18. Mateo 6:34.
122. Juan 14:16. Juan 8:12.
123. Jeremías 31:33-34.
124. Génesis 4:26.
125. Joel 2:28-32.
126. Génesis 2:8.
127. Mateo 26:52.
128. Mateo 18:6. Mateo 11:12.
129. Juan 14:15.

130. Génesis 3:24.
131. Filipenses 2:5. "Haya, pues, en vosotros 'este sentir' que hubo también en Cristo Jesús"; con el fin de seguir la enseñanza de los Maestros Ascendidos con exactitud, léase 'esa mente' en lugar de 'este sentir', tal cual consta en la versión bíblica inglesa King James.
132. Salmos 51:5.
133. Jueces 2:1-4.
134. 2 Corintios 6:14.
135. Apocalipsis 21:16.
136. Jueces 2:10-13, 16-17.
137. Jueces 2:19-22; 3:1, 3-7.
138. Isaías 1:18.
139. "America" es un anagrama en inglés de "I AM race" (raza YO SOY).
140. Éxodo 3:13-15.
141. Éxodo 7:16.
142. Génesis 22:17; 26:4; Hebreos 11:12.
143. Djwal Kul, "The Flame of Freedom in the Aquarian Cycle" ("La llama de la libertad en el ciclo de Acuario), *Perlas de Sabiduría*, vol. 17, n.º 45, 10 de noviembre de 1974; también publicado en Kuthumi y Djwal Kul, *The Human Aura (El aura humana)*, (Corwin Springs, Montana: Summit University Press, 1996), págs. 246-57.
144. Mateo 15:24.
145. Apocalipsis 14:6.
146. Mateo 15:21-28.
147. Mateo 15:31.
148. Génesis 6:5.
149. Lucas 24:32.
150. Lucas 21:26.
151. Apocalipsis 16:4.
152. Apocalipsis 16:5-7. Arcángel Chamuel, "The Judgment of Mankind's Perversion of the Fires of Creativity" ("El juicio a la perversión de la humanidad de los fuegos de la creatividad"), *Perlas de Sabiduría*, vol. 18, n.º 39, 28 de septiembre de 1975; también publicado en Prophet, *Vials*, págs. 30-35.
153. Arcángel Chamuel, "Judgment of Makind's Perversion".
154. Ídem.

155. Mateo 28:18.

156. Estando Jesús en la cruz, le ofrecieron vino mezclado con mirra para aliviarle el dolor.

157. Salmos 100:1-2.

158. Juan 1:5.

159. Éxodo 7:12.

160. Isaías 53:3.

161. Apocalipsis 19:7-9. Arcángel Chamuel, "Judgment of Mankind's Perversion".

162. 1 Pedro 5:8.

163. Apocalipsis 12:9.

164. Apocalipsis 20:3. Efesios 6:12.

165. Génesis 19:24-25.

166. Mateo 24:15; Daniel 9:27; 11:31; 12:11.

167. Mateo 22:13. Arcángel Chamuel, "Judgment of Mankind's Perversion".

168. Mateo 24:28. Apocalipsis 12:4.

169. Apocalipsis 17:1; 19:2.

170. Términos sánscritos para definir las corrientes de sabiduría, poder y amor que emanan del núcleo de fuego blanco del chakra de la base de la columna y que fluyen en el altar de la columna y alrededor de este.

171. Isaías 54:5. Lucas 1:38. Apocalipsis 21:2, 9-10.

172. 1 Samuel 4:3; Hebreos 9:4-5.

173. Génesis 11:1-9.

174. Arcangelina Caridad, "The Fire of Love Descending to Implement the Judgment" ("El fuego del amor que desciende para implementar el juicio"), *Perlas de Sabiduría,* vol. 18, n.º 40, 5 de octubre de 1975; también publicado en Prophet, *Vials,* págs. 36-41.

175. Mateo 7:14. Juan 14:2.

176. Lucas 2:34.

177. Véase primer capítulo, nota 24.

178. Evangelio del nacimiento de María 2:1-3:7, en *The Lost Books of the Bible and the Forgotten Books of Eden (Los libros perdidos de la Biblia y los libros olvidados del Edén)* (1926, 1927; nueva ed., New York: World Publishing, Meridian, 1963).

179. Lucas 1:11-20. Lucas 1:26-38.

180. 1 Corintios 15:52-53. Arcángel Gabriel, "The Judgment of the

Sun" ("El juicio del sol"), *Perlas de Sabiduría,* vol. 18, n.º 41, 12 de octubre de 1975; también publicado en Prophet, *Vials,* págs. 44-50.

181. Zacarías 14:20. Enseñanza en págs. 183-86 está basada en un sermón de Elizabeth Clare Prophet del 22 de febrero de 1981.
182. Éxodo 13:21.
183. 1 Corintios 15:54-57. Arcángel Gabriel, "Judgment of the Sun".
184. Mateo 24:15.
185. Apocalipsis 16:8-9.
186. Éxodo 14:13. Ezequiel 33:11.
187. Éxodo 19:16.
188. 2 Corintios 6:14.
189. Mateo 10:6.
190. Arcángel Gabriel, "The Judgment of the Sun".
191. Lucas 9:62.
192. Apocalipsis 6:16-17.
193. Filipenses 3:14.
194. María nos ha dicho que no quiere que nos consideremos pecadores, sino hijos e hijas de Dios. Ella nos ha dado esta versión del Ave María de la Nueva Era.

> Ave María, llena eres de gracia,
> el Señor es contigo.
> Bendita tú eres entre todas las mujeres
> y bendito es el fruto de tu vientre, Jesús.
> Santa María, Madre de Dios,
> ruega por nosotros, hijos e hijas de Dios,
> ahora y en la hora de nuestra victoria
> sobre el pecado, la enfermedad y la muerte.

195. Eclesiastés 3:1-4.
196. DECRETO AL AMADO SURYA

Amada, poderosa y victoriosa Presencia de Dios YO SOY en mí, mi amado Santo Ser Crístico, Santo Ser Crístico de toda la humanidad, amado Surya, legiones de fuego blanco y de relámpago azul provenientes de Sirio, amados Gurú Ma y Lanello, todo el Espíritu de la Gran Hermandad Blanca y la Madre del Mundo, vida elemental: ¡fuego, aire, agua y tierra!; en vuestro nombre, por y mediante el poder magnético de la inmortal y victoriosa llama trina de la Verdad dentro de mi corazón y del corazón de Dios en el Gran Sol Central, yo decreto:

1. ¡Brillantes tus cintas fluyen del sol
   de llama azul y diamantina luz!
   ¡Sereno y puro es tu Amor,
   desde Dios en las alturas, santo resplandor!

Estribillo: ¡Ven, ven, ven, Surya amado,
   en tu llama los temores quedan disipados;
   danos a todos seguridad y defensa
   en los lazos de la Pureza;
   destella y destella Tu Llama en mí,
   libre mantenme por siempre aquí!

2. Querido Surya, amado Ser
   del Sol Central poderoso,
   en nombre de Dios, a ti te invocamos:
   ¡asume el control de todas las cosas!

3. ¡Vienes del gran corazón de Dios,
   sirviendo ahora para nuestra unión,
   Sabiduría y Honor Tú nos traes,
   haciendo que todas las almas canten!

4. ¡Querido Surya, amado Ser,
   teje ahora con nuestra fe
   invencible vestidura de victoria dorada
   para guardar por siempre el triunfo del alma!

¡Y con plena Fe acepto conscientemente que esto se manifieste, se manifieste, se manifieste! (3x), ¡aquí y ahora mismo con pleno Poder, eternamente sostenido, omnipotentemente activo, siempre expandiéndose y abarcando el mundo hasta que todos hayan ascendido completamente en la Luz y sean libres!
¡Amado YO SOY! ¡Amado YO SOY! ¡Amado YO SOY!

197. Romanos 3:8.
198. Proverbios 16:25.
199. Malaquías 4:2.
200. Éxodo 11:4-5; 14:13-31.
201. Job 9:10-12. Arcangelina Esperanza, "Deliverance from the Harshness of the Judgment" ("Liberación de la dureza del juicio"), *Perlas de Sabiduría*, vol. 18, n.º 42, 19 de octubre de 1975; también publicado en Prophet, *Vials,* págs. 51-56.
202. Romanos 8:7.

203. Génesis 19:26.
204. 2 Corintios 6:17.
205. Josué 24:15.
206. Apocalipsis 16:10-11.
207. Véase primer capítulo, nota 88.
208. Juan 10:11. Marcos 14:32-42. Véase también Juan 17.
209. Juan 8:32. Mateo 24:6.
210. Mateo 8:20.
211. Salmos 139:7-10.
212. Arcángel Uriel, "The Judgment of Abortion and the Abortionist" ("El juicio al aborto y al abortista"), 10 de marzo de 1974; véase *Exhortations our of the Ark of the Covenant (Exortaciones desde el arca de la alianza)*, n.° 3, publicado por The Summit Lighthouse.
213. Josué 10:12-14.
214. Arcángel Rafael, "The Judgment of the Carnal Mind as the Seat of Authority in Mater" ("El juicio a la mente carnal como asiento de autoridad en la Materia"), *Perlas de Sabiduría*, vol. 18, n.° 43, 26 de octubre de 1975; también publicado en Prophet, *Vials*, págs. 58-64.
215. Juan 1:14. Mark y Elizabeth Prophet narran las experiencias del alma de María en la Tierra en *My Soul Doth Magnify the Lord (Mi alma engrandece al Señor)* (Corwin Springs, Mont.: Summit University Press, 1986), págs. 25-39.
216. Lucas 2:35.
217. 2 Pedro 1:10.
218. Hebreos 10:9.
219. Santiago 2:19.
220. Arcangelina María, "The Chemicalization of Truth Which the Judgment Brings" ("La transformación intensa de la Verdad que el juicio produce"), *Perlas de Sabiduría*, vol. 18, n.° 44, 2 de noviembre de 1975; también publicado en Prophet, *Vials*, págs. 65-73.
221. Mateo 2:16-18.
222. Mateo 2:13.
223. Arcangelina María, "Chemicalization of Truth".
224. Mateo 17:2. Arcangelina María, "Chemicalization of Truth".
225. Arcangelina María, "Chemicalization of Truth".
226. Señor Maitreya, "Integration with God" ("Integración con

Dios"), *Perlas de Sabiduría,* vol. 18, n.° 50, 14 de diciembre de 1975.

227. Génesis 2:16-17.

228. Génesis 3:4. Los autores indican en un punto anterior del texto que la humanidad cayó del nivel de la conciencia Crística antes de que Adán y Eva fallaran la prueba del Edén. Aquí, el Arcángel Uriel puede estar refiriéndose a Adán y Eva como arquetipos de la caída de la cuarta raza raíz. (N. del E.)

229. Juan 15:5. Juan 6:53.

230. Génesis 3:24. Arcángel Uriel, "The Judgment of Pollution of the Sacred Mother Flow" ("El juicio a la contaminación del sagrado flujo de la Madre"), *Perlas de Sabiduría,* vol. 18, n.o 45, 9 de noviembre de 1975; también publicado en Prophet, *Vials,* págs. 76-84.

231. Hechos 17:28.

232. 1 Corintios 15:53. Señor Maitreya, "Integration with God".

233. Éxodo 34:15. Miqueas 4:4. Juan 4:6. Hechos 9:5. Lucas 21:28. Job 19:25.

234. Génesis 2:10-14.

235. Génesis 3:19. Arcángel Uriel, "Judgment of Pollution of Mother Flow".

236. Apocalipsis 16:12.

237. Apocalipsis 17:3-6, 15.

238. Génesis 3:8.

239. Mateo 22:11-12.

240. Apocalipsis 3:17-18.

241. Apocalipsis 3:14-16. Arcángel Uriel, "Judgment of Pollution of Mother Flow".

242. Mateo 27:51-53.

243. Señor Maitreya, "Integration with God".

244. Lucas 19:40.

245. Apocalipsis 16:15.

246. Salmos 91:1. Arcángel Uriel, "The Judgment of Pollution of Mother Flow".

247. Romanos 3:23.

248. Juan 7:33-34.

249. Marcos 14:3. Juan 12:7.

250. Mateo 27:1-2. Lucas 22:53. Mateo 7:1. Mateo 27:14.

251. Apocalipsis 5:5. Juan 13:27.

252. Lucas 2:35. Mateo 12:37. Apocalipsis 20:13.
253. Efesios 6:16.
254. Mateo 16:21-23.
255. Marcos 8:34.
256. Lucas 23:27-28. Mateo 27:38-44.
257. Juan 18:11. Mateo 26:53.
258. Juan 12:32.
259. Mark Prophet, ascendido.
260. Mateo 24:10; 26:56. Mateo 24:9. Mateo 26:75.
261. Mateo 26:27. Lucas 22:42. Mateo 27:34.
262. Jeremías 9:13-16.
263. Lucas 23:34. Mateo 27:25.
264. Apocalipsis 13:8.
265. Arcangelina Aurora, "Now Is the Judgment of This World" ("Ahora es el juicio de este mundo"), *Perlas de Sabiduría*, vol. 18, n.º 46, 16 de noviembre de 1975; también publicado en Prophet, *Vials*, págs. 85-92.
266. Apocalipsis 16:17-18.
267. Apocalipsis 22:1. Efesios 5:26.
268. Apocalipsis 20:12, 15. 2 Timoteo 4:7.
269. 2 Reyes 5:1-19.
270. Mateo 4:8-9.
271. 2 Reyes 5:20-27.
272. Apocalipsis 16:13.
273. Arcángel Zadkiel, "The Joy of Judgment in the Flame of Transmutation" ("La alegría del juicio en la llama de la transmutación"), *Perlas de Sabiduría*, vol. 18, n.º 47, 23 de noviembre de 1975; también publicado en Prophet, *Vials*, págs. 94-100.
274. 1 Corintios 3:13.
275. Apocalipsis 19:6.
276. Arcangelina Amatista, "The Initiation of the Judgment" ("La iniciación del juicio"), *Perlas de Sabiduría*, vol. 18, n.º 48, 30 de noviembre de 1975; también publicado en Prophet, *Vials*, págs. 101-109.

Segundo capítulo • Reencarnación

1. Véase Elizabeth Clare Prophet y Erin Prophet, *Reincarnation: The Missing Link in Christianity (Reencarnación: El eslabón*

perdido del cristianismo) (Corwin Springs, Mont.: Summit University Press, 1997) para una detallada disertación sobre cómo se eliminó la doctrina de la reencarnación de las enseñanzas de la iglesia cristiana.

2. Saint Germain, "A Trilogy on the Threefold Flame of Life" ("Trilogía sobre la llama trina de la Vida"), en Mark L. Prophet y Elizabeth Clare Prophet, *Saint Germain On Alchemy (Saint Germain sobre alquimia)* (Corwin Springs, Mont.: Summit University Press, 1993), págs. 287-290.

3. Juan 8:58. Casimir Poseidón, en *Lecciones de Guardianes de la Llama,* n.° 18, págs. 19-25.

4. Ezequiel 33:11.

5. Kahlil Gibran, *The Prophet (El profeta)* (1923; nueva ed., New York: Alfred A. Knopf, 1964), pág. 103.

6. Mateo 7:14.

7. Los autores pueden haber querido referirse a los miles de años después del siglo VI, cuando la Iglesia rechazó el concepto de reencarnación tal como lo enseñó Orígenes. Véase Elizabeth Clare Prophet y Erin Prophet, *Reincarnation,* págs. 215-23. (N. del E.)

8. Mateo 11:7-15; 17:10-13.

9. Jesús, *Perlas de Sabiduría,* vol.11, n.° 34, 25 de agosto de 1968.

10. 1 Corintios 6:19.

11. 1 Corintios 15:31. Efesios 4:22-24.

12. 1 Corintios 15:41. Lucas 19:12-27.

13. Proverbios 22:6.

14. Jesús y Kuthumi, en *Lecciones de Guardianes de la Llama,* n.° 18, págs. 7-12.

15. Es cierto, sin embargo, que los elementales que alcanzan la excelencia en su servicio se pueden graduar y pueden pasar al reino humano y recibir una llama trina. Por ejemplo, el Arcángel Miguel fue una vez un elemental. Pero salvó la distancia, pasó por el reino humano y después se graduó para pasar al reino angélico. Ahí logró una maestría cada vez mayor y, finalmente, llegó a ser un Arcángel.

Mark L. Prophet estuvo encarnado como el padre de la Iglesia Orígenes. El 29 de noviembre de 1981, Elizabeth Clare Prophet hizo los siguientes comentarios sobre la teoría de Orígenes acerca de la transmigración de las almas, tal como lo delinea en su libro *De Principiis (Sobre los primeros principios)*: "Es muy curioso que Mark Prophet rechazara la idea de la transmigración de las almas al cuerpo de animales. Con todo, en esta enseñanza sentí su llama. Ese aparente conflicto se resuelve... en que el hijo de Dios que conserva el Logos y la Palabra no puede entrar en el cuerpo animal; y, por tanto, no hay transmigración de las almas en general, como enseñan los hinduistas, por parte de los hijos de Dios. Pero los campos energéticos (a falta de otra palabra mejor para describir a un individuo carente de conciencia Divina) tienden a converger en la Materia en un punto de atracción mutua entre cosas similares. A veces vemos en los dibujos animados a personas con las características del zorro, el cerdo o el lobo, y nos encontramos con personas que, en sus actitudes en la vida, son muy parecidas a los animales. Esa carne, esa sustancia, esa espiral mortal puede dirigirse hacia el nivel que le corresponda. Puede irse hasta el común denominador más bajo de su frecuencia vibratoria... Podría mezclarse con una bestia salvaje o con una forma animal para continuar ahí su experiencia en la vida en un nivel inferior... Les dejo que saquen sus propias conclusiones sobre esto".

16. Dios Merú, *Perlas de Sabiduría*, vol. 11, n.º 42.
17. Juan 4:24.
18. Apocalipsis 22.2.
19. Juan 16:24. Salmos 23:5.

Glosario

Los términos en cursiva se encuentran definidos en otra parte del glosario.

Alfa y Omega. La totalidad divina del Dios Padre-Madre que el Señor Cristo afirmó en el Apocalipsis como «el principio y el fin». *Llamas gemelas* ascendidas de la conciencia del *Cristo Cósmico* que mantienen el equilibrio de la polaridad masculina-femenina de la Deidad en el *Gran Sol Central* del cosmos. Así, a través del *Cristo Universal*, la Palabra encarnada, el Padre es el origen y la Madre es la realización de los ciclos de la conciencia de Dios expresada a través de la creación *Espíritu-Materia*. *Véase también* Madre. (Apocalipsis 1:8, 11; 21:6; 22:13).

Anciano de Días. Véase *Sanat Kumara*.

Antahkarana. (Sánscrito, 'órgano sensorial interno') La red de la vida. La red de luz que se extiende por el *Espíritu* y la *Materia,* que sensibiliza y conecta a toda la creación dentro de sí misma y con el corazón de Dios.

Ascensión. El ritual por medio del cual el alma se reúne con el *Espíritu* del Dios vivo, la *Presencia YO SOY.* La ascensión es la culminación del viaje victorioso en el tiempo y el espacio del alma en Dios. Es la recompensa de los justos que supone el regalo de Dios después del último juicio ante el gran trono blanco, en el que cada hombre es juzgado según sus obras.

La ascensión fue experimentada por Enoc, de quien está escrito

que «caminó, pues, con Dios, y desapareció, porque le llevó Dios»;
por Elías, que subió al cielo en un torbellino; y por Jesús. Las escrituras dicen que Jesús fue llevado al cielo en una nube. Esto se denomina comúnmente «la ascensión de Jesús». Sin embargo, el *Maestro
Ascendido* El Morya ha revelado que Jesús vivió muchos años después de este acontecimiento y que ascendió en Cachemira a los 81
años después su misión en Galilea.

La reunión con Dios mediante la ascensión, que significa el fin
de las rondas de karma y renacimiento y el regreso a la gloria del
Señor, es la meta de la vida para los hijos y las hijas de Dios. Jesús
dijo: «Nadie subió al cielo, sino el que descendió del cielo; el Hijo
del Hombre, que está en el cielo».

Gracias a su salvación (autoelevación), la elevación consciente
del Hijo de Dios en su templo, el alma se atavía con el vestido de
bodas para cumplir el cargo del Hijo (sol o luz) de la manifestación.
Siguiendo el sendero iniciático de Jesús, el alma, por la gracia de él,
se hace digna de llevar su cruz y su corona. Ella asciende a su Señor
a través del *Ser Crístico,* la Presencia YO SOY, de donde descendió.
(Apocalipsis 20:12-13; Génesis 5:24; 2 Reyes 2:11; Lucas 24:50-51;
Hechos 1:9-11; Juan 3:13).

Átomo semilla. El foco de la Madre Divina (el rayo femenino de la
Deidad) que afianza las energías del *Espíritu* en la *Materia* en el
chakra de la base.

Calamita. El foco del Padre, el rayo masculino de la Deidad que afianza
las energías del *Espíritu* en la *Materia* en el chakra de la coronilla.

Cámara secreta del corazón. El santuario de la meditación, el sitio al
que se retiran las almas de los portadores de luz. Es el núcleo de la
vida donde el individuo se sitúa cara a cara con el Gurú interior, el
amado Santo *Ser Crístico,* y donde recibe las pruebas del alma que
preceden a la unión alquímica con ese Ser Crístico, el matrimonio
de la Novia (el alma que se convierte en la esposa del Cordero).

Es el sitio donde las leyes del cosmos se escriben en lo más profundo del hombre, porque la *Ley* está inscrita como el Sendero
Óctuple del Buda sobre las paredes internas de la cámara. Los ocho
pétalos de esta cámara secundaria del corazón (el chakra de ocho
pétalos) simbolizan la maestría de los siete rayos a través de la llama
del Cristo, la *llama trina,* y la integración de esa maestría en el
octavo rayo.

Chela. (Hindi *celā* del sánscrito *ceṭa*: 'esclavo'). En India, discípulo de un instructor religioso o gurú. Vocablo utilizado generalmente para referirse a un estudiante de los *Maestros Ascendidos* y sus enseñanzas. Específicamente, un estudiante con una autodisciplina y devoción mayor a lo común, iniciado por un Maestro Ascendido y que presta servicio a la causa de la *Gran Hermandad Blanca*.

Chohán. (Tibetano, 'señor' o 'maestro'; un jefe). Cada uno de los *siete rayos* tiene un chohán que concentra la conciencia Crística del rayo, que es de hecho la *Ley* del rayo que gobierna su uso justo en el hombre. Al haber animado y demostrado la Ley del rayo a lo largo de muchas encarnaciones y al haber pasado iniciaciones antes y después de la *ascensión,* el candidato es asignado al cargo de chohán por el Maha Chohán, el «Gran Señor», que es asimismo el representante del Espíritu Santo en todos los rayos. El nombre de los chohanes de los rayos y la ubicación de sus focos físicos-etéricos se dan a continuación (cada uno de ellos es un *Maestro Ascendido* que representa uno de los siete rayos para las evoluciones de la Tierra).

Primer rayo: El Morya, *Retiro* de la Voluntad de Dios, Darjeeling (India).

Segundo rayo: Lanto, Retiro Royal Teton, Grand Teton, en Jackson Hole, estado de Wyoming (EE. UU.).

Tercer rayo: Pablo el Veneciano, Château de Liberté, sur de Francia, con un foco de la *llama trina* en el monumento a Washington, Ciudad de Washington (EE. UU.).

Cuarto rayo: Serapis Bey, Templo de la Ascensión y Retiro en Lúxor (Egipto).

Quinto rayo: Hilarión (el apóstol Pablo), Templo de la Verdad, Creta.

Sexto rayo: Nada, Retiro Árabe (o Retiro de Arabia), Arabia Saudí.

Séptimo rayo: Saint Germain, Retiro Royal Teton, Grand Teton, Wyoming (EE: UU.); Cueva de los Símbolos, Table Mountain, Wyoming (EE. UU.). Saint Germain también trabaja en los focos del Gran Director Divino: la Cueva de la Luz en India y la Mansión Rakoczy, en Transilvania, donde Saint Germain preside como jerarca.

Cinturón electrónico, círculo electrónico. El cinturón electrónico contiene la energía negativa o mal cualificada del mal karma o «pecado». Tiene forma de timbal y rodea los *cuatro cuerpos inferiores* desde la cintura hacia abajo. El círculo electrónico es el depósito en la *Materia* de toda la energía jamás cualificada por el alma. Contiene energía tanto positiva como negativa. La energía positiva corresponde al buen karma del alma, la luz del *Cuerpo Causal* (los tesoros del alma en el cielo) en un flujo en forma de ocho, como Arriba, así abajo.

Ciudad cuadrangular. La Nueva Jerusalén; arquetipo de las ciudades de luz etéricas de la era de oro que existen, actualmente, en el *plano etérico* (en el cielo) y que esperan a que se las haga descender a la manifestación física (en la tierra). San Juan de Patmos vio el descenso de la Ciudad Santa como la geometría inmaculada de aquello que ha de ser y que ahora está en los reinos invisibles de la luz: «Y yo Juan vi la santa ciudad, la nueva Jerusalén, descender del cielo, de Dios». Así, para que esta visión y profecía se cumpla, Jesús nos enseñó a rezar con la autoridad de la Palabra hablada: «¡Venga tu reino a la tierra como es en el cielo!».

Metafísicamente hablando, la Ciudad Cuadrangular es el *mandala* de los cuatro planos y los cuadrantes del universo de la *Materia;* los cuatro lados de la Gran Pirámide de la conciencia Crística concentrados en las esferas de la Materia. Las doce puertas son puertas de la conciencia Crística que marcan las líneas y los grados de las iniciaciones que la conciencia del Cristo ha preparado para sus discípulos. Estas puertas son las entradas hacia las doce cualidades del *Cristo Cósmico* sostenidas por las doce *jerarquías solares* (que son emanaciones del *Cristo Universal*) en nombre de todos quienes estén dotados del amor ígneo omniconsumidor del Espíritu, todos quienes en gracia deseen «entrar por sus puertas con acción de gracias y en sus atrios con alabanza».

Las almas no ascendidas pueden invocar el mandala de la Ciudad Cuadrangular para la realización de la conciencia Crística, como Arriba, así abajo. La Ciudad Cuadrangular contiene el patrón original de la identidad solar (del alma) de los 144 000 arquetipos de los hijos y las hijas de Dios necesarios para concentrar la plenitud divina de la conciencia de Dios en una dispensación dada. La luz de la ciudad se emite desde la *Presencia YO SOY;* la del Cordero (el Cristo Cósmico), desde el *Ser Crístico*. Las joyas son los 144 focos y frecuencias de luz afianzados en los chakras del Cristo Cósmico. (Apocalipsis 21:2, 9-27; Salmos 100:4).

Ciudades etéricas. Véase *Plano etérico.*

Consejo de Darjeeling. Es un consejo de la *Gran Hermandad Blanca* formado por *Maestros Ascendidos* y *chelas* no ascendidos en el *retiro etérico* del Maestro con sede en Darjeeling (India) y está dirigido por El Morya. Entre sus miembros están la Virgen María, Kuan Yin, el Arcángel Miguel, el Gran Director Divino, Serapis Bey, Kuthumi, Djwal Kul y muchos otros, cuyo objetivo es preparar a las almas para que presten servicio al mundo en el gobierno Divino y economía mediante relaciones internacionales y el establecimiento del Cristo interior como base para la religión, la enseñanza y un regreso a la cultura de la era de oro en la música y las artes.

Consejo Kármico. Véase *Señores del Karma.*

Cordón cristalino. También llamado cordón de plata. La corriente de luz, vida y conciencia de Dios que alimenta y sustenta al alma y a sus *cuatro cuerpos inferiores.* Véase también *Gráfica de tu Yo Divino;* ilustración en la pág. 181. (Eclesiastés 12:6).

Corriente de vida. La corriente de vida que surge de la Fuente, de la *Presencia YO SOY* en los planos del *Espíritu* y que desciende a los planos de la *Materia* donde se manifiesta como la llama trina afianzada en la *cámara secreta del corazón* para sustentar al alma en la Materia y alimentar a los *cuatro cuerpos inferiores.* Se utiliza para denotar a las almas que evolucionan como «corrientes de vida» individuales y, por consiguiente, es sinónimo del vocablo «individuo». Denota la naturaleza continua del individuo a través de los ciclos de la individualización.

Cristo Cósmico. Un cargo de la *jerarquía,* actualmente ocupado por el Señor Maitreya, en el cual se mantiene el foco del *Cristo Universal* por toda la humanidad.

Cristo Universal. El mediador entre los planos del *Espíritu* y los de la *Materia* está personificado como el *Ser Crístico,* el mediador entre el Espíritu de Dios y el alma del hombre. El Cristo Universal sostiene el nexo (el flujo en forma de ocho de) de la conciencia a través del cual pasan las energías del Padre (Espíritu) hacia sus hijos para la cristalización (realización Crística) de la Llama Divina mediante los esfuerzos de su alma en el vientre (matriz) cósmico de la *Madre* (Materia).

La fusión de las energías de la polaridad masculina y femenina de la Deidad en la creación tiene lugar a través del Cristo Universal, el *Logos* sin el cual «nada de lo que ha sido hecho, fue hecho». El flujo de luz desde el *Macrocosmos* hacia el *microcosmos,* desde el Espíritu (la *Presencia YO SOY*) hacia el alma y de vuelta por la espiral en forma de ocho, se realiza a través de este bendito mediador que es Cristo el Señor, la verdadera encarnación del YO SOY EL QUE YO SOY.

El término «Cristo» o «ser Crístico» también denota un cargo en la *jerarquía* que ocupan quienes han alcanzado la automaestría en los *siete rayos* y los siete chakras del Espíritu Santo. La maestría Crística incluye el equilibrio de la *llama trina* (los atributos divinos de poder, sabiduría y amor) para la armonización de la conciencia y la aplicación de la maestría de los siete rayos en los chakras y en los *cuatro cuerpos* inferiores a través de la Llama de la Madre (Kundalini elevada).

En la expansión de la conciencia del Cristo, el ser Crístico avanza para lograr la realización de la conciencia Crística a nivel planetario y es capaz de mantener el equilibrio de la Llama Crística por las evoluciones del planeta. Una vez logrado esto, ayuda a los miembros de la jerarquía celestial que sirven bajo el cargo de los Instructores del Mundo y el Cristo planetario. Véase también *Gráfica de tu Yo Divino;* ilustración frente a la pág. 181. (Juan 1:1-14; 14:20, 23. Compárese Apocalipsis 3:8; Mateo 28:18; Apocalipsis 1:18).

Cuatro cuerpos inferiores. Los cuatro cuerpos inferiores son cuatro fundas compuestas de cuatro frecuencias distintas que rodean al alma: física, emocional, mental y etérica; proporcionan vehículos para el alma en su viaje por el tiempo y el espacio. La funda etérica (de vibración superior a las demás) es la entrada a los tres cuerpos superiores: el *Ser Crístico,* la *Presencia YO SOY* y el *Cuerpo Causal.* Véase también *Gráfica de tu Yo Divino;* ilustración en la pág. 181.

Cuerpo Causal. El cuerpo de Primera Causa; siete esferas concéntricas de luz y conciencia que rodean a la *Presencia YO SOY* en los planos del *Espíritu,* cuyos impulsos acumulados, a los cuales se añade lo Bueno (la Palabra y las Obras del Señor manifestadas por el alma en todas las vidas pasadas), son accesibles hoy, a cada momento, según lo necesitemos.

Uno puede acceder a los propios recursos (creatividad, talentos, gracias, dones e ingenio reunidos mediante un servicio ejemplar en los *siete rayos*) en el Cuerpo Causal a través la invocación a la Presencia YO SOY en el nombre del *Ser Crístico*.

El Cuerpo Causal es el almacén de toda cosa buena y perfecta que forma parte de nuestra verdadera identidad. Además, las grandes esferas del Cuerpo Causal son la morada del Dios Altísimo a las que Jesús se refirió cuando dijo: «En la casa de mi padre muchas moradas hay... Voy a preparar lugar para vosotros... Vendré otra vez, y os tomaré a mí mismo; para que donde yo estoy [donde YO, el Cristo encarnado, SOY en la Presencia YO SOY], vosotros también estéis».

El Cuerpo Causal es la mansión o habitación del Espíritu del YO SOY EL QUE YO SOY al que el alma regresa a través de Jesucristo y el Ser Crístico individual mediante el ritual de la *ascensión*. El apóstol Pablo se refirió al Cuerpo Causal como la estrella de la individualización de la Llama Divina de cada hombre cuando dijo: «Una estrella es diferente de otra en gloria». Véase también *Gráfica de tu Yo Divino;* ilustración en la pág. 181. (Mateo 6:19-21; Juan 14:2-3; 1 Corintios 15:41).

Cuerpo solar imperecedero. Véase *Vestidura sin costuras.*

Decretar. v. tr. Resolver, decidir, declarar, determinar; ordenar, mandar; invocar la presencia de Dios, su luz-energía-conciencia, su poder y protección, pureza y perfección.

Decreto. n. Voluntad predeterminada, edicto o fíat, decisión autorizada, declaración, ley, ordenanza o regla religiosa; orden o mandamiento.

Está escrito en el libro de Job: «Determinarás asimismo una cosa, y te será firme, y sobre tus caminos resplandecerá luz». El decreto es la más poderosa de todas las solicitudes a la Deidad. Es el «mandadme» de Isaías 45:11, la primera orden dada a la luz que, como el «lux fiat», es el derecho natural de los hijos y las hijas de Dios. Es la Palabra de Dios autorizada que, en el hombre, es pronunciada en el nombre de la *Presencia YO SOY* y del Cristo vivo para producir cambios constructivos en la tierra a través de la voluntad de Dios y su conciencia, venidas a la tierra como lo son en el cielo, en manifestación aquí abajo como Arriba.

El decreto dinámico, ofrecido como alabanza y petición al Señor Dios con la ciencia de la Palabra hablada, es la «oración eficaz del justo» que puede mucho. Es el medio por el cual el suplicante se identifica con la Palabra de Dios, el fíat original del Creador: «Sea la luz; y fue la luz».

A través del decreto dinámico pronunciado con alegría y amor, fe y esperanza en las alianzas de Dios cumplidas, la Palabra es injertada en el suplicante y éste sufre la transmutación mediante el *fuego sagrado* del Espíritu Santo, la «prueba de fuego» con la que se consume todo pecado, enfermedad y muerte, pero se conserva el alma justa. El decreto es el instrumento y la técnica del alquimista para efectuar la transmutación personal y planetaria, así como su auto-trascendencia. El decreto puede ser corto o largo y normalmente va precedido de un preámbulo formal y un cierre o aceptación. (Job 22:28; Santiago 5:16; Génesis 1:3; Santiago 1:21; 1 Corintios 3:13-15; 1 Pedro 1:7).

Dharma. (Sánscrito, 'ley'). Es la realización de la Ley de la individualidad mediante la adherencia a la Ley Cósmica, incluyendo las leyes de la naturaleza y el código espiritual de conducta, como el camino o dharma del Buda o del Cristo. El deber de una persona de cumplir su razón de ser a través de la ley del amor y la labor sagrada.

Dictados. Los mensajes de los *Maestros Ascendidos*, Arcángeles y otros seres espirituales avanzados que se producen mediante la agencia del Espíritu Santo y llegan a través de un *Mensajero* de la Gran Hermandad Blanca.

Elemental del cuerpo. Un ser de la naturaleza (por lo común invisible y que opera sin que se lo observe en la octava física) que presta servicio al alma desde el momento de su primera encarnación en los planos de la *Materia* para cuidar del cuerpo físico. El elemental del cuerpo mide un metro de altura y se asemeja a la persona a quien sirve. Al trabajar con el ángel de la guarda bajo el *Ser Crístico* regenerativo, el elemental del cuerpo es el amigo y ayudante invisible del hombre. Véase también *Elementales*.

Elementales. Seres de la tierra, el aire, el fuego y el agua; espíritus de la naturaleza que son siervos de Dios y del hombre en los planos de la *Materia* para el establecimiento y mantenimiento del plano físico como plataforma para la evolución del alma. Los elementales que sirven al elemento fuego se llaman salamandras; los que sirven al elemento aire, silfos; los que sirven al elemento agua, ondinas; los que sirven al elemento tierra, gnomos. Véase también *Elemental del cuerpo, Elohim*.

Elohim. (Plural del hebreo *Eloah*: 'Dios'). Uno de los nombres hebreos de Dios o de los dioses; utilizado en el Antiguo Testamento unas 2.500 veces. Significa 'Ser Poderoso' o 'Ser Fuerte'. «Elohim» es un nombre que se refiere a las *llamas gemelas* de la Deidad la cual se compone el «Divino Nosotros». Cuando se habla, específicamente, de la mitad masculina o bien de la femenina, se retiene la forma plural ya que se entiende que una mitad de la Totalidad Divina contiene y es el Yo andrógino (el Divino Nosotros).

Los Siete Poderosos Elohim y sus equivalentes femeninos son los constructores de la forma; por consiguiente, Elohim es el nombre de Dios utilizado en el primer versículo de la Biblia: «En el principio creó Dios los cielos y la tierra». Directamente bajo los Elohim sirven los cuatro seres de los elementos (las cuatro fuerzas cósmicas) que ejercen dominio sobre los *elementales.*

Los Siete Poderosos Elohim son los «siete Espíritus de Dios» nombrados en el Apocalipsis, y las «estrellas del alba» que alababan juntas en el principio, como lo reveló el SEÑOR a su siervo Job. También hay cinco Elohim que rodean el núcleo de fuego blanco del *Gran Sol Central*. En el orden jerárquico, los Elohim y los *Seres Cósmicos* son portadores de la mayor concentración (la vibración más elevada) de luz que nosotros podemos comprender en nuestro estado de evolución.

Junto con los cuatro seres de la naturaleza, sus consortes y los constructores elementales de la forma, ellos representan el poder de nuestro Padre como Creador (rayo azul). Los Siete Arcángeles y sus complementos divinos, los grandes serafines, querubines y todas las huestes angélicas representan el amor de Dios con la intensidad de fuego del Espíritu Santo (rayo rosa). Los Siete Chohanes de los Rayos y todos los *Maestros Ascendidos,* junto con los hijos y las hijas de Dios no ascendidos, representan la sabiduría de la *Ley* del Logos bajo el cargo del Hijo (rayo amarillo). Estos tres reinos forman una tríada de manifestación, al trabajar en equilibrio para reducir las energías de la Trinidad. La entonación del sonido sagrado «Elohim» emite el enorme poder de su autopercepción Divina, reducido para nuestro bendito uso a través del *Cristo Cósmico.*

A continuación, se presentan los nombres de los Siete Elohim, los rayos en los que sirven y la ubicación de sus *retiros etéricos.*

Primer rayo: Hércules y Amazonia, Half Dome, Sierra Nevada, parque nacional Yosemite, California (EE. UU.).

Segundo rayo: Apolo y Lúmina, Baja Sajonia occidental (Alemania).

Tercer rayo: Heros y Amora, lago Winnipeg (Canadá).

Cuarto rayo: Pureza y Astrea, cerca del Golfo de Arcángel, brazo sureste del mar Blanco (Rusia).

Quinto rayo: Ciclopea y Virginia, cordillera Altái, donde convergen China, Siberia y Mongolia, cerca de Talbun Bogdo.

Sexto rayo: Paz y Aloha, islas Hawái.

Séptimo rayo: Arcturus y Victoria, cerca de Luanda, Angola (África).

(Apocalipsis 1:4; 3:1; 4:5; 5:6; Job 38:7).

Entidades. Conglomerados de energía mal cualificada o individuos desencarnados que han elegido manifestar el mal. Las entidades que son focos de fuerzas siniestras pueden atacar a individuos desencarnados, así como a personas encarnadas. Existen muchos tipos distintos de entidades desencarnadas, como las entidades del licor, la marihuana, el tabaco, la muerte, el sexo y el encaprichamiento con uno mismo, la sensualidad, el egoísmo y el amor hacia uno mismo, el suicidio, la ira, los chismes, el temor, la locura, la depresión, la avaricia de dinero, los juegos de azar, el llorar, varios agentes químicos (como el flúor y el azúcar), el terror, la condenación y el sentimentalismo.

Entidades desencarnadas. Véase *Entidades.*

Espíritu. La polaridad masculina de la Deidad; la coordenada de la *Materia;* el plano de la *Presencia YO SOY,* de la perfección; la morada de los *Maestros Ascendidos* en el reino de Dios. Es Dios como Padre, que por necesidad incluye en la polaridad de sí mismo a Dios como *Madre* y, por tanto, es conocido como el «Dios Padre-Madre». (Cuando lleva minúscula, como en «espíritus», es sinónimo de desencarnados o entidades astrales. Cuando es singular y lleva minúscula, «espíritu» se utiliza igual que «alma»).

Falsa jerarquía. Seres que se han rebelado contra Dios y su Cristo, que incluye a ángeles caídos, demonios y poderes y principados de la Oscuridad que personifican el *Mal* (el velo de energía). Quienes deifican al Mal Absoluto y lo encarnan son denominados de forma genérica como «demonios». En las escrituras se hace referencia a los miembros de la falsa jerarquía como Lucifer, Satanás, el Anticristo, Serpiente y el acusador de los hermanos.

Fraternidad de Guardianes de la Llama. Fundada en 1961 por Saint Germain. Una organización de *Maestros Ascendidos* y sus *chelas* que prometen guardar la llama de la vida en la Tierra y apoyar las actividades de la *Gran Hermanda Blanca* en el establecimiento de su comunidad y escuela de misterios, así como en la diseminación de sus enseñanzas. Los Guardianes de la Llama reciben lecciones graduadas dictadas por los Maestros Ascendidos a sus *Mensajeros* Mark y Elizabeth Prophet sobre la *Ley Cósmica*.

Fuego sagrado. Dios, luz, vida, energía, el YO SOY EL QUE YO SOY. «Nuestro Dios es un fuego consumidor». El fuego Kundalini yace como una serpiente enroscada en el chakra de la base del alma y se eleva mediante la pureza espiritual y la maestría sobre uno mismo hasta el chakra de la coronilla, que vivifican los centros espirituales a su paso. El fuego sagrado es la precipitación del Espíritu Santo para el bautismo de las almas, para la purificación, para la alquimia, la transmutación y para la realización de la ascensión, el ritual sagrado por el cual el alma regresa al Uno, la *Presencia YO SOY*. (Hebreos 12:29).

Gráfica de tu Yo Divino. (Véase ilustración frente a la pág. 181). En la gráfica hay representadas tres figuras, a las que nos referiremos como figura superior, figura media y figura inferior. La figura superior es la *Presencia YO SOY*, el YO SOY EL QUE YO SOY, Dios individualizado para cada uno de sus hijos e hijas. La Mónada Divina se compone de la Presencia YO SOY, rodeada de esferas (anillos de color, de luz) que forman el *Cuerpo Causal*. Este es el cuerpo de Primera Causa, el cual contiene el «tesoro en el cielo» del hombre (obras perfectas, pensamientos y sentimientos perfectos, palabras perfectas), energías que han ascendido desde el plano de la acción en el tiempo y el espacio como resultado del correcto ejercicio del libre albedrío por parte del hombre y su correcta cualificación de la corriente de vida que surge del corazón de la Presencia y desciende hasta el nivel del *Ser Crístico*.

La figura media de la gráfica es el mediador entre Dios y el hombre, llamado «Ser Crístico», «Yo Real» o «conciencia Crística», también se denomina «Cuerpo Mental Superior» o «Conciencia Superior». El Ser Crístico acompaña al yo inferior, que se compone del alma en evolución a través de los cuatro planos de la *Materia* en los cuatro *cuerpos inferiores,* correspondientes a los planos de fuego, aire, agua y tierra; es decir, el cuerpo etérico, el cuerpo mental, el cuerpo emocional y el cuerpo físico.

Las tres figuras de la gráfica se corresponden con la Trinidad: Padre (figura superior), Hijo (figura media) y Espíritu Santo (figura inferior). La figura inferior tiene como finalidad convertirse en el templo del Espíritu Santo, que está indicado en la acción envolvente de la llama violeta del fuego sagrado. La figura inferior se corresponde contigo como discípulo o discípula en el *Sendero*. Tu alma es el aspecto no permanente del ser que se vuelve permanente mediante el ritual de la *ascensión*. La ascensión es el proceso por el cual el alma, al haber saldado su karma y cumplido su plan divino, se une, primero, a la conciencia Crística y, después, a la Presencia viva del YO SOY EL QUE YO SOY. Una vez que la ascensión ha tenido lugar, el alma el aspecto corruptible del ser se convierte en lo incorruptible, un átomo permanente del cuerpo de Dios. La Gráfica de tu Yo Divino es, por tanto, un diagrama de ti mismo, en el pasado, el presente y el futuro.

La figura inferior representa a la humanidad que evoluciona en los planos de la Materia. Así es como debes visualizarte, de pie en la llama violeta que has de invocar en el nombre de la Presencia YO SOY y en el nombre de tu Ser Crístico con el fin de purificar tus cuatro cuerpos inferiores como preparación para el ritual del matrimonio alquímico: la unión de tu alma con el Cordero como novia de Cristo.

La figura inferior está rodeada de un tubo de luz, que se proyecta desde el corazón de la Presencia YO SOY en respuesta a tu llamado. El tubo de luz es un campo de protección sustentado en el *Espíritu* y en la Materia para sellar la individualidad del discípulo. La *llama trina* dentro del corazón es la chispa de la vida proyectada desde la Presencia YO SOY a través del Ser Crístico y afianzada en los planos etéricos, en la cámara secreta del corazón, con el fin de que el alma evolucione en la Materia. También llamada Llama Crística, la llama trina es la chispa de la divinidad del hombre, su potencial para alcanzar la Divinidad.

El *cordón cristalino* es la corriente de luz que desciende desde el corazón de la Presencia YO SOY a través del Ser Crístico y, de ahí, a los cuatro cuerpos inferiores para sustentar a los vehículos de expresión del alma en el tiempo y el espacio. Por este cordón fluye la energía de la Presencia, que entran en el ser del hombre por la parte superior de la cabeza y proporciona la energía para el latido de la llama trina y del corazón físico. Cuando se termina una ronda de encarnación del alma en la forma-Materia, la Presencia YO SOY retira el cordón cristalino, la llama trina regresa al nivel del Cristo y las energías de los cuatro cuerpos inferiores vuelven a sus planos respectivos.

La paloma del Espíritu Santo que desciende desde el corazón del Padre se muestra justo por encima de la cabeza del Cristo. Cuando el hombre individual, como la figura inferior, se viste con la conciencia Crística y se convierte en ella, como hizo Jesús, se produce el descenso del Espíritu Santo y las palabras del Padre (la Presencia YO SOY) son pronunciadas: «Este es mi Hijo amado, en quien [YO SOY complacido] tengo complacencia». *Véase también* ilustración en la pág. 181. (Mateo 3:17).

Gran Eje. Véase *Gran Sol Central*.

Gran Hermandad Blanca. Una orden espiritual de santos occidentales y adeptos orientales que se han reunido con el *Espíritu* del Dios vivo y que componen las huestes celestiales. Ellos han transcendido los ciclos de karma y renacimiento, y han ascendido (acelerado) hacia una realidad superior, que es la morada eterna del alma. Los *Maestros Ascendidos* de la Gran Hermandad Blanca, unidos por los fines más altos de hermandad de los hombres bajo la Paternidad de Dios, han surgido en todas las épocas, de todas las culturas y religiones, para inspirar el logro creativo en la educación, las artes, las ciencias, el gobierno Divino y la vida abundante a través de la economía de las naciones.

Tel término «Blanca» no se refiere a la raza, sino al aura (halo) de luz blanca que rodea la forma de los que forman la Hermandad. La Hermandad también incluye en sus filas a ciertos *chelas* de los Maestros Ascendidos. Jesucristo reveló esta orden de santos «vestidos de blanco» a su siervo Juan de Patmos. Véase también *Jerarquía*. (Apocalipsis 3:4-5; 6:9, 13-14; 19:14).

Gran Sol Central. También denominado *Gran Eje*. El centro del cosmos; el punto de integración del cosmos *Espíritu-Materia*; el punto de origen de la creación física-espiritual; el núcleo de fuego blanco del huevo cósmico. (Sirio, la Estrella Divina, es el foco del Gran Sol

Central en nuestro sector de la galaxia).

El Sol detrás del sol es la causa espiritual tras el efecto físico que vemos como nuestro sol físico y las demás estrellas y sistemas estelares, visibles o invisibles, incluyendo al Gran Sol Central. El Sol detrás del sol del cosmos se percibe como el *Cristo Cósmico*: la Palabra por la cual lo informe fue dotado de forma y los mundos espirituales fueron cubiertos con la característica física.

De igual modo, el Sol detrás del sol es el Hijo de Dios individualizado en el *Ser Crístico,* al brillar en todo su esplendor detrás del alma y sus fundas de conciencia que se penetran mutuamente, llamadas *cuatro cuerpos inferiores.* Es el Hijo del hombre, el «Sol» de cada manifestación de Dios. El Sol detrás del sol se denomina «Sol de justicia», que cura la mente, ilumina el alma y da luz a toda su casa. Como «gloria de Dios», es la luz de la *Ciudad Cuadrangular.* (Malaquías 4:2; Apocalipsis 21:23).

Guardián de la Llama. 1) El título otorgado al Señor Maha Chohán, «el Gran Señor», en el orden jerárquico de la Gran Hermandad Blanca. También conocido como representante del Espíritu Santo, el Maha Chohán presta servicio a la humanidad alimentando la llama trina de la vida que está afianzada en el corazón. Él está presente en todos los nacimientos, para encender la *llama trina* correspondiente a esa encarnación en particular, y en todas las muertes, para retirar la llama trina del cuerpo físico. 2) Un miembro de la *Fraternidad de Guardianes de la Llama.*

Jerarquía. La cadena de seres individualizados y libres en Dios que cumplen los atributos y aspectos de la infinita Individualidad de Dios. Parte del esquema cósmico jerárquico son los *Logos Solares,* los *Elohim,* los Hijos y las Hijas de Dios, los Maestros ascendidos y no ascendidos con sus círculos de chelas, los *Seres Cósmicos,* las doce *jerarquías del sol,* los Arcángeles y ángeles del fuego sagrado, los niños de la luz, los espíritus de la naturaleza (llamados *elementales*) y las *llamas gemelas* de la polaridad *Alfa-Omega* que patrocinan los sistemas planetarios y galácticos.

Este orden universal de la autoexpresión del Padre es el medio por el cual Dios, en el *Gran Sol Central,* reduce la Presencia y el poder de su ser-conciencia universal para que las evoluciones sucesivas en el tiempo y el espacio, desde el menor hasta el mayor, puedan llegar a conocer la maravilla de su amor. El nivel del logro espiritual-físico que se posea —medido por la propia autopercepción equilibrada, «escondida con Cristo en Dios», y demostrando su *Ley,* por su amor, en el cosmos Espíritu-Materia— es el criterio que establecerá el posicionamiento que uno tenga en la escalera de la vida llamada jerarquía.

En el siglo III, Orígenes de Alejandría estableció su concepción de una jerarquía de seres, desde ángeles a seres humanos pasando por demonios y bestias. Este erudito y teólogo de renombre de la Iglesia primitiva, que estableció la piedra angular de la doctrina de Cristo y sobre cuyas obras posteriores los Padres, doctores y teólogos de la Iglesia edificaron sus tradiciones, enseñó que las almas están asignadas a sus respectivos cargos y deberes en base a acción y méritos anteriores y que cada cual tiene la oportunidad de ascender o descender de rango.

En el libro del Apocalipsis se nombra a muchos seres de la jerarquía celestial. Aparte de la *falsa jerarquía* anti-Cristo, incluyendo a los ángeles réprobos, algunos de los miembros de la *Gran Hermandad Blanca* que Jesús mencionó son *Alfa y Omega,* los siete Espíritus, los ángeles de las siete iglesias, los Veinticuatro Ancianos, las cuatro criaturas vivientes, los santos vestidos de blanco, los dos testigos, el Dios de la Tierra, la mujer vestida del sol y su hijo varón, el Arcángel Miguel y sus ángeles, el Cordero y su esposa, los 144 000 que tienen escrito el nombre del Padre en la frente, el ángel del Evangelio Eterno, los siete ángeles (es decir, los Arcángeles de los *siete rayos*) que estuvieron ante Dios, el ángel vestido con una nube y un arco iris sobre su cabeza, los siete truenos, el Fiel y Verdadero y sus ejércitos, y el que se sienta en el gran trono blanco. Véase también *Elohim.* (Apocalipsis 1:4, 8, 11, 20; 2:1, 8, 12, 18; 3:1, 4-5, 7, 14; 4:2-10; 5:2, 6, 11; 6:9-11; 7:1-2, 9, 13-14; 8:2; 10:1, 3, 7; 11:3-4; 12:1, 5, 7; 14:1, 3-6, 14-19; 15:1; 16:1-4, 8, 10, 12, 17; 17:1; 18:1, 21; 19:4, 7, 11-17, 20:1; 21:6, 9; 22:13).

Jerarquías del sol. *Seres cósmicos* que forman un anillo de conciencia cósmica alrededor del *Gran Sol Central.* Cada una de las doce jerarquías, una por cada línea del *Reloj Cósmico,* se compone de millones de Seres Cósmicos que animan la virtud de la línea del Reloj. Por ejemplo, la jerarquía de Capricornio concentra la virtud del poder Divino; la jerarquía de Acuario concentra la virtud del amor Divino, y así sucesivamente.

Todos los meses recibes la antorcha y la llama de una jerarquía del sol según tus ciclos del Reloj Cósmico. Tú llevarás esa llama a través de una serie de iniciaciones bajo esa jerarquía. Así, por ejemplo, durante el mes correspondiente a la línea de las doce, pasarás por las iniciaciones del poder Divino y se te pondrá a prueba en relación con la capacidad que tengas de evitar caer en la crítica, la condenación o el juicio. Véase también *en el Apéndice*, pág. 261.

K-17. Jefe del Servicio Secreto Cósmico. Nombrado como «Amigo», asume cuerpo físico cuando debe ayudar a miembros de los varios servicios secretos de las naciones del mundo. Su campo energético protector es un «anillo impenetrable», un anillo de fuego blanco que puede estar teñido de los colores de los rayos de acuerdo con la necesidad del momento. K-17 traza el círculo de llama viva alrededor de personas y lugares para proteger y sellar la identidad y el campo energético de quienes están dedicados al servicio a la luz.

Tanto K-17 como su hermana fueron capaces de mantener su cuerpo físico con vida durante más de 300 años antes de ascender en la década de 1930. Actualmente continúan con su evolución y servicio a la humanidad, tienen una villa en París y focos en otras partes del mundo para la preparación de maestros no ascendidos. K-17 y las legiones que tiene a su mando deben ser invocadas para desenmascarar, gracias al poder del Ojo Omnividente de Dios, a las fuerzas y los complots que quieren socavar el plan de Saint Germain para el gobierno Divino en la era de oro. La llama de K-17 es verde azulado y blanco.

Kali Yuga. Término sánscrito de la filosofía mística hindú que se refiere al último y el peor de los cuatro yugas (eras del mundo), caracterizado por la lucha, la discordia y el deterioro moral.

Ley. En este libro se hace una distinción entre 'Ley' y 'ley'. Cuando va con mayúscula, se refiere al diseño original del ser de Dios, activado a través de la *corriente de vida* (la corriente de luz) que fluye por el corazón del Santo *Ser Crístico,* quien atiende al alma en evolución. Cuando va con minúscula se refiere a los preceptos de la Ley de Dios tal como se aplican a un tiempo y lugar determinados.

Ley del Uno. Propiedad que tiene la plenitud de Dios que permite que el cuerpo de Dios sea partido (como demostró Jesús en la Última Cena) y que siga siendo Uno. De la misma forma, el Hijo de Dios puede ser personificado en cada niño de Dios en la persona del Santo *Ser Crístico.* A través de esta luz, cada alma puede aceptar la opción de convertirse en el hijo de Dios, unirse a Cristo y ascender de vuelta al corazón de Dios, el corazón de su poderosa *Presencia YO SOY.*

Llama gemela. El equivalente del alma, masculino o femenino, concebido a partir del mismo cuerpo de fuego blanco, el ovoide ígneo de la *Presencia YO SOY.*

Llama trina. La llama del Cristo que es la chispa de la vida que arde dentro de la *cámara secreta del corazón* (un chakra secundario dentro del corazón). La sagrada trinidad —poder, sabiduría y amor— que es la manifestación del *fuego sagrado.*

Llama violeta. Aspecto del séptimo rayo del Espíritu Santo. El *fuego sagrado* que transmuta la causa, el efecto, el registro y la memoria del pecado o karma negativo. También denominada «llama de la transmutación, de la libertad y del perdón». Se invoca con la Palabra hablada, con visualizaciones para la transmutación del karma negativo personal y planetario. Véase también *Decreto.*

Logos. (Griego, significa 'palabra', 'habla', 'razón'; la divina sabiduría manifestada en la creación). Según la antigua filosofía griega, es el principio que controla el universo. El libro de Juan identifica la Palabra o Logos con Jesucristo: «Y la Palabra fue hecha carne, y habitó entre nosotros». Por consiguiente, Jesucristo se considera como la encarnación de la razón divina, la Palabra Encarnada.

Del vocablo Logos se deriva la palabra 'lógica', definida como «la ciencia de los principios formales del razonamiento». De la lógica, a su vez, se deriva, la geometría, el desarrollo y la articulación de la original Palabra de Dios al descomponerse ésta en lenguaje y materia para la comunicación clara del conocimiento. Así, todo el conocimiento se basa en la Palabra original (con 'P' mayúscula). Los comunicadores del conocimiento original, el Logos, son los comunicadores de la Palabra.

La Palabra también significa 'Shakti', que en es un vocablo sánscrito que significa 'energía', 'poder', 'fuerza'. Shakti es la fuerza dinámica y creativa del universo, el principio femenino de la Deidad, que emite el potencial de Dios desde el *Espíritu* a la *Materia.* Jesucristo, la Palabra Encarnada, también es la Shakti de Dios. Por tanto, vemos que «comunicar la Palabra» es comunicar el conocimiento original de Dios transmitido al hombre a través de su aspecto femenino. También es comunicar autoconocimiento. Al comunicar este conocimiento, nos convertimos en transmisores de la Palabra y en instrumentos de la Palabra.

Logos Solares. *Seres Cósmicos* que transmiten las emanaciones de luz de la Deidad que fluyen desde *Alfa y Omega* en el *Gran Sol Central* hacia los sistemas planetarios. En esta capacidad, ellos determinan qué fracción de luz puede confiarse a las evoluciones de la Tierra.

Macrocosmos. (Griego, 'gran mundo'). El cosmos más grande; toda la urdimbre de la creación, a la que llamamos huevo cósmico. También se utiliza como contraste entre el hombre como *microcosmos,* 'mundo pequeño', y el telón de fondo del mundo más grande en el que vive.

Madre. La polaridad femenina de la Deidad, la manifestación de Dios como Madre. Términos alternativos: «Madre Divina», «Madre Universal» y «Virgen Cósmica». La *Materia* es la polaridad femenina del *Espíritu,* y el término se utiliza igual que Mater (latín, 'madre'). En este contexto, todo el cosmos material se convierte en el vientre de la creación en el cual el Espíritu proyecta las energías de la vida. La Materia, por tanto, es el vientre de la Virgen Cósmica, la cual, como la otra mitad de la Totalidad Divina también existe en el Espíritu como polaridad espiritual de Dios.

El propio Jesús reconoció a *Alfa y Omega* como los representantes más altos del Dios Padre-Madre y con frecuencia se refirió a Alfa como Padre y a Omega como Madre. Quienes asumen la polaridad femenina de la conciencia después de la *ascensión* son conocidas como Maestras Ascendidas. Junto con todos los seres femeninos (polarizados femeninamente) de las octavas de luz, concentran la llama de la Madre Divina por las evoluciones de la humanidad en muchos sistemas de mundos. Sin embargo, siendo andróginas, todas las huestes celestiales concentran cualquiera de los atributos de la Deidad, masculinos o femeninos, a voluntad, pues han entrado en las esferas de la plenitud divina. Véase también *Materia.*

Madre de la Llama. Cargo de la *jerarquía.* Saint Germain ungió a Clara Louise Kieninger como primera Madre de la Llama cuando se fundó la *Fraternidad de Guardianes de la Llama,* en 1961. Durante años ella hizo una vigilia diaria de meditación, comenzando a las 5 de la mañana y rezando de dos a cuatro horas por los jóvenes, los niños a punto de entrar en este mundo, sus padres y los profesores. Al transferir el manto de Madre de la Llama a Elizabeth Clare Prophet, el 9 de abril de 1966, se hizo Madre de la Llama Regente. Clara

Louise Kieninger ascendió a los 87 años desde Berkeley (California), el 25 de octubre de 1970.

El 1 de enero de 1973, Gautama Buda anunció que la Maestra Ascendida Clara Louise, «antes de que pasara la noche, daría a la actual Madre de la Llama una antorcha cargada con los fuegos vitales del altar celestial de Dios y le transmitiría una gran misión para iluminar a los niños del mundo y producir la bendición de la verdadera cultura para la era y para toda la gente por doquier».

Maestra Ascendida Venus. *Llama gemela* de Sanat Kumara. El foco de la Maestra Ascendida Venus y su llama de la belleza se afianzaron en el continente de Europa donde actualmente se encuentra la ciudad de Viena (Austria). A través del rayo afianzado allí es que encarnaron muchos de los venusianos, trayendo consigo su cultura, arte y la sensación romántica de esta ciudad de ensueño que evocan el hogar planetario de su fundadora. Véase también *Sanat Kumara*.

Maestro Ascendido. Alguien que, a través de Cristo y vistiéndose con la Mente que había en Jesucristo, ha dominado el tiempo y el espacio y, durante ese proceso, ha conseguido la maestría sobre el yo en los *cuatro cuerpos inferiores* y en los cuatro cuadrantes de la *Materia,* en los chakras y en la *llama trina* equilibrada. Un Maestro Ascendido también ha transmutado al menos el 51 por ciento de su karma, ha cumplido su plan divino y ha pasado las iniciaciones del rayo rubí hasta el ritual de la ascensión: la aceleración mediante el *fuego sagrado* hacia la Presencia del YO SOY EL QUE YO SOY (la *Presencia YO SOY*). Los Maestros Ascendidos habitan en los planos del *Espíritu* —el reino de Dios (la conciencia de Dios)— y pueden enseñar a las almas no ascendidas en un *templo etérico* o en las ciudades del *plano etérico* (el reino del cielo).

Maldek. Un planeta de nuestro sistema solar que ya no existe. Las fuerzas oscuras destruyeron Maldek con las mismas tácticas que usan actualmente los manipuladores en la Tierra para degradar la conciencia de la gente. Sus oleadas de vida libraron una guerra que terminó en una aniquilación nuclear; el cinturón de asteroides entre Marte y Júpiter es lo que queda del planeta. Los rezagados son almas que vinieron a la Tierra de Maldek.

Mandala. (Sánscrito, 'círculo', 'esfera'). Grupo, compañía o asamblea; círculo de amigos; asamblea o reunión de Budas y Bodisatvas. Un diseño circular compuesto de imágenes de deidades que simbolizan el universo, la totalidad o la plenitud, utilizado en la meditación por hindús y budistas.

Manú. (Sánscrito). El progenitor y legislador de las evoluciones de Dios en la Tierra. El Manú y su complemento divino son *llamas gemelas* ascendidas asignadas por el Dios Padre-Madre a patrocinar y animar la imagen Crística de cierta evolución u oleada de vida, conocida como raza raíz: almas que encarnan como grupo y poseen un único patrón arquetípico, plan divino y misión a realizar en la Tierra.

Los Manús son los amados padrinos Divinos que responden instantáneamente al llamado de sus niños. La consoladora presencia de su luz está dotada de un poder-sabiduría-amor tan grande que hace que los éteres se estremezcan y que cada uno de los pequeños se sienta como en casa en los brazos de Dios, aun en la hora más oscura.

Según la tradición esotérica, existen siete agregaciones principales de almas, desde la primera hasta la séptima raza raíz. Las primeras tres razas raíz vivieron en la pureza e inocencia sobre la Tierra en tres eras de oro, antes de la caída de Adán y Eva. Mediante la obediencia a la *Ley Cósmica* y una identificación total con el *Yo Real,* esas razas raíz consiguieron su libertad inmortal y ascendieron desde la Tierra.

Durante la cuarta raza raíz, en el continente de Lemuria, tuvo lugar la alegórica caída bajo la influencia de los ángeles caídos conocidos como «Serpientes» (porque utilizaron las energías serpentinas de la columna para engañar al alma o principio femenino en la humanidad, como medio para conseguir bajar el potencial masculino, emasculando así a los Hijos de Dios).

La cuarta, quinta y sexta raza raíz (este último grupo de almas aún no ha descendido completamente a encarnar físicamente) siguen encarnadas en la Tierra actualmente. El Señor Himalaya y su Amada son los Manús de la cuarta raza raíz, el Manú Vaivasvata y su consorte son los Manús de la quinta raza raíz, y el Dios y la Diosa Merú son los de la sexta. La séptima raza raíz está destinada a encarnar en el continente de Suramérica en la era de Acuario, bajo sus Manús, el Gran Director Divino y su complemento divino.

Manvantara. (Sánscrito, de *maver*: 'hombre', y *antara*: 'intervalo', 'período de tiempo'). En el hinduismo, uno de los catorce intervalos que constituyen un kalpa: duración de tiempo desde el origen hasta la destrucción de un sistema de mundos (un ciclo cósmico). En la cosmología hindú, el universo evoluciona continuamente pasando por ciclos de creación y disolución. Se dice que la creación se produce durante la exhalación del Dios de la Creación, Brahman; la disolución ocurre durante su inhalación.

Materia. La polaridad femenina (negativa) del *Espíritu* masculino (positivo). La Materia actúa como cáliz del reino de Dios y es la morada de las almas en evolución que se identifican con su Señor, su Santo *Ser Crístico*. La Materia se distingue de la materia (con minúscula), que es la sustancia de la tierra (terrenal) de los reinos de *maya,* que bloquea en vez de irradiar luz divina y el Espíritu del YO SOY EL QUE YO SOY. Véase también *Madre.*

Maya. (Sánscrito, 'ilusión', 'engaño', 'apariencia'). Algo creado o inventado, que no es real; el mundo fenoménico no permanente visto como realidad; el principio de la relatividad y dualidad por el cual la realidad única aparece como el universo variado. Los *Maestros Ascendidos* enseñan que maya es el velo de energía mal cualificada que el hombre impone a la *Materia* con su abuso del *fuego sagrado.*

Mensajero. Alguien que transmite la *Ley,* las profecías y las dispensaciones de Dios para un pueblo y una época. (Apocalipsis 14:6; Mateo 10:6; 15:24). Evangelista; alguien que precede a los ángeles llevando a la gente de la Tierra las buenas nuevas del evangelio de Jesucristo y, en el momento designado, el Evangelio Eterno. Los Mensajeros de la *Gran Hermandad Blanca* están ungidos por la *jerarquía* como apóstoles suyos («alguien enviado en misión»). Ellos dan a través de los *dictados* (profecías) de los *Maestros Ascendidos* el testimonio y las enseñanzas perdidas de Jesucristo con el poder del Espíritu Santo a la progenie de Cristo, las ovejas perdidas de la casa de Israel y a todas las naciones. Un Mensajero ha recibido la preparación de un Maestro Ascendido para poder recibir, mediante varios métodos, las palabras, los conceptos, las enseñanzas y los mensajes de la Gran Hermandad Blanca.

Microcosmos. (Griego, 'mundo pequeño'). 1) El mundo del individuo, sus *cuatro cuerpos inferiores,* su aura y el campo energético de su karma. 2) El planeta. Véase también *Macrocosmos.*

Mónada divina. Véase *Presencia YO SOY.*

Mónada humana. Todo el campo energético del yo, las esferas de influencia conectadas entre sí (hereditarias, del entorno, kármicas) que componen esa autopercepción que se identifica a sí misma como humana. El punto de referencia de percepción inferior o percepción nula a partir del cual ha de evolucionar toda la humanidad hacia la realización del Yo Real como el *Ser Crístico.*

Morador del umbral. El anti yo, el yo irreal, el yo sintético, antítesis del *Yo Real,* el conglomerado del ego creado a sí mismo, concebido con el uso indebido del don del libre albedrío. Se compone de la mente carnal y una constelación de energías mal cualificadas, campos energéticos, focos y magnetismo animal que forman la mente subconsciente. El contacto del hombre con este yo reptiliano y antimagnético —que es enemigo de Dios y su Cristo y contrario a la reunión del alma con ese Cristo— se produce a través del cuerpo emocional (el cuerpo emocional o astral) y a través del chakra del plexo solar.

El morador del umbral es el núcleo del vórtice de energía que forma el *cinturón electrónico.* A veces se ve la cabeza serpentina del morador emergiendo del estanque negro del inconsciente. Cuando la serpiente dormida del morador se despierta debido a la presencia del Cristo, el alma debe usar su libre albedrío para tomar la decisión de eliminar lo anti-Cristo que tiene voluntad propia, mediante el poder de la *Presencia YO SOY,* y convertirse en la defensora del Yo Real hasta que el alma esté totalmente reunida con ese Yo Real.

El morador se aparece al alma en el umbral de la percepción consciente, donde llama a la puerta para conseguir entrada al reino «legítimo» de la individualidad autorreconocida. El morador quiere entrar para convertirse en el dueño de la casa. Pero tú debes responder solo a la llamada a la puerta de Cristo y solo a Cristo; solo a él has de dar entrada.

La iniciación más seria del sendero del discípulo de Cristo es la confrontación con el yo irreal. Porque si el alma no lo elimina (unida a la Mente Crística), aquel emergerá para devorar al alma con toda la ira de su odio a la luz. La necesidad de tener al instructor en el *Sendero* y al Gurú *Sanat Kumara* con nosotros, manifestado físicamente en la *Mensajera* de Maitreya, es para que mantenga el equilibrio en la octava física por cada persona a medida que esta se acerca a la iniciación del encuentro, cara a cara, con el morador del umbral.

Omega. Véase *Alfa y Omega.*

Oleada de vida. Véase *Manú.*

Palabra. Véase *Logos.*

Plano astral. Frecuencia del tiempo y el espacio más allá del plano físico, pero por debajo del mental, correspondiente al cuerpo emocional del hombre y al inconsciente colectivo de la raza. Es el depósito de los patrones colectivos de pensamiento-sentimiento, conscientes e inconscientes, de la humanidad. El propósito prístino de este plano es la amplificación de los pensamientos y sentimientos puros de Dios en el hombre. En cambio, ha sido contaminado con registros y vibraciones impuras de la memoria de la raza. Véase también *Cuatro cuerpos inferiores.*

Plano etérico. El plano más alto en la dimensión de la *Materia;* un plano que es tan concreto y real como el físico (y aún más) pero que se experimenta a través de los sentidos del alma en una dimensión y conciencia más allá de la percepción física. El plano en el que los *registros akáshicos* de toda la evolución de la humanidad constan individual y colectivamente. Es el mundo de los *Maestros Ascendidos* y de sus *retiros,* de las ciudades etéricas de luz donde las almas de un orden superior evolutivo residen entre encarnaciones. Es el plano de la realidad.

Ahí es donde está en progreso la era de oro, donde el amor es la plenitud de la presencia de Dios por doquier y los ángeles y elementales, junto con los niños de Dios, sirven en armonía para manifestar el reino de Cristo en la era universal, por los siglos de los siglos. Como tal, es el plano de transición entre los reinos tierra-cielo y el reino de Dios, *Espíritu,* o lo Absoluto. El plano etérico inferior se traslapa con los cinturones astral-mental-físico. Está contaminado por esos mundos inferiores, ocupados por la *falsa jerarquía* y la conciencia de las masas a la que controlan, incluyendo sus matrices y emociones.

Presencia electrónica. Véase *Presencia YO SOY.*

Presencia YO SOY. El YO SOY EL QUE YO SOY; la Presencia individualizada de Dios focalizada para cada alma individualizada. La identidad Divina del individuo; la Mónada Divina; la Fuente individual. El origen del alma focalizado en los planos del *Espíritu* justamente por encima de la forma física; la personificación de la Llama

Divina para el individuo. Véase también *Gráfica de tu Yo Divino;* véase ilustración en la pág. 181. (Éxodo 3:13-15).

Rayo femenino. La emanación luminosa que sale del aspecto de Dios *Madre.*

Rayo masculino. La emanación luminosa que sale del aspecto de Dios Padre.

Raza raíz. Véase *Manú.*

Reencarnación. La acción de reencarnar; el estado de estar reencarnado. Renacimiento en nuevos cuerpos o formas de vida, especialmente el renacimiento de un alma en un cuerpo humano nuevo. El alma continúa regresando al plano físico en un nuevo templo corporal hasta que ha saldado su karma, ha logrado maestría sobre sí misma, ha vencido los ciclos del tiempo y el espacio y, finalmente, se reúne con la *Presencia YO SOY* mediante el ritual de la *ascensión.*

Registros akáshicos. Todo lo que acontece en el mundo de un individuo se registra en una sustancia y dimensión conocida como *akasha* (sánscrito, de la raíz *kāś:* 'ser visible, aparecer', 'alumbrar brillantemente', 'ver claramente'). Akasha es la sustancia primordial, la esencia más sutil y etérea, que llena todo el espacio; energía «etérica» que vibra en cierta frecuencia como para absorber o registrar todas las impresiones de la vida. Estos registros pueden ser leídos por los adeptos o por quienes poseen unas facultades (psíquicas) del alma desarrolladas.

Reloj Cósmico. La ciencia de delinear los ciclos del karma y las iniciaciones del alma bajo las doce *jerarquías del sol.* Enseñanza impartida por la Virgen María a Mark y Elizabeth Prophet para los hijos y las hijas de Dios que están regresando a la *Ley del Uno* y a su punto de origen más allá de los mundos de la forma y la causación inferior. También el diagrama que representa los ciclos de karma bajo las doce jerarquías solares. *Véase también* pág. 261.

Retiros. Véase *Templos etéricos.*

Retiros etéricos. Véase *Templos etéricos.*

Rezagados. Véase *Maldek.*

Sanat Kumara. El Anciano de Días, quien se ofreció a venir a la Tierra hace miles de años, procedente de su hogar en Venus. En aquel momento, los consejos cósmicos habían decretado la disolución de la Tierra, pues se había desviado la humanidad de la *Ley Cósmica*. Los Señores Solares habían decidido que no se les concediera más oportunidad a los hombres, ya que habían ignorado conscientemente y olvidado la Llama Divina dentro de su corazón. El requisito de la *Ley* para salvar a Terra era que alguien que estuviera cualificado para ser el Cordero encarnado estuviera presente en la octava física para mantener el equilibrio y guardar la *llama trina* de la vida por todas las almas vivientes. Sanat Kumara se ofreció a ser ese voluntario.

En su dictado del 8 de abril de 1979, *Perla de Sabiduría*, Sanat Kumara contó la historia de cómo los devotos venusianos se ofrecieron a acompañarlo y encarnar entre la humanidad para ayudarlo a guardar la llama:

La alegría de la oportunidad se mezcló con la tristeza que trae el sentimiento de separación. Había elegido un exilio voluntario en una estrella oscura, y aunque estaba destinada a ser la Estrella de la Libertad, todos sabían que sería para mí una larga noche oscura del alma.

Entonces, súbitamente, de los valles y las montañas apareció una gran reunión de mis hijos. Eran las almas de los 144 000 mil acercándose a nuestro palacio de luz. Se acercaron más y más en espirales, como doce compañías, cantando la canción de libertad, de amor y de victoria. Su potente canto coral resonó en toda la vida elemental, y los coros angélicos rondaron cerca. Venus y yo, al mirar por el balcón, vimos la decimotercera compañía vestida de blanco. Era el real sacerdocio de la Orden de Melquisedec...

Cuando todos sus efectivos se hubieron reunido, anillo tras anillo tras anillo, rodeando nuestra casa, y su himno de alabanza y adoración hacia mí hubo concluido, su portavoz se puso ante el balcón para dirigirse a nosotros en nombre de la gran multitud. Era el alma de aquel a quien hoy conocéis y amáis como el Señor del Mundo, Gautama Buda.

Y se dirigió a nosotros, diciendo: «Oh, Anciano de Días, hemos sabido de la alianza que Dios ha hecho contigo hoy y de tu compromiso para guardar la llama de la vida hasta que algunos de entre las evoluciones de la Tierra sean acelerados y renueven una vez más su voto de ser portadores de la llama. Oh, Anciano de Días, para nosotros eres nuestro Gurú, nuestra vida, nuestro Dios. No te dejaremos sin consuelo. Iremos contigo».

Así, vinieron a la Tierra con Sanat Kumara y legiones de ángeles, precedidos de otra comitiva de portadores de luz que prepararon el camino y establecieron el retiro de Shamballa —«Ciudad de Blanco»— en una isla del mar de Gobi (ahora del desierto de Gobi).

Allí Sanat Kumara afianzó el foco de la llama trina, estableciendo el hilo de contacto inicial con todo el mundo en la Tierra extendiendo rayos de luz desde su corazón al de ellos. Y ahí encarnaron los voluntarios de Venus en densos velos de carne para ayudar a las evoluciones de la Tierra hasta la victoria de su promesa.

De entre estos portadores de luz no ascendidos, el primero en responder desde la octava física a la llamada de Sanat Kumara fue Gautama, y con él estaba Maitreya. Ambos siguieron el sendero del Bodisatva hasta la Budeidad, con Gautama terminando el curso primero y Maitreya segundo. Así, los dos se convirtieron en los discípulos principales de Sanat Kumara. El primero terminó sucediéndolo en el cargo de Señor del Mundo, el segundo como *Cristo Cósmico* y Buda Planetario. Véase también *Maestra Ascendida Venus*.

Segunda muerte. La total anulación de la identidad, que tiene lugar en la Corte del Fuego Sagrado en la Estrella Divina Sirio. Esta es la suerte de las almas que han convertido totalmente en oscuridad la luz que Dios ha invertido en ellas. En la segunda muerte, todo lo que era del individuo (causa, efecto, registro y memoria, tanto del alma como de sus creaciones, incluyendo el *morador del umbral*) se disuelve en el fuego blanco de *Alfa y Omega*. El alma se autoanula debido a su negación del ser en Dios. (Apocalipsis 2:11; 20:6, 11-15; 21:7-8).

El Sendero. La angosta entrada y la estrecha senda que conduce a la vida. Es el sendero de iniciación por el cual el discípulo que busca la conciencia Crística supera, paso a paso, las limitaciones de la individualidad en el tiempo y el espacio, y logra la reunión con la realidad mediante el ritual de la ascensión. (Mateo 7:14).

Señores del Karma. Los Seres Ascendidos que componen el Consejo Kármico. Sus nombres y los rayos que representan en el consejo son los siguientes: primer rayo, Gran Director Divino; segundo rayo, Diosa de la Libertad; tercer rayo, Maestra Ascendida Nada; cuarto rayo, Elohim Ciclopea; quinto rayo, Palas Atenea, Diosa de la Verdad; sexto rayo, Porcia, Diosa de la Justicia; séptimo rayo, Kuan Yin, Diosa de la Misericordia. Vairóchana también tiene un asiento en el Consejo Kármico.

Los Señores del Karma dispensan justicia en este sistema de mundos, adjudicando karma, misericordia y juicio para cada *corriente de vida*. Todas las almas deben pasar ante el Consejo Kármico antes y después de cada encarnación en la Tierra, para recibir su tarea y asignación kármica correspondiente a cada vida antes y para hacer una revisión de su rendimiento a su término.

Mediante el Guardián de los Pergaminos y los ángeles registradores, los Señores del Karma tienen acceso a los registros completos de todas las encarnaciones de las corrientes de vida de la Tierra. Ellos deciden quién encarnará, así como cuándo y dónde; asignan almas a familias y comunidades, midiendo los pesos kármicos que han de ser equilibrados como la «jota y tilde» de la *Ley*. El Consejo Kármico, actuando en consonancia con la *Presencia YO SOY* y el *Ser Crístico* individual, decide cuándo el alma se ha ganado el derecho a ser libre de la rueda del karma y la ronda de renacimientos. Los Señores del Karma se reúnen en el Retiro Royal Teton dos veces al año, en el solsticio de invierno y de verano, para revisar las peticiones de los hombres no ascendidos y para conceder dispensaciones por su ayuda.

Ser Cósmico. 1) *Maestro Ascendido* que ha logrado la conciencia cósmica y que anima la luz-energía-conciencia de muchos mundos y sistemas de mundos por las galaxias hasta el Sol detrás del *Gran Sol Central*. 2) Ser de Dios que nunca ha descendido más bajo que el nivel del Cristo, que nunca ha encarnado físicamente, incurrido en karma humano ni en pecado, sino que ha permanecido como parte de la Virgen Cósmica y mantiene un equilibrio cósmico para el regreso de las almas del valle (velo) de las aflicciones al Corazón Inmaculado de la Bendita Madre.

Ser Crístico. El foco individualizado del «unigénito del Padre, lleno de gracia y verdad». El *Cristo Universal* individualizado como la verdadera identidad del alma; el Yo Real de todo hombre, mujer y niño al cual ellos han de elevarse. El Ser Crístico es el mediador entre el hombre y su Dios. Es el instructor personal del hombre, Maestro y profeta, que oficia como sumo sacerdote ante el altar del Sanctasanctórum (*Presencia YO SOY*) del templo del hombre hecho sin manos.

Los profetas predijeron el advenimiento de la conciencia universal del Ser Crístico en el pueblo de Dios en la Tierra como el descenso de El Señor, Justicia Nuestra, también denominado La Rama, en la era universal que está cerca. Cuando alcanza la plenitud de la identificación del alma con el Ser Crístico, tal persona es llamada un ser Crístico (ungido), y el Hijo de Dios se ve brillando a través del Hijo del hombre. *Véase también* Gráfica de tu Yo Divino; ilustración en la pág. 181. (Juan 1:14; Isaías 11:1; Jeremías 23:5-6; 33:15-16; Zacarías 3:8; 6:12).

Servicio Secreto Cósmico. Véase *K-17.*

Siete rayos. Las emanaciones luminosas de la Deidad. Los siete rayos de luz blanca que emergen del prisma de la conciencia Crística y que concentran particulares dones, gracias y principios de autopercepción en el Logos que pueden desarrollarse a través de la vocación en la vida. Cada rayo concentra una frecuencia o color, y cualidades específicas: 1) azul: fe, voluntad, poder, perfección y protección; 2) amarillo: sabiduría, entendimiento, iluminación, inteligencia e iluminación; 3) rosa: compasión, amabilidad, caridad, amor y belleza; 4) blanco: pureza, disciplina, orden y alegría; 5) verde: verdad, ciencia, curación, música, abundancia y visión; 6) morado y oro: asistencia, servicio, paz y hermandad; 7) violeta: libertad, misericordia, justicia, transmutación y perdón.

Los *maestros ascendidos* enseñan que cada uno de los siete rayos de Dios se acrecienta un día de la semana: lunes, rayo rosa; martes, rayo azul; miércoles, rayo verde; jueves, rayo morado y oro; viernes, rayo blanco; sábado, rayo violeta; domingo, rayo amarillo.

Los siete rayos de los Elohim, constructores de la forma, están enclaustrados en el Retiro Royal Teton, un antiguo foco de luz congruente con la montaña Gran Teton, en el estado de Wyoming de los Estados Unidos. Los rayos están concentrados y afianzados en una gran imagen del Ojo Omnividente de Dios que se encuentra en una sala de consejos del retiro.

Templos etéricos. Retiros de los *Maestros Ascendidos* focalizados en el *plano etérico* o en el plano de la tierra; puntos de anclaje de las energías cósmicas y las llamas de Dios; sitios donde los Maestros Ascendidos preparan a sus *chelas* y a los cuales viajan los hombres cuando están fuera de su cuerpo físico.

Vestidura sin costuras. Sustancia de luz del Hijo (sol) de Dios tejida como túnica de conciencia y vestida por un ser Crístico. El Espíritu Santo, como un gran coordinador unificador, teje la vestidura sin costuras a partir de hilos de la luz y el amor de Dios. El Maha

Chohán enseña: «La atención de Dios sobre el hombre, como una lanzadera, impulsa radiantes haces de luz descendente, centelleantes fragmentos de pureza y felicidad, hacia la Tierra y el corazón de sus hijos, mientras esperanzas, aspiraciones, invocaciones y llamados de ayuda de los hombres se elevan tiernamente buscando a la Deidad en su gran refugio de pureza cósmica».

Jesús compara el tejer de la vestidura sin costuras con la preparación para el matrimonio: «A cada hombre y a cada mujer se ofrece la oportunidad de que se prepare para la *ascensión*. Y a nadie se le priva del privilegio de prepararse. Tal como una novia se prepara para el día de la boda, llenando el baúl de esperanza con los más preciados linos y bordados, el alma se prepara para su reunión acumulando virtudes florales, cualidades flamígeras con las que hace apliques sobre la vestidura sin costuras. Y nadie puede participar en la fiesta de bodas sin la vestidura sin costuras».

De esta vestidura, Serapis Bey dice: «Cuando el hombre opera bajo dirección y actividad divinas ya sea dentro como fuera del cuerpo, toma la energía que se le dispensó y que, en ignorancia, pudiera haber usado mal y crea, en su lugar, un gran cuerpo de luz llamado la inmaculada vestidura sin costuras del Cristo vivo, que algún día se convertirá en el gran esférico cuerpo solar imperecedero».

Yo Real. Véase *Ser Crístico*.

Yod. Véase *Yod llameante*.

MARK L. PROPHET y ELIZABETH CLARE PROPHET son escritores reconocidos mundialmente, instructores espirituales y pioneros en la espiritualidad práctica. Entre sus libros más vendidos se encuentran los siguientes títulos: *Las enseñanzas perdidas de Jesús, El aura humana, Saint Germain sobre alquimia, Los ángeles caídos y los orígenes del mal;* y la serie de libros de bolsillo para la espiritualidad práctica, que incluye *Cómo trabajar con los ángeles, Tus siete centros de energía* y *Almas compañeras y llamas gemelas.* Sus libros se han publicado en más de treinta idiomas y están disponibles en más de treinta países.